欧洲满文文献总目提要

A Descriptive Catalogue of Manchu Collections in European Countries

王敌非 著

图书在版编目(CIP)数据

欧洲满文文献总目提要／王敌非著. —北京:中华书局,2021.8
(国家社科基金后期资助项目)
ISBN 978-7-101-15271-5

Ⅰ.欧… Ⅱ.王… Ⅲ.满语-文献-内容提要-欧洲 Ⅳ.Z89:H221

中国版本图书馆 CIP 数据核字(2021)第 133917 号

书　名	欧洲满文文献总目提要
著　者	王敌非
丛书名	国家社科基金后期资助项目
责任编辑	余　瑾
出版发行	中华书局
	(北京市丰台区太平桥西里 38 号　100073)
	http://www.zhbc.com.cn
	E-mail:zhbc@zhbc.com.cn
印　刷	北京瑞古冠中印刷厂
版　次	2021 年 8 月北京第 1 版
	2021 年 8 月北京第 1 次印刷
规　格	开本/710×1000 毫米　1/16
	印张 14½　插页 2　字数 250 千字
国际书号	ISBN 978-7-101-15271-5
定　价	58.00 元

国家社科基金后期资助项目出版说明

后期资助项目是国家社科基金设立的一类重要项目,旨在鼓励广大社科研究者潜心治学,支持基础研究多出优秀成果。它是经过严格评审,从接近完成的科研成果中遴选立项的。为扩大后期资助项目的影响,更好地推动学术发展,促进成果转化,全国哲学社会科学工作办公室按照"统一设计、统一标识、统一版式、形成系列"的总体要求,组织出版国家社科基金后期资助项目成果。

全国哲学社会科学工作办公室

目 录

序 一 …………………………………………………………… 聂鸿音 1
序 二 …………………………………………………………… 杜泽逊 1

导　言 ………………………………………………………………………… 1
凡　例 ………………………………………………………………………… 1
一　比利时 …………………………………………………………………… 1
二　捷　克 …………………………………………………………………… 3
三　奥地利 …………………………………………………………………… 6
四　拉脱维亚 ………………………………………………………………… 10
五　挪　威 …………………………………………………………………… 17
六　瑞　典 …………………………………………………………………… 21
七　荷　兰 …………………………………………………………………… 25
八　匈牙利 …………………………………………………………………… 30
九　意大利 …………………………………………………………………… 35
十　梵蒂冈 …………………………………………………………………… 38
十一　丹　麦 ………………………………………………………………… 41
十二　波　兰 ………………………………………………………………… 49
十三　德　国 ………………………………………………………………… 58
十四　法　国 ………………………………………………………………… 70
十五　英　国 ………………………………………………………………… 90

参考文献 ……………………………………………………………………… 109
各机构藏文献索引 …………………………………………………………… 123

文献汉文题名索引 ··· 154
文献满文题名索引 ··· 168
文献相关人名索引 ··· 186
文献出版机构索引 ··· 199
珍稀文献题名索引 ··· 204
后　　记 ··· 212

序 一

中国古代的少数民族有些创制过自己的文字,并且编写、翻译了大量书籍。就存世量而言,清代形成的满文文献当居世界首位。近三百年来,这些文献中的一部分被欧洲传教士、汉学家、外交官和商人陆续携往海外,现在由欧洲的五十多家机构收藏。在此之前,各收藏机构大都分别对馆藏文献进行了编目,有的机构还附有东方学家提供的简介。然而遗憾的是,我们始终没有见到一份欧洲藏满文文献的总目录,其间的一些孤本还不为中国学界所知。现在我们高兴地看到,对欧洲所藏满文文献目录的统编工作由王敌非完成了。

此前所刊各机构藏品目录的体例很不一致,书籍的分类和著录项的设定都缺乏共同遵循的标准。敌非对此采取的办法是适当删减一些次要的版本著录项,以保持本书体例的统一,而对于缺失的主要著录项则尽力补足。可以理解,这份目录里涉及的书籍仍有少量未经编者亲自目验,如果要求学者以一己之力走遍欧洲所有收藏机构,查看所有藏品,这无疑是不现实的。

相比欧洲的已有目录而言,这份目录的最引人注目之处是为读者提供了全部满文书题的汉译和内容鉴定。敌非受过满文专业的训练,且懂得多种外国语文,毕业后一直从事满语文的教学和文献整理工作,具备非常扎实的满语文与中国古典文献学功底,承担这个研究项目可谓驾轻就熟。敌非曾在伦敦和圣彼得堡学习工作,期间走访欧洲多国收藏机构,对欧洲藏品了解得最清楚。遗憾的是这份目录未收录俄罗斯藏品,那是因为俄罗斯的满文文献藏量极为丰富,他另编有一份目录。

聂鸿音
2020年9月29日
于北京师范大学

序 二

友人王敌非先生出示大著《欧洲满文文献总目提要》,嘱为序。拜读一过,其书计有满文典籍提要475篇,这是王敌非先生历多年艰辛,孜孜不倦,从欧洲各国访求并研究所得。这样专门而踏实丰厚的学术成果,经历了怎样的艰苦劳动,注入了多少专业见解,想来令人肃然起敬。

1986年,老师霍旭东先生、刘聿鑫先生、徐传武先生带我们去洛阳、西安考察实习。在西安请黄永年先生讲版本学。有一天黄先生通知我们去陕西师大听白化文先生做报告。白先生手里拿着王重民先生主编的《敦煌遗书总目索引》,说:"这些年来敦煌学界的成果大多是从王先生这本《总目》衍生出来的,其中的提示是从事学术研究的线索,我本人写的几篇文章就是受《总目》之赐。"还特别提到《总目》中的《斯坦因劫经录》是刘铭恕先生根据胶卷撰写的。

再看王敌非先生的《提要》,应该有同样的感受吧。目录学对从事学术研究工作所起到的门径作用,是学术界公认的。看似简单的提要,对于行家来说,是发现学术线索的重要抓手。我学习目录学的真正入门,是20世纪80年代后期王绍曾先生开了书单命我写的一百余种书目的提要。这些提要稿王先生大都作了批改,至今保存着。关德栋先生是俗文学名家,精通满文。徐传武先生的友人曾拿来一份圣旨,希望鉴别。我们请关德栋先生帮忙。关先生看了一下,说:"是真的,留着吧。料是内务府五色织锦,文字是满汉两种,民间不易做出来。"王绍曾先生主持《清史稿艺文志拾遗》,我后来主持《清人著述总目》,对其中的满文文献可谓束手无策,只能抄录若干现成的有汉字著录的书目,聊备一格。

像王敌非先生这样精通满文而又深入研究文献学的学者,实不多见。钦佩之余,希望敌非先生继续扩大战果,逐步完成存世满文文献提要撰写工作,为学术界提供更多的学术资源。熏沐祷之,企予望焉。

杜泽逊恭序
2020年10月13日
于山东大学

导　言

欧洲诸国藏有近千种满文文献。这批文献包括古籍图书、文书档案、碑刻拓片以及传教士的译稿、信件、笔记、汇编和随笔等满文著述,目前藏于俄罗斯、德国、法国、英国、波兰、丹麦、挪威、瑞典、芬兰、捷克、奥地利、匈牙利、意大利、梵蒂冈、荷兰、比利时、爱尔兰、立陶宛和拉脱维亚等19个国家,其内容涉及语言历史和宗教文化等方面,是研究清代中国的参考资料。欧洲各国满文文献收藏情况不尽相同。意大利满文文献分别藏于罗马(Roma)、威尼斯(Venezia)、热那亚(Genova)和佛罗伦萨(Firenze)等城市;法国的满文文献分别藏于巴黎(Paris)的国家图书馆、汉学研究所和吉美博物馆图书馆等;英国的满文文献分别藏于英国国家图书馆(伦敦)、剑桥大学和牛津大学等。部分国家满文文献藏量虽少,但十分珍贵,如爱尔兰切斯特贝蒂图书馆(都柏林)收藏有2种玉册拓片,芬兰乌格兰学会(赫尔辛基)收藏有3种碑刻拓片,立陶宛维尔纽斯大学东方学研究部收藏有2种传教士著述,意大利热那亚大学图书馆、梵蒂冈天主教大学图书馆、梵蒂冈秘密档案馆、法国天文台图书馆(巴黎)、法国荣誉军人院军事博物馆(巴黎)、法国亚洲学会(巴黎)、英国皇家亚洲学会(伦敦)均藏有不同数量的碑刻拓片等。

欧洲各馆所藏的写本文献中,手稿本和稿本较少,大多数写本均为传教士或汉学家经中国存刻本或写本过录的钞本。欧洲传教士或汉学家在过录这些文献时,或增加个人注解,或保持内容原貌,但多按刻本原貌增加版框。欧洲满文文献典藏中小学类和儒家类最为丰富。古代社会多信奉儒家思想,欧洲各国传教士收集大量儒家类文献以了解中国传统思想,并翻译西方科技宗教文献以达到文化交流目的,而在此前应掌握清朝的官方语言文字——满语文。因满汉语文差异的关系,清代满文文献典藏中不乏小学类的著述文献。欧洲各国的语言多为屈折语,使用文字亦多为拼音文字,从传教士的角度看,满语文与汉语文同为外国语文,相对缺乏形态变化的汉语,满语更为容易掌握;相对以形声字为主的表意汉文,满文更为直接。这些儒家类文献多先译为满文,再经满文转译为西文。

欧洲满文文献中存有大量罕见的珍稀文献,主要集中于基督教类、医家类和释家类。

(一)基督教文献

欧洲满文基督教文献共二十余种,除道光十五年(1835)俄罗斯传教士利波夫措夫(С. В. Липовцов, 1770—1841)在圣彼得堡(Санкт Петербург)翻译的《吾主耶稣基督新约圣书》藏于中国外,其余在中国均鲜有收藏。国家图书馆虽藏《路加福音》(enduringge ewanggilieon luka i ulaha songkoi)、《马可福音》(eduringge ewanggilieon marka i ulaha songkoi)、《马太福音》(eduringge ewanggilieon mattei i ulaha songkoi)与《约翰福音》(eduringge ewanggilieon juwang i ulaha songkoi)铅印本各一册,但这些文献均出自《吾主耶稣基督新约圣书》。另外,《吾主耶稣基督新约圣书》及其节选本于多国均有收藏,且有多种版本流传于世。康熙年间,清圣祖与来华基督教传教士就尊崇儒教崇拜的中国传统仪礼是否违背基督教教义而引发"中西礼仪之争"。时任罗马教皇克雷芒十一世(Lorenzo Corsini, 1649—1721)认为儒家祭典与基督教教义冲突,而颁布禁止中国教徒祭祖的禁令。此举引发清政府限制外籍传教士在中国活动。此后,清世宗谕令禁教。清高宗虽给予外籍传教士较高的社会政治地位,但传教活动仍被禁止。"中西礼仪之争"不仅阻止了基督教在清朝的传播,亦限制了满文基督教文献的翻译刊刻与流传,因此满文基督教文献散落海外。

欧洲满文基督教文献中孤本较少,而藏于其他国家的稀缺版本和因文种不同而产生的其他版本较多。《性理真诠》《天神会课》《万物真原》《天主教要》《辟释氏诸妄》等藏于国外多家机构;《圣年广益》《轻世金书》虽仅藏于一家机构,但不乏其他文种译本流传于世。清朝时期,于中国开展传教的团体来自不同的教会、派别与国家,主要有耶稣会(The Society of Jesus)、方济各会(Ordo Fratrum Minorum)和多明我会(Ordo Dominicanorum)等,其培养了大量传教士如柏应理(Philippe Couplet, 1623—1693)、伊大仁(Bernardinus della Chiesa, 1642—1721)、康和子(Carlo Horatiy, 1673—1755)、白晋(Joachim Bouvet, 1656—

1730)、闵明我(Filippo Maria Grimaldi,1639—1712)、马礼逊(Robert Morisson,1782—1834)等。这些传教士亦多为精通满汉语文的东方学家,著述颇丰。因此满文基督教文献多在形成时即并非仅有一种版本或是某单一文种,且多经刊刻,流传至欧洲。

俄罗斯收藏的满文基督教文献最为丰富,其次为法国,再次为意大利和梵蒂冈。俄、法收藏的满文基督教文献互相重复又互为补充,如欧洲较为常见的《天主实义》《性理真诠》《万物真原》等。俄、法两国同藏《盛世刍荛》《天神会课》等;俄罗斯藏《基督生平》(abka ejen wasinjime banjiha gisun yabun be ejehe bithe)、《尊主圣范》(iesu be alhūdara bithe)、《犹大国王列纪》(yudas gurun i wang sai nonggime šošohon nomun i bithe)等藏于其他国家;法国藏《圣体要理》《涤罪正规略》《天主正教约征》等亦未藏于其他国家。意大利和梵蒂冈藏品多以清朝政府与罗马教廷往来公文档案为主,如梵蒂冈图书馆与耶稣会罗马档案馆藏敕封汤若望(Johann Adam Schall von Bell,1592—1666)为"通玄教师"的谕旨;卡萨纳特图书馆、山猫国家科学院图书馆、热那亚大学图书馆、秘密档案馆藏"清圣祖玄烨关于中国礼仪之争、儒教学说与尊祖敬宗的简要回答"等。满文基督教文献中亦有部分为中国学者所著,可见外籍传教士在中国传教成绩显著,大量学者与官员成为基督教徒,如《辟释氏诸妄》著者徐光启(1562—1633)官至崇祯朝礼部尚书、文渊阁大学士,撰有《勾股义》《测量法义》等;《同善说》著者李祖白(?—1665)官至钦天监历科主事,与汤若望合撰《远镜说》,与意大利传教士利类思(Ludovic Bugli,1606—1682)合撰《天学传概》等。另有李杕(1840—1911)撰《宗徒大事录》《圣母传》《宗徒列传》,韩霖(1596—1649)与张赓撰《圣教信证》等,虽未有满文译本,但亦可说明当时中国大量学者与官员信奉基督教的事实。

(二)医家类文献

欧洲满文医家类文献多为中国古代医学著作和西医理论著作的满文译本。西医理论著作多通过满文译为汉文,中国古代医学著作亦以满文为媒介译为西文。满族早期信奉萨满,其传统医学亦与"跳神"不无关系。入关后,受汉文化的影响,满族逐渐接受中医,因此以满文翻译了大量医家类文献。中医与西医在对人体生理、病理及疾病诊断治疗和预防等方面存在诸多不同。清初随着大批外国传教士来华,中国医生逐渐接受西医理论,外国传教士在回国的同时,亦使中医理论走向国际。

译自西文的满文医家类文献封面与题识均存有原著作者、满文译者以及校者信息;而译自汉文的满文医家类文献多缺少满文译者等信息。从数量上看,俄罗斯收藏的满文医家类文献最为丰富,其次为法国和英国。欧洲诸国收藏的满文医家类文献互相重复又互为补充,如《钦定骼体全录》《寿世保元》《医药治症通书》等于多国均有收藏,而俄罗斯藏《针灸奇技》《天花探源》《重新引痘法》《食疗法》《察病指南》均未见于其他国家;法国藏《吸毒石原由用法》与英国藏《普济杂方》亦未见于其他国家。除《雷公炮制书》(lei gung poo jy bithe)、《王叔和脉决》(wang šu ho i me giowe)与《西洋药书》(si yang ni okto i bithe)藏书中国外,其余医家类文献均未见于中国。《吸毒石原由用法》《保产达生篇》虽仅藏于一家机构,但不乏其他文种译本流传于世;《脉论》(oktosi i bithe)、《痘症诊治通解》(olhoro baita i jergi hacin gūnin be sume banjibuha bithe)和《针灸奇技》(sabsire sūiha sindara ferguwecuke arga)虽辑录于传世汉文文献,但辑录者多取材广泛且增加了个人序言、注释、评论等。

(三)释家类文献

满文释家类文献多为因文种不同而产生的其他版本,但亦不乏学界未见的珍稀版本。部分欧洲国家藏满文释家类文献数量较少,且鲜有著录,如丹麦皇家公共图书馆藏品。欧洲国家的汉学研究各有侧重点,如匈牙利侧重蒙古学研究。因此针对多文种合璧文献,在著录或编撰目录时,往往取决于各国的研究兴趣或是某种文献所占的比重。满文释家类文献多存有蒙古文或藏文,蒙古学和藏学向来是欧洲国家研究中国学的重点,藏文文献在中国各少数民族文种文献中数量种类最为丰富,数量较少的满文释家类文献多著录为藏文、蒙古文甚至是汉文文献。

欧洲与中国藏满文文献相互重复又相互补充。满文释家类文献在中国多有收藏,其多译自藏文、蒙古文和汉文同类文献。《六祖法宝坛经》虽仅见于俄罗斯科学院东方文献研究所(Российская Академия Наук Институт Восточных Рукописей),但不乏其他文种译本流传于世;《噶那之梵赞》仅藏于德国国家图书馆,且未收录于《满文大藏经》。

凡　例

一　本目录分别著录欧洲各国藏满文文献，含原刻本、原写本、石印本及欧洲传教士或汉学家的复钞本和复印本。惟俄罗斯藏品数量颇丰，拟另行介绍。

一　本目录所收文献为清人以满文或满汉双文所撰书籍，其余如档案、官私文书、金石铭刻及欧洲传教士或汉学家的满文著述不予著录。各国所藏同书同版文献若不止一部，则仅著录其一，详情见书后"各机构藏文献索引"。

一　本目录根据各国文献藏量以少至多依次排列，具体同一国所藏文献参照"经""史""子""集"四部次第排列，惟同一国家下不再分设具体机构，不再分"部""类"，详情见书后"各机构藏文献索引"。

一　本目录著录依照刻本在先，写本（钞本）其次、石印本（复印本）在后的顺序。同类图书按成书或收藏时间顺序排列。同种图书按版本类别和刊印时间顺序排列，同时提供中国收藏机构，未藏于中国则不说明，详情见书后"珍稀文献题名索引"。

一　本目录所录文献以汉文命题，后附满文穆林德夫式转写。书题参照卷端、目录、版口和封面依次选录。原书有汉文题者照录，无汉文题者据满文译出，佚题者据内容拟题，拟题时尽量参照前人著录并以"※"号标识，无满文题者以"*"号标识。

一　本目录所录文献题下依次著录编写责任人、内容定义、版本定义、版式描写及特殊标记、中国收藏机构。责任人姓名前括注朝代或国籍，姓名后注生卒年，不可考则标以"佚名"；外国人名后括注原文及生卒年，不可考则从略。版本鉴别据内封、牌记、序跋、避讳字诸项而定。部分文献未经目验，版式描写及特殊标记以前人著录为准。部分版本不同内容相同的文献，惟再次出现，不著录内容定义。

一　本目录附各机构藏文献索引、文献汉文题名索引、文献满文题名索引、文献相关人名索引、文献出版机构索引与珍稀文献题名索引。

珍稀文献包括孤本、不见于中国的稀缺版本以及因文种差异而产生的版本。"各机构藏文献索引"按"四库"分类，其中经部与史部各类依照《四库全书总目》分设；子部与集部属类依照《续修四库全书总目》分设。佛教文献归入释家类，外籍传教士译著的基督教文献与西学译著合并为基督教类。

一　各机构名称缩写如下：

KULB-B：比利时鲁汶大学图书馆（Katholitke Universiteit Leuven Biblioheken, België）

ATSI-VU-LR：立陶宛维尔纽斯大学东方学研究部（Azijos ir Transkultūrinių Studijų Institutas, Vilniaus Universitetas, Lietuvos Respublika）

FEICU-ČR：捷克查理大学艺术系远东研究院（Dálný Východ Institutu, Univerzita Karlova v Praze, Česká Republika）

NPK-ČR：捷克国立美术馆（Národní Galerie, Palác Kinských, Česká Republika）

KRSVNK-ČR：捷克国家图书馆古籍善本部（Katedra rukopisů a starých výtisků Národní knihovny, Česká Republika）

VKLUK-LR：拉脱维亚大学科学图书馆历史文献部（Vědecká Knihovna Lotyšské Univerzity, Katedra Historie a Filologie, Latvijas Republika）

SUS-H-ST：芬兰乌格兰协会（Suomalais Ugrilainen Seura, Helsinki, Suomen Tasavalta）

ÖNW-RÖ：奥地利国家图书馆（Österreichische Nationalbibliothek in Wien, Republik Österreich）

UO-KN：挪威奥斯陆大学（Unisitetet i Oslo, Kongeriket Norge）

KB-KS：瑞典皇家图书馆（Kungliga Biblioteket, Konungariket Sverige）

SIUL-KN：荷兰莱顿大学汉学研究所（Sinologisch Instituut der Universität Leiden, Koninkrijk der Nederlanden）

MTAKIK-M：匈牙利科学院图书馆（Magyar Tudományos Akadémia Könyvtár és Információs Központ, Magyarország）

BBVE-RI：意大利那不勒斯的马努埃莱三世国家图书馆（Biblioteca Nazionale Vittori Emanuele III, Repubblica Italiana）

BNC-R-RI：意大利罗马国立中央图书馆（Biblioteca Nazionale Centrale, Roma, Repubblica Italiana）

BC-R-RI：意大利卡萨纳特图书馆（Biblioteca Casanatense, Roma, Repubblica Italiana）

BANL- R-RI：意大利山猫国家科学院图书馆（Biblioteca dell' Accademia Nazionale dei Lincei, Roma, Repubblica Italiana）

BFLF-F-RI：意大利佛罗伦萨人文大学图书馆（Biblioteca della Facoltà di Lettere e Filosofia dell' Università, Filosofia, Repubblica Italiana）

IV-V-RI：意大利东方研究所（Instituto Venezia e l' Oriente, Venezia, Repubblica Italiana）

BNM-V-RI：意大利圣马可国家图书馆（Biblioteca Nazionale Marciana, Venezia, Repubblica Italiana）

BU-G-RI：意大利热那亚大学图书馆（Biblioteca Universitaria, Genova, Repubblica Italiana）

BAV-SCV：梵蒂冈图书馆（Biblioteca Apostolica Vaticana, Status Civitatis Vaticanae）

ASV-SCV：梵蒂冈秘密档案馆（Archivio Segreto Vaticano, Status Civitatis Vaticanae）

ACGFM-SCV：梵蒂冈教廷档案馆（Archivio della Curia Generalizia dei Frati Minori, Status Civitatis Vaticanae）

AS-SCV：梵蒂冈历史档案馆（Archivio Storico, Status Civitatis Vaticanae）

ARSJ-SCV：梵蒂冈耶稣会罗马档案馆（Archivum Romanum Societatis Jesu, Status Civitatis Vaticanae）

PBMBPUU-SCV：梵蒂冈天主教大学图书馆（Pontificia Biblioteca Missionaria e Biblioteca della Pontificia Università Urbaniana, Status Civitatis Vaticanae）

DKB-KD：丹麦皇家图书馆（Det Kongelige Bibliotek, Kongeriget

Danmark）

DN-BD：德国国家图书馆（Die Deutsche Nationalbibliothek, die Bundesrepublik Deutschland）

SUH-BD：德国汉堡州立大学图书馆（Staats und Universitätsbibliothek Hamburg, die Bundesrepublik Deutschland）

HAB-W-BD：德国奥斯特公爵图书馆（Herzog August Bibliothek, Wolfenbüttel, die Bundesrepublik Deutschland）

HMV-BD：德国汉堡民族学博物馆（Hamburg Museum für Völkerkunde, die Bundesrepublik Deutschland）

JBK-RP：波兰克拉科夫雅盖隆大学图书馆（Jagiellonischen Biblioek in Krakau, Rzeczpospolita Polska）

AFCJ-RF：法国耶稣教会档案馆（Archives Françaises de la Compagnie de Jésus, République Française）

BAMÉ-RF：法国外交团亚洲图书馆（Bibliothèque Asiatique des Missions Étrangères, République Française）

BCMNHN-RF：法国国家自然博物馆中心图书馆（Bibliothèque Centrale du Museum National d'Histoire Naturelle, République Française）

BGCF-RF：法兰西学院图书馆（Bibliothèque Générale du Collège de France, République Française）

BIF-RF：法兰西研究院图书馆（Bibliothèque de l'Institut de France, République Française）

BILO-RF：巴黎东方语言文化学院图书馆（Bibliothèque Interuniversitaire des Langues Orientales, République Française）

BMG-RF：法国吉美博物馆图书馆（Bibliothèque du Musée Guimet, République Française）

BO-RF：法国天文台图书馆（Bibliothèque de l'Observatoire, République Française）

CFFH-RF：法兰西学院雨果基金会（Collège de France Fondation Hugo, République Française）

IHÉC-RF：法国汉学研究所（Institut des Hautes Études Chinoises, République Française）

　　HIMA-RF：法国荣誉军人院军事博物馆（Hôtel des Invalides-Musée de l'Armée, République Française）

　　SA-RF：法国亚洲学会（Société Asiatique, République Française）

　　BN-RF：法国国家图书馆（Bibliothèque Nationale de France, République Française）

　　LUC-UK：英国剑桥大学图书馆（Library of the University of Cambridge, United Kingdom）

　　BUO-UK：英国牛津大学博德利图书馆（Bodleian Library of University of Oxford, United Kingdom）

　　SOAS-UK：英国伦敦大学亚非学院（School of Oriental and African Studies, University of London, United Kingdom）

　　IOLR-UK：英国印度图书档案办公室（India Office Library and Records, London, United Kingdom）

　　PRO-UK：英国国家档案局（Public Record Office, London, United Kingdom）

　　BFBS-UK：英国圣经公会（British and Foreign Bible Society, London, United Kingdom）

　　RAS-UK：英国皇家亚洲学会（Royal Asiatic Society, London, United Kingdom）

　　RGS-UK：英国皇家地理学会（Royal Geographical Society, London, United Kingdom）

　　BL-UK：英国国家图书馆（The British Library, London, United Kingdom）

　　CBL-BÁCÉ-P：爱尔兰切斯特贝蒂图书馆（Chester Beatty Library, Baile Átha Cliath, Éireann, Poblacht na hÉireann）

一　比利时

比利时共有33种满文文献,其中写本24种、刻本9种①,鲁汶大学图书馆藏。田清波(Antonie Mostaert,1881—1971)、闵宣化(Joe Mullie,1886—1976)于20世纪上半叶得自内蒙古伊克昭盟,贺歌南(Josoph van Hecken,1905—1988)于1949年运至欧洲。初由斯格脱使团(Scheut Missionary)保管,后移交鲁汶大学图书馆,先后由海西希(Walter Heissig,1913—2005)、拉格(Dorothea Heuschert-Laage,1966—)分别整理,1998年公布于劳德·塔尔佩(Lode Talpe)撰《比利时鲁汶大学图书馆的满文文献典藏》②。

1.《御制增订清文鉴总纲》(han i araha nonggime toktobuha manju gisun i buleku bithe uheri hešen)八卷

〔清〕傅恒(1722—1770)等著,按满文十二字头顺序编撰的《御制增订清文鉴》索引。乾隆三十六年(1771)刻本,线装8册。页面27.5×18.4厘米,版框23.5×17.5厘米。白口,四周双边。满文,半叶6行,小字双行。版心有满文书题名、字头与汉文页码。大连图书馆有藏。

2.《清文补汇》(manju gisun be niyeceme isabuha bithe)八卷

〔清〕宜兴编,按满文十二字头顺序编撰的辞书,共收词七千九百余条,每条词语均配以汉文注释。乾隆五十一年(1786)刻本,线装16册。页面25.1×15.8厘米,版框19×14厘米。白口单黑鱼尾,四周双边。满汉合璧,半叶满汉文各6行,小字双行。版心有汉文书题名、卷次和页码。卷前有乾隆五十一年宜兴撰《序言》。张家口市图书馆等20家机构有藏。

---

① Dorothea Heuschert-Laage. "The Manchu-Mongolian Collections in the University Library of Catholic University in Leuven, Belgium". *Leuven Chinese Studies* X (2001):269-271.

② Lode Talpe. "A Collection of Manchu Works in the University of Library of the K.U. Leuven (Belgium)". *Aetas Manjurica* 6 (1996):133-143.

3.《清文汇书》(manju isabuha bithe)十二卷

[清]李延基辑,按满文十二字头顺序编撰的辞书,收词三千六百余条。嘉庆十一年(1806)双峰阁重刻本,线装12册。页面24×16.4厘米,版框22×15厘米,白口单黑鱼尾,四周双边。满汉合璧,半叶满汉文各8行,小字双行。版心有汉文书题名、卷次及页码。卷前有乾隆十五年(1750)《序言》。国家图书馆等10家机构有藏。

4.《三字经》(san dzi ging ni bithe)二卷

[南宋]王应麟(1223—1296)著,[清]惟德陶格译满文,[清]富俊(1749—1834)、[清]英俊译蒙古文,[清]盛冠宝、[清]傅尔汗校,传统启蒙教材《三字经》的满文、蒙古文与汉文合璧译本,其中满文译文经汉文翻译,蒙古文译文经满文翻译,又题《满蒙汉合璧三字经注解》。道光十二年(1832)京都三槐堂刻本,线装4册。页面28×17厘米,版框22×15厘米,白口双黑鱼尾,四周单边。满蒙汉合璧,半叶满文蒙古文汉文各3行。版心有汉文卷次和页码。大连图书馆等5家机构有藏。

5.《百家姓》(bai giya sing)不分卷

佚名译,汉文蒙学读物《百家姓》的满文译本。道光元年(1821)钞本,卷残,线装1册。页面15.2×11.7厘米,白口,四周单边。满汉合璧,半叶满汉文各11行。版心有汉文书题名。国家图书馆藏完整钞本1部。

6.《三体合璧文鉴》(ilan hacin i hergen kamciha buleku bithe)不分卷

佚名辑,分类辞书,汉文释义以满文字母标注。道光二十六年(1846)钞本,线装16册。页面23.3×18.3厘米,白口,四周单边。满蒙汉合璧,半叶满文蒙古文汉文各4行。版心有汉文书题名和页码。吉林省图书馆藏光绪三年(1877)钞本1部。

7.《重刊十二字头读本》(dasame foloho juwan juwe uju i hūlara bithe)不分卷※

佚名辑,按十二字头顺序排列的初学满语文课本,分"第一至第十二字头""切音单字""切音双字"三部分。光绪十六年(1890)钞本,京西蔚文阁藏版,线装1册,页面24×15.4厘米,白口,四周单边。满汉合璧,半叶满汉文各9行。版心有汉文书题名和页码。

二 捷 克

捷克共和国藏满文文献11种,其中刻本10种、写本1种,查理大学艺术系远东研究院、捷克国立美术馆和捷克国家图书馆古籍善本部藏。因缺乏详细资料,捷克满文文献收藏历史与整理情况不得而知,1998年公布于玛尔塔·基里波尔斯卡(Marta Kiripolská)撰《布拉格藏满文文献概述》[①]。

1.《满汉类书全集》(man han lei šu ciowan ji)三十二卷

[清]桑额(?—1686)编,分类辞书,又题《满汉同文分类全书》(man han tung wen fun lei ciowan šu)。康熙四十年(1701)刻本,残卷,线装32册。页面24×15厘米,版框20×11.4厘米,白口双黑鱼尾,四周双边。满汉合璧,半叶满汉文各7行。版心有汉文书题名和页码。卷前有康熙三十九年(1700)《序言》。上海图书馆等6家机构有藏。

2.《新刻满汉字四书》(ice foloho manju nikan hergen i sy šu)不分卷

[南宋]朱熹(1130—1200)注,儒家典籍《四书》的满文译本。雍正十一年(1733)鸿远堂刻本,线装5册。页面26×15.2厘米,版框22.5×14厘米。白口单黑鱼尾,四周单边。满汉合璧,半叶满汉文各5行。版心有汉文书题名和页码。故宫博物院图书馆有藏。

3.《蒙汉满三合》(monggo nikan manju ilan acangga)十二卷※

以《四体清文鉴》《满蒙文鉴》为基础,按满文十二字头顺序排列的分类辞书,满汉文书题名依蒙古文书题名mongγol kitad manju üsüg ün san ke(《蒙汉满三合》)拟制。卷一《蒙文总汇》(monggo gisun i uheri isabuha bithe),[清]李铉(1741—1820)、[清]裕彰、[清]福勒洪阿(?—1829)编,光绪七年(1881)刻本,线装12册。页面27.2×15.5厘米,版框18.6×14厘米。白口单黑鱼尾,四周双边。满蒙汉合璧,半叶满

[①] Marta Kiripolská. "A Brief Account on Manchu Books in Prague". *Zentralasiatische Studien* 28 (1998):173-176.

文蒙古文汉文各3行。版心有汉文页码。卷二至卷十二为《蒙文汇书》（monggo hergen i isabuha bithe），[清]塞尚阿、[清]松森等著，又题《钦定蒙文汇书》（hese i toktobuha monggo hergen i isabuha bithe）。光绪十七年（1891）武英殿刻本，线装17册。页面24.1×21.4厘米，版框20×16厘米。白口单黑鱼尾，四周双边。满蒙汉合璧，半叶满文蒙古文汉文各3行。版心有汉文书题名、卷次和页码。长春市图书馆等11家机构有藏。

4.《满蒙汉三文合璧教科书》（manju monggo nikan acangga šu i tacibure hacin i bithe）十卷

[近代]蒋维乔（1873—1958）、[近代]庄俞（1876—1938）编，[清]崇德译，学习满文和蒙古文的教材。宣统元年（1909）刻本，线装10册。页面29.4×18厘米，版框23.5×14厘米。白口单黑鱼尾，四周双边。满蒙汉合璧，半叶满文蒙古文汉文各3行。版心有汉文书题名、册数和页码。中央民族大学图书馆等6家机构有藏。

5.《四体合璧文鉴》（duin hacin i hergen kamciha buleku bithe）三十二卷

佚名著，按"乾""坎""艮""兑""震""巽""离"和"坤"8类编排的辞典。刻本，线装40册。页面29.4×18厘米，版框21.3×16.6厘米。白口，四周双边。满蒙藏汉合璧，半叶满文蒙古文藏文汉文各2行。版心有满文书题名、卷次、汉文类目和页码。附《御制四体清文鉴·总纲》八卷。内蒙古师范大学图书馆等8家机构有藏。

6.《万物真原》（tumen jakai unenggi sekiyen i bithe）不分卷

[意]艾儒略（Giolio Aleni，1582—1649）著，基督教著作。乾隆二十三年（1758）刻本，线装1册。页面27.5×18厘米，版框20.1×15.8厘米。白口单黑鱼尾，四周双边。满文，半叶9行。版心有满文书题名、汉文卷数、满文篇目和汉文页码①。

7.《御翻清净经》（han i ubaliyambuhangge bolgomire juktehen i kooli durun ini cisui mutebuhe amba elhengge toktoho）不分卷

[清]永瑢（1744—1790）等奉敕译，佛教典籍《清静经》的满文译本，又题《乾隆御制清净经》（abkai wehiyehe i han i araha bolgomire juk-

---

① 关康：《法藏满译〈万物真原〉考》，《满语研究》2016年第2期。

tehen i kooli durun ini cisui mutebuhe amba elhengge)。乾隆五十五年(1790)内府刻本，梵夹装5函。页面27×10.5厘米，版框21.3×6.5厘米。四周双边。满文，每函15行。雍和宫等2家机构有藏。

8.《御翻三十五佛经》(han i ubaliyambuhangge bodisado yabun i entebuku calabun be sume aliyara jalbarin toktoho)不分卷

［清］永瑢等奉敕译，佛教典籍《三十五佛经》的满文译本，又题《乾隆御制三十五佛经》(abkai wehiyehe i han i araha bodisado yabun i entebuku calabun be sume aliyara jalbarin)。乾隆五十五年内府刻本，梵夹装7函。页面27×10.5厘米，版框21.3×6.5厘米。四周双边。满文，每函15行。国家图书馆有藏。

9.《御翻水供经》(han i ubaliyambuha tanggū baling sindara kooli)不分卷

［清］永瑢等奉敕译，佛教典籍《水供经》的满文译本。乾隆年间刻本，梵夹装12函。页面27×10.5厘米，版框21.3×6.5厘米。四周双边。满文，每函15行。国家图书馆有藏。

三 奥地利

奥地利共有满文文献21种,其中刻本11种,写本(钞本)8种,复印本1种,藏于奥地利国家图书馆。约瑟夫·夏士(Joseph Haas,1847—1896)、费之迈(August Pfizmaier,1808—1887)及屈奈特(Franz Kühner,1858—1918)搜集于19世纪下半叶,后移交奥地利国家图书馆①,先后经史蒂芬·拉迪斯劳斯·恩德利希(Stephan Ladislaus Endlicher,1804—1849)、罗道舍尔(Anna von Rottauscher,1892—1958)分别整理②,1977年公布于瓦尔拉文斯(Hartmut Walravens,1944—)撰《维也纳奥地利国家图书馆藏满文文献概述》③。

1.《新刻满汉字四书》(ice foloho manju nikan hergen i sy šu)不分卷

[南宋]朱熹注。康熙三十年(1691)天绘阁刻本,线装4册。页面26.2×15.2厘米,版框22.5×12.4厘米。白口单黑鱼尾,四周单边,上下双栏。满汉合璧,半叶满汉文各10行。版心有汉文书题名和页码。

2.《满汉类书全集》(man han lei šu ciowan ji)三十二卷

[清]桑额编,又题《满汉同文分类全书》。康熙四十五年(1706)天绘阁刻本,仅存卷二与卷三,线装2册。页面24×15厘米,版框20×14厘米。白口单黑鱼尾,四周双边。满汉合璧,半叶满汉文各7行。版心有汉文书题名和页码。大连图书馆有藏。

3.《诗经》(irgebun i nomun)八卷

[南宋]朱熹集注,[清]高宗敕译,诗歌总集《诗经》的满文译本,又题《御制翻译诗经》(han i araha irgebun i nomun)。乾隆三十三年(1768)

---

① Hartmut Walravens. 1984. "Supplement zu den Chinesischen und Mandschouischen Büchern". *August Pfizmaier Sinologe Japanologe und Sprachforsche* 105. Hamburg: C. Bell.

② Stephan Ladislaus Endliche. 1837. *Übersicht der Chinesischen, Mandchouischen, Japanischen und Koreanischen Bücher der k.k.Hof-Bibliothek in Wien*. Wien: 115-138.

③ Hartmut Walravens. "Übersicht Über die Mandjurica der Österreichischen National-bibliothek in Wien". *Zentralasiatische Studien* 11 (1977): 555-562.

武英殿刻本,线装4册。页面26.5×17厘米,版框19×14厘米。黑口双黑鱼尾,四周双边。满汉合璧,半叶满汉文各7行,小字双行。版心有满文书题名、页码和卷次。卷首存《序言》。复旦大学图书馆等13家机构有藏。

4.《清文启蒙》(cing wen ki meng bithe)四卷

[清]舞格著,[清]程明远、[清]佩和校,按十二字头顺序排列的满语文教科书,又题《兼满汉字满洲套语清文启蒙》《满汉字清文启蒙》。雍正八年(1730)中和堂刻本,线装4册。页面26.2×15.2厘米,版框23.3×14.6厘米。白口单黑鱼尾,四周双边。满汉合璧,半叶满汉文各9行,小字双行。版心有汉文书题名、篇目和页码。含《满洲十二字头单字联字指南》(manju hergen i juwan juwe uju emteli hergen holboho hergen i jy nan)、《切韵清字》(manju acan mudan i hergen)、《满洲外单字》(manju tulergi emteli hergen)、《满洲外联字》(manju tulergi holboho hergen)、《满洲文助语虚字》(manju bithei gisun de aisilara mudan i hergen)。大连图书馆有藏。

5.《增补悬金子汇》不分卷*

佚名辑,按十二字头顺序编排的满文字母辞典,以梅膺祚撰《字汇》为底本,实作《增补字汇》。乾隆五十一年圣德堂刻本,线装1册。页面20.6×14.3厘米,版框17.4×10厘米。白口单黑鱼尾,四周单边。满汉合璧,半叶文种不同,行字行数不等。版心有汉文页码。

6.《钦定清汉对音字式》(hesei toktobuha cing han dui in dzi ši bithe)一卷

[清]高宗敕著,谕令重修《钦定辽金元三史语解》时将其中讹误纠正汇编而成的辞书。全书按满文十二字头顺序排列,辅以汉文对音。咸丰八年(1858)钞本,所据底本为道光十六年(1836)刻本,线装1册。页面27.2×20.3厘米。白口,四周单边。拉丁满蒙汉合璧,自上至下依次为拉丁文标满文语音,蒙古文、满文、汉文标满文语音和蒙古文字头形式,半叶文种不同、行数行字均不等。

7.《钦定同文韵统》(hesei toktobuha tung wen yūn tung bithe)六卷

[清]允禄奉敕编著,学习拼读梵文藏文经咒的辞书。宣统二年(1910)理藩院刻本,线装5册。页面34×13厘米,版框25×11.3厘米。

白口单黑鱼尾，四周双边。满蒙藏梵汉合璧，半叶文种不同、行数行字不等。版心有汉文书题名、卷次、类目和页码。卷前存乾隆十五年《序言》，《序言》末钤"乾隆御笔"朱文方印与允禄（1695—1767）奏议，奏议末列编撰校译臣工姓名职衔。大连图书馆等5家机构有藏。

8.《满汉对音同声类集》(manju nikan acanara adali jilgan lei ji) 二卷

佚名辑，含《满汉备考》上卷、《满汉事类集要》上卷。钞本，所据底本为康熙三十八年（1699）刻本《清书全集》，线装1册。页面19.2×10.3厘米。白口，四周单边。满汉合璧，半叶满汉文各6行。内蒙古自治区图书馆等4家机构有藏。

9.《吏治辑要》(hafan i dasan i oyonggo isabuha bithe) 不分卷

［清］高鹗（1758—1815）著、［清］通瑞译，吏治整顿案例的汇编，提出清廉为官的思想及行为标准。光绪十三年（1887）聚珍堂刻本，线装1册。页面24.7×15.3厘米，版框19.9×13.5厘米。白口单黑鱼尾，四周双边。满汉合璧，半叶满汉文各5行。版心有汉文书题名和页码。卷首存道光二年（1822）译者通瑞撰《序言》。国家图书馆等3家机构有藏。

10.《贤劫千佛号》(sain g'alba i minggan fucihi i colo) 二卷①

［清］章嘉呼图克图（1717—1786）等奉敕译，佛教著作《贤劫千佛号》的满文译本。雍正二年（1724）刻本，仅存卷下，经折装1册。页面28.2×20厘米，版框21×18.2厘米。上下双边。梵藏满蒙汉合璧，半叶梵文满文汉文蒙古文藏文各2行。中央民族大学图书馆等3家机构有藏。

11.《康熙八年四月初一日癸亥朔日食图》(elhe taifin i jakūci aniya duin biya i ice de šun be jetere nirugan) 不分卷

钦天监制，刻本。线装1册。页面45×25.9厘米，版框35.3×23.2厘米。白口双黑鱼尾，四周双边。满汉合璧，半叶满汉文各9行。

12.《天主圣教约言》(abkai ejen i enduringge tacihiyan oyonggo gisun) 不分卷

［葡］苏如望（João Soeiro, 1566—1607）著，天主教著作，拉丁文题作 Compendium Légis Christianae Lingua（《基督教词语汇编》）或

---

① Chandra Lokesh. 1979-80. *Multi-lingual Buddhist Text in Sanskrit, Chinese, Tibetan, Mongolian and Manchu*. Vol 1-7. New Delhi.

Sanctae Legis Compendium(《简要法约》)。刻本,线装 1 册。页面 26.4×19.4 厘米,版框 14.3×13.5 厘米。白口单黑鱼尾,四周双边。满文,半叶 9 行。版心有汉文书题名和页码。该书译者约翰·米什(John L. Mish,1909—1983)在法国汉学家伯希和(Paul Pelliot,1878—1945)的指导下,根据梵蒂冈图书馆藏一份未公开的书单认为该书摘自利玛窦(Matteo Ricci,1552—1610)著《天主实义》(abka ejen i unenggi jurgan)。

13.《吾主耶稣基督新约圣书》(musei ejen isus heristos i tutabuha ice hese)不分卷

[俄]利波夫措夫译,基督教著作《新约圣书》的满文译本。道光九年(1829)圣彼得堡印本,线装 1 册。页面 26.3×19.5 厘米,版框 21.7×17 厘米。白口单黑鱼尾,四周双边。满文,半叶 13 行。版心有满文各部题名、页码和阿拉伯数字页码。

四　拉脱维亚

拉脱维亚共有满文文献34种，其中刻本28种，写本4种，复印本2种，藏于拉脱维亚大学科学图书馆。彼得·施米特（Peter Schmidt，1869—1938）于19世纪末20世纪初搜集①②。先后由李福清（Б. Л. Рифтин，1932—2012）③、史莲娜（Jeḷena Staburova）和稽穆（Martin Gimm，1930—　）分别整理④，1992年公布于雅洪托夫（К. С. Яхонтов，1966—　）撰《里加收藏的满文写本与刻本》⑤。

1.《大清全书》（daicing gurun i yooni bithe）十四卷

[清]沈启亮编，按满文十二字头顺序编排的辞书，收词一万八千余条，其中满文单词标以汉文注音和释义。康熙二十二年（1683）京都宛羽斋刻本，线装10册。页面28.9×19.9厘米，版框25×17.3厘米。白口单黑鱼尾，四周双边。满汉合璧，半叶满汉文各5行，小字双行。版心有满文书题名、页码和汉文页码。卷前存康熙二十二年《序言》。复旦大学图书馆等6家机构有藏。

2.《清书指南》（manju bithe i jy nan）三卷

[清]沈启亮编，按满文十二字头顺序排列的辞书，与《大清全书》同函刊刻，又题《清文指南》（jy nan i bithe）。康熙二十二年京都宛羽斋刻本，线装1册。页面30×18.3厘米，版框25.5×17厘米。黑口单黑鱼尾，四周双边。满汉合璧，半叶满汉文各8行，小字双行。版心有满文书题

---

①Hartmut Walravens. "Peter Schmidt, Ostasienwissenschaftler Linguist und Folklorist Eine Vorläufige Biobibliographie". *Florilegia Manjurica* 86 (1982): 106-182.

②Hartmut Walravens. 1983. *The Collection of P. Schmidt's Works, Gesammelte Arbeiten zur Tungusologie und Mandjuristikç Bd1*. Hamburg: C. Bell.

③Б. Л. Рифтин. 1965. *В Поисках Редких Рукописей и Ксилографов Народы Азии и Африки*. Москва: 243-347.

④Jeḷena Staburova. 1990. *Vins Devās Celā īstajā Laikā un Pareizajā Virzienā. Austrumu Pētnieks Gramata*. Riga: 6-12.

⑤К. С. Яхонтов. "Manchu Blockprints and Manuscripts in Riga The Peter Schmidt's Collection". *С. Петербургское Востоковедение* Vol. 4 (1992): 281-312.

名、卷次、页码,汉文书题名、卷次和页码。大连图书馆等3家机构有藏。

3.《同文汇集》(tung wen hoi ji bithe)四卷

［清］阿敦(？—1621)著,［清］桑额等辑,按类编排的辞书,所涉词语多选自日常生活用语,又题《同文广汇全书》。康熙三十九年寄畅斋刻本,线装4册。页面25.2×16厘米,版框20.2×15厘米。白口单黑鱼尾,四周双边。满汉合璧,半叶满汉文各4行。版心有汉文书题名、卷次和页码。题名页镌"同文广汇全书",卷端题名《广汇全书》,卷前存康熙四十一年(1702)刘顺撰《小引》,结尾处款识"康熙三十二年岁次癸酉菊月谷旦广宁正亭刘氏叙于古燕之寄畅斋"。扉页镌"寄畅斋编辑""康熙庚辰新镌""内附联珠集""本斋藏版"。正文各卷卷首均镌"广宁刘顺正亭氏鸭绿桑额豁轩氏仝编"①。大连图书馆有藏。

4.《清文启蒙》(cing wen ki meng bithe)四卷

［清］舞格著,［清］程明远、［清］佩和校。雍正八年京都三槐堂刻本,线装4册。页面24.5×15.3厘米,版框20.7×13.5厘米。白口单黑鱼尾,四周双边。满汉合璧,半叶满汉文各6行。版心有汉文书题名、篇目和页码。卷前存《序言》。含《满洲十二字头单字联字指南》《切韵清字》《满洲外单字》《满洲外联字》《满洲文助语虚字》。天津图书馆等19家机构有藏。

5.《音汉清文鉴》(nikan hergen i ubaliyambuha manju gisun i buleku bithe)二十卷

［清］明铎等编,以《御制清文鉴》为蓝本附以汉文语音解释满文词语的辞书,分54类102段。雍正十三年(1735)骑河楼刻本,线装4册。白口,上下双边,左右单边。满汉合璧,半叶满汉文各8行。版心有汉文卷次、类目和页码。故宫博物院图书馆有藏。

6.《清文典要》(manju bithei kooli šošohon i bithe)四卷

［清］秋芳堂主人辑,按部排列,取材于诸子百家,将汉文四字成语译为满文的辞书。乾隆元年(1736)京都永魁斋刻本,线装4册。页面20.5×13.8厘米,版框14.8×11.5厘米。白口单黑鱼尾,四周双边。满汉合璧,半叶满汉文各7行。版心有汉文书题名、卷次和页码。内蒙古师范大学图书馆等4家机构有藏。

---

① 吴雪娟:《〈同文广汇全书〉满语俗语探讨》,《满语研究》2013年第2期。

7.《实录内摘出旧清语》(yargiyan kooli ci tukiyeme tucibuhe fe manju gisun i bithe)十四卷

佚名著,乾隆朝前满语词语规范及释义的辞书,收词八百余条。乾隆二十五年(1760)刻本,线装11册。页面24.5×16.5厘米,版框20×14.5厘米。白口双黑鱼尾,四周双边。满文,半叶6行。版心有满文书题名、卷次、满汉文页码。国家图书馆等6家机构有藏。

8.《初学指南》(tuktan tacire ursei temgetu jorin bithe)二卷

[清]富俊辑,研读蒙古语文的教材,其中所涉蒙古文均以满文拼写。乾隆五十九年(1794)邵衣堂刻本,线装2册。页面28.4×17.7厘米,版框24×15.8厘米。白口双黑鱼尾,四周双边。满蒙汉合璧,半叶满文蒙古文汉文各5行。版心有汉文书题名、卷次和页码。上海师范大学等3家机构有藏。

9.《清文指要》(manju gisun i oyonggo jorin i bithe)三卷

[清]富俊著,满语文读本会话教材,取材多为民间杂谈,计百余条,附满文文法要点与词语注释。嘉庆十四年(1809)二酉堂刻本,线装4册。页面24.2×15.3厘米,版框17.3×14厘米。白口单黑鱼尾,四周双边。满汉合璧,半叶满汉文各4行。版心有汉文书题名、卷次、篇目和页码。含《字音指要》(gisun i mudan i oyonggo jorin i bithe)、《清文指要》与《续清文指要》(sirame manju gisun i oyonggo jorin i bithe)。

10.《续编兼汉清文指要》(sirame banjibuha nikan hergen i kamcibuha manju gisun i oyonggo jorin i bithe)二卷

[清]富俊著,学习满语文的读本会话教材,《清文指要》续编。嘉庆十四年二酉堂刻本,线装2册。页面24×15.5厘米,版框16×13.8厘米。白口单黑鱼尾,四周双边。满汉合璧,半叶满汉文各7行。版心有汉文书题名、卷次和页码。

11.《清汉文海》(cing han wen hai bithe)四十卷

[清]瓜尔佳·巴尼辉辑,按上平、下平、上声、下声和入声五韵编排的辞书,收八千八百余汉字,三万七千余条例句,取材多选自四书五经与日常生活用语。道光元年江南驻防衙门刻本,线装20册。页面25.8×15.5厘米,版框20.4×14.2厘米。白口单黑鱼尾,四周双边。满汉合璧,半叶满汉文各5行,小字双行。版心有汉文书题名、卷次和页码。齐齐哈尔

市图书馆等14家机构有藏。

12.《满汉六部成语》(manju nikan hergen i ninggun jurgan i toktoho bithe)六卷

佚名著,收集吏、户、礼、兵、刑和工六部及相关署衙行文用语的辞书,又题《六部成语》(ninggun jurgan i toktoho bithe)。道光二十二年(1842)文英堂刻本,线装6册。页面20.5×13.8厘米,版框14.8×11.5厘米。白口单黑鱼尾,四周单边。满汉合璧,半叶满汉文各5行。版心有汉文书题名、卷次、六部名称和页码。国家图书馆等5家机构有藏。

13.《重刻清文虚字指南编》(dasame foloho manju gisun i untuhun hergen i temgetu jorin bithe)二卷

[清]厚田万福著、[清]刘凤山(1856—1911)校,以歌诀形式讲授满语文虚词的语法教材,为《清文虚字指南编》修订本。光绪二十年(1894)京都隆福寺聚珍堂刻本,线装2册。页面27.2×16.8厘米,版框19.8×14.5厘米。白口单黑鱼尾,四周双边。满汉合璧,半叶满汉文各6行。版心有汉文书题名、卷次、页码、出版机构和满文虚字。卷前存光绪十年(1884)万福撰《清文虚字指南编·序》与光绪二十年《重刻清文虚字指南编·序》。新疆大学图书馆等13家机构有藏。

14.《清语摘抄》(manju gisun i sonjofi sarkiyaha bithe)不分卷

佚名著,分类辞书。光绪十五年(1889)三槐堂刻本,线装4册。页面24.6×15.2厘米,版框18.3×13厘米。白口单黑鱼尾,四周双边。满汉合璧,半叶满汉文各5行。版心有汉文各部词语类名、分类词语类名和页码。含《衙署名目》《官衔名目》《摺奏成语》《公文成语》。中国国家博物馆等14家机构有藏。

15.《初学必读》(tuktan tacire urse urunakū hūlaci acara bithe)不分卷

佚名著,按类排序的辞书。光绪十六年聚珍堂刻本,线装5册。页面24×15.2厘米,版框19.8×13厘米。白口单黑鱼尾,四周双边。满汉合璧,半叶满汉文各5行。版心有汉文书题名、类目和页码。辽宁省图书馆等8家机构有藏。

16.《清文总汇》(manju gisun i uheri isabuha bithe)十二卷

[清]志宽、[清]培宽编,《清文汇书》与《清文补汇》合辑。光绪二十

三年(1897)荆州驻防翻译总学刻本,线装12册。页面27.2×19.5厘米,版框18.6×14厘米。黑口单黑鱼尾,四周双边。满汉合璧,半叶满汉文各4行,小字双行。版心有汉文卷次、页码和满文十二字头。题名页镌"版存荆州驻防翻译总学",卷前存光绪二十三年祥亨(1832—1904)撰《序言》和李延基撰《序言》。内蒙古师范大学图书馆等6家机构有藏。

17.《蒙文晰义》(monggo hergen i jurgan be faksalaha bithe)一卷

[清]赛尚阿(1794—1875)辑,按满文十二字头顺序编撰的分类辞书,其中所涉词语均参考《御制满蒙文鉴》和《蒙文指要》。道光二十八年(1848)刻本,线装2册。页面26.4×17.2厘米,版框20.4×15.5厘米。白口双黑鱼尾,四周双边。满蒙汉合璧,半叶文种不同、行字不等。版心有汉文书题名和卷次。中国社会科学院近代史研究所图书馆等15家机构有藏。

18.《满汉成语对待》(manju nikan fe gisun be jofoho acabuha bithe)四卷

佚名著,日常会话集。云林堂刻本,线装4册。页面25.9×15.6厘米,版框19.5×14厘米。白口单黑鱼尾,四周双边。满汉合璧,半叶满汉文各7行。版心有满文篇目、汉文卷次和页码,全文内容10篇,其间存俄、英、德、拉丁文注释。卷前存《序言》。含《文法》与《杂话》。中国科学院图书馆有藏。

19.《清文启蒙》(cing wen ki meng bithe)四卷

[清]舞格著,[清]程明远、[清]佩和校,又题《兼满汉字满洲套语清文启蒙》《满汉字清文启蒙》。宏文阁刻本,线装2册。页面24.2×14.8厘米,版框20.2×14.3厘米。白口单黑鱼尾,四周双边。满汉合璧,半叶满汉文各5行。版心有汉文书题名和页码。含《满洲十二字头单字联字指南》《切韵清字》《满洲外单字》《满洲外联字》《满洲文助语虚字》。故宫博物院图书馆有藏。

20.《清文虚字类》(manju bithe i sula hergen i hacin)不分卷

[清]厚安著,讲述满语助词的语法教材,每词均配以满汉文注释。道光二十九年(1849)钞本,线装1册。页面24.2×14.5厘米。白口,四周单边。满汉合璧,半叶满汉文各6行。

21.《清文虚字》(manju gisun i untuhun hergen)不分卷※

[清]厚安辑,讲述满语虚词的语法教材。钞本,线装1册。页面24×14.8厘米。白口,四周单边。满汉合璧,半叶满汉文各6行。含《清文虚字歌》《清文接字》和《清文接字歌》,其中《清文虚字歌》配以例句。《重刻清文虚字指南编》蓝本。

22.《清文虚字歌》(manju gisun i untuhun hergen be tacibure bithe)不分卷

佚名著,讲述满语虚词的语法教材。钞本,线装1册。页面25.3×12.8厘米。白口,四周单边。满汉合璧,半叶满汉文各6行。

23.《读史论略》(hūlara suduri šošohon be leolehe bithe)二卷

[清]杜昭著,[清]敬斋译,以时间为序介绍秦代至明代主要人物与事件的史书。道光十年(1830)京都三槐堂刻本,线装2册。页面24.7×16.5厘米,版框20.6×14厘米。白口单黑鱼尾,四周双边。满汉合璧,半叶满汉文各3行。版心有汉文书题名、卷次和页码。卷前、卷末分别存兴德撰《序言》与《又识》。国家图书馆等8家机构有藏。

24.《御制古文渊鉴》(han i araha gu wen yuwan giyan bithe)六十四卷①

[清]徐乾学(1631—1694)等编注,文学总集《古文渊鉴》的满文译本;又题《满洲古文》(manju julgei šu fiyelen)。康熙二十四年(1685)内府刻本,线装36册。页面30.7×19.2厘米,版框24×16.7厘米。白口,四周双边。满文,半叶8行,小字双行。版心有满文书题名、卷次、篇目和汉文页码。国家图书馆有藏。

25.《翻译古文》(ubaliyambuha julgei šu fiyelen)十六卷

[清]孟保辑,内容选自《古文渊鉴》,中国历代文学作品选集,又题《合璧古文》(kamciha julgei šu fiyelen)。咸丰元年(1851)槐荫山坊刻本,线装16册。页面24.2×15.5厘米,版框19.3×14厘米。白口单黑鱼尾,四周双边。满汉合璧,半叶满汉文各5行。版心有汉文书题名、卷次、篇目和页码。中国国家博物馆有藏。

26.《满汉合璧西厢记》(manju nikan kamciha si siyang gi bithe)

---

①Martin Gimm. "Die Kaiserliche Ku-wen-Anthologie von 1685/6 Ku-wen-yüan-chien in Mandjurischer Übersetzung". *Herausgegeben von Gimm Martin Bd1* (1969); *Bd2-3* (1995).Wiesbaden: Harrassowitz.

四卷

　　[元]王实甫(1260—1336)著,佚名译,杂剧《西厢记》的满文译本。康熙四十九年(1710)刻本,线装4册。页面21.8×13.8厘米,版框16.6×12厘米。白口单黑鱼尾,四周双边。满汉合璧,半叶满汉文各7行。版心有汉文书题名、卷次和页码。卷前存康熙四十九年《序言》。北京大学图书馆等12家机构有藏。

　　27.《择翻聊斋志异》(sonjofi ubaliyambuha liyoo jai jy i bithe)

　　[清]蒲松龄(1640—1715)著,[清]扎克丹译,文言短篇小说集《聊斋志异》的满文译本节选。光绪三十三年(1907)二酉斋刻本,线装24册。页面25.8×19.4厘米,版框15.7×18厘米。白口双黑鱼尾,四周双边。满汉合璧,半叶满汉文各7行。版心有汉文书题名和卷次。首都图书馆等8家机构有藏。

五 挪 威

挪威有34种满文文献,其中刻本19种,写本(钞本)9种,奥斯陆大学图书馆藏,富南(Adof Mauritz Fonahn,1873—1940)与余德(Fredrik Schjøth,1846—1935)搜集于19世纪末,1968年公布于稽穆撰《奥斯陆大学图书馆藏满文文献》①。

1.《书经》(dasan i nomun i bithe)六卷

佚名著,[清]高宗敕译,儒家著作《书经》的满文译本,又题《御制翻译书经》。乾隆二十五年武英殿刻本,线装4册。页面25.5×16.5厘米,版框19.5×13.8厘米。白口单鱼尾,四周双边。满汉合璧,半叶满汉文各7行。版心有汉文书题名、卷次和页码。国家图书馆等2家机构有藏。

2.《御制增订清文鉴》(han i araha nonggime toktobuha manju gisun buleku bithe)四十六卷

[清]傅恒等奉敕编著,以《御制清文鉴》为蓝本,汉文音义标记注释满文词语,并配以例词例句的辞书。乾隆三十六年武英殿刻本,线装47册。页面30.1×21厘米,版框22.3×17.8厘米。白口,四周双边。满汉合璧,半叶满汉文各8行。版心有满文书题名、卷数,汉文类目和页码。卷首存乾隆三十六年《御制增订清文鉴序》,附以《总纲》八卷、《补编》四卷、《补编总纲》一卷、《续入新语》一卷、《目录》一卷、《序言》一卷和《字母》一卷。江西省图书馆等24家机构有藏。

3.《正音切韵指掌》不分卷*

[清]莎彝尊著,按满文十二字头顺序编排的满汉对音辞书,其中汉文以满文字母拼写,又题《钦定正音切韵指学》。咸丰十年(1860)重刻本,线装1册。页面24.3×15厘米,版框20.2×12厘米。白口单黑鱼尾,四周单边。满汉合璧,半叶满汉文各4行。版心有汉文书题名和页码。首页存翰林院显廷顿撰《序言》,序言末钤"显廷顿"印与"翰林之生"印,

---

① Martin Gimm. "Die Mandjurische Sammlung der Universitätsbibliothek Oslo". *Acta Orientalia* 31 (1968):119-129.

次页存梁次楠撰《序言》,序言末钤"梁印"与"次楠"印,卷末镌 manju gūsai sogi hala i dzun ni deribure arafi"八旗满洲莎彝尊始撰"。

4.《清文接字》(cing wen jiye dzi bithe)不分卷

[清]徐龙泰、[清]嵩洛峰著,以歌诀和例句形式讲授满语文虚词的教材。光绪十四年(1888)京都三槐堂刻本,线装1册。页面27×15厘米,版框18×14厘米。白口单黑鱼尾,四周单边。满汉合璧,半叶满汉文各6行。版心有汉文书题名和页码。卷前存朴山撰《序言》。中国第一历史档案馆等3家机构有藏。

5.《一百条》(tanggū meyen)四卷①

[清]智信著,满语文读本,部分满文词语旁标有汉文释义。刻本,线装4册。页面24.8×14.8厘米,版框18.6×12.3厘米。白口单黑鱼尾,四周单边。满汉合璧,半叶满汉文各6行。版心有汉文卷次和页码。首都图书馆等5家机构有藏。

6.《清汉言语》(manju nikan gisun mudan)不分卷※

佚名著,辞书。钞本,线装5册。页面27.7×18.7厘米。白口,四周单边。满汉合璧,半叶满汉文各8行。版心有汉文页码。首册封面书 unenggi dahahabi"允若"、yargiyan i wasimbi"允升",第5册封面书 benere"献遗"与 etehengge be alibumbi"献捷"。

7.《清文字头》(manju bithe i uju i bithe)不分卷※

佚名著,讲授满文字母十二字头顺序的教材。钞本,线装1册。页面24.3×12.7厘米。白口单黑鱼尾,四周单边。满汉合璧,半叶满汉文各5行。

8.《大清满洲字母》(daicing gurun i manju hergen i bithe)不分卷※

佚名著,讲授满文字母的教材。钞本,线装1册。页面28.9×21.4厘米。白口单黑鱼尾,四周双边。满汉合璧,半叶满汉文各5行。

9.《清文典要》(manju bithei kooli šošohon i bithe)四卷

[清]秋芳堂主人辑。光绪四年(1878)文渊堂刻本,线装4册。页面19.5×12.9厘米,版框14.3×11.2厘米。白口单黑鱼尾,四周双边。满汉合璧,半叶满汉文各7行。版心有汉文书题名、卷次和页码。题名页镌

①M. Frazer, A. Forbes. 1924. *Tanggū Meyen and Other Manchu Reading Lessons*. London.

"乾隆戊午新刻清文典要",卷前存秋芳堂主人撰《序言》。长春市图书馆等12家机构有藏。

10.《御制劝善要言》(han i araha sain be huwekiyebure oyonggo gisun)不分卷

[清]党崇雅(1584—1666)等编,[清]世祖(1638—1661)辑儒家典籍中与"善"有关的章句汇编,主要目的为劝导后世修心向善。顺治十二年(1655)刻本,线装1册。页面37×22厘米,版框25×18厘米。白口单黑鱼尾,四周双边。满汉合璧,半叶满汉文各5行。版心有满文书题名和汉文页码。故宫博物院图书馆等10家机构有藏。

11.《朱子节要》(ju dzi jiyei yoo bithe)十四卷

[南宋]朱熹著,[明]高攀龙(1562—1626)辑,佚名译,朱熹主要学说的满文译本,分论学、治法、警戒改过和总论圣贤等,又题《满汉合璧朱子节要》(manju nikan kamciha dzi jiyei yoo bithe)。康熙十四年(1675)刻本,线装6册。页面26.2×17厘米,版框20.5×14.5厘米。白口单黑鱼尾,四周双边。满汉合璧,半叶满汉文各6行。版心有汉文书题名、卷次、篇目和页码。卷前存明万历三十年(1602)高攀龙撰《原序》与康熙十四年朱之弼(1610—1683)撰《序言》。上海师范大学图书馆等8家机构有藏。

12.《圣祖仁皇帝庭训格言》(šengdzu gosin hūwangdi i booi tacihiyan i ten i gisun)二卷

[清]世宗(1678—1735)辑,清圣祖圣训汇编,内容涉及安邦、治国、勤政、自制、节俭、饮食和起居等。雍正八年刻本,线装2册。页面28.5×19厘米,版框21×15.5厘米。白口单黑鱼尾,四周双边。满文,半叶7行。版心有满文书题名、卷次和汉文页码。故宫博物院图书馆等7家机构有藏。

13.《六事箴言》(ninggun baitai targabun gisun)四卷

[清]叶玉屏辑,[清]孟保译,历朝名人名家名言合辑的满文译本,内容涉及修身、齐家、为官、居乡和为人处世等,又题《翻译六事箴言》。咸丰元年京都文英堂刻本,线装4册。页面24.5×15.5厘米,版框19.5×14.5厘米。白口单黑鱼尾,左右双边,上下单边。满汉合璧,半叶满汉文各4行。版心有汉文页码和卷次。内蒙古自治区图书馆等8家机构

有藏。

14.《忠孝二经》(tondo hiyoošungga juwe nomun)不分卷

[清]孟保译,《忠经》《孝经》满文译本合辑,又题《忠孝经》《翻译忠孝二经》(ubaliyambuha tondo hiyoošungga juwe nomun)。咸丰元年刻本,线装2册。页面24×15.5厘米,版框19×14厘米。白口单黑鱼尾,四周双边。满汉合璧,半叶满汉文各5行。版心有《忠经》《孝经》汉文书题名和页码。卷前存咸丰元年孟保撰《序言》,正文内容存朱色圈点批校。中央民族大学图书馆等2家机构有藏。

15.《醒世要言》(jalan de ulhibure oyonggo gisun i bithe)四卷

[明]吕坤(1536—1618)著,[清]和素(1652—1718)译,[清]孟保辑,启蒙读物《醒事要言》的满文译本,又题《翻译醒世要言》。同治六年(1867)武英殿刻本,线装4册。页面25.4×16厘米,版框18×13.8厘米。白口单黑鱼尾,四周双边。满汉合璧,半叶满汉文各7行。版心有汉文书题名、卷次和页码。卷前存同治六年孟保奏疏,卷三末镌"康熙四十三年八月吉日内阁侍读学士和素翻",卷四末存道光七年(1827)栗毓美《跋》,并附《劝善歌》。含《小儿语》《好人歌》《宗约歌》。吉林省图书馆等10家机构有藏。

16.《西游记》(si io gi bithe)一百则

[明]吴承恩(1500—1583)著,佚名译。光绪十一年(1885)钞本,线装1册。页面24.3×22.5厘米。白口,四周单边。满文,半叶7行。原书封面书满文书题名及卷数,扉页中间书满文书题名及卷数。残损严重。

17.《锦香亭》(kin siyang ting ni bithe)三卷

[清]素岸主人著,清代小说《锦香亭》的满文译本,又题《第一美女传》《睢阳忠义录》《锦香亭绫帕记》。光绪十五年钞本,线装2册。页面21.5×11.5厘米。白口,四周单边。满文,半叶13行。

六 瑞 典

瑞典有满文文献21种,其中刻本18种,写本(钞本)2种,影印本1种,瑞典皇家图书馆藏。查赫(Erwin Ritter von Zach,1872—1942)、翟林耐(Lionel Giles,1875—1958)于20世纪初搜集①,初收藏于伦敦凯根保罗出版社(Routledge & Kegan Paul Publisher),后由瑞典皇家图书馆购买,先经奥古斯特·斯特林堡(August Strindberg,1849—1912)整理,后分别在1975年和1985年由约翰·罗恩斯特伦(John Rohnström)公布于《皇家图书馆藏满文书籍》和《皇家图书馆藏满文增补书籍》②。

1.《御制翻译易经》(han i araha ubaliyambuha jijungge nomun)四卷

[清]高宗敕译,《周易》的满文译本,又题《周易》(jeo gurun i jijungge nomun)、《易经》(i ging)。乾隆三十年(1765)武英殿刻本,线装4册。页面24.1×15厘米,版框18.5×14厘米。白口单黑鱼尾,四周双边。满汉合璧,半叶满汉文各6行。版心有汉文书题名、卷次和页码。卷首存《御制序言》及河南程颐《前言》。包含卦辞和爻辞共10篇,分卷一《易经》(含程颐撰《周易序》《周易图》《朱子图说》和朱熹撰《周易上下篇义》)、卷二《上经》、卷三《下经》和卷四《易经》。新疆维吾尔自治区博物馆等15家机构有藏。

2.《孝经合解》(hiyoo ging be acabufi suhe bithe)不分卷

[清]世宗敕译,按《论语集注》和《孟子集注》体例编排翻译的《孝经》满文译本,又题《孝经集注》。雍正五年(1727)内府刻本,线装4册。页面28.7×19.5厘米,版框21.8×16.7厘米。白口单黑鱼尾,四周双边。满文,半叶7行,小字双行。版心有满文书题名和汉文页码。辽宁省图书

---

① Alfred Hoffmann. "Dr. Erwin Ritter von Zach in Memoriam, Verzeichnis seiner Veröffentlichungen". *Oriens Extremus* (1963):10-60.

② John Rohnström. "Manchu Printed Books in the Royal Library in Stockholm". *Bulletin of the Museum of Far Eastern Antiquities* 44 (1972):133-140; "Manchu Printed Books in the Royal Library in Stockholm Continued". Bulletin of the Museum of Far Eastern Antiquities 57 (1985): 113-131.

馆等3家机构有藏。

3.《满汉经文成语》(manju nikan ging bithei toktobuha gisun)四卷

[清]明铎辑,以《书经》《诗经》《易经》中成语汇编成册的辞书,其中满文成语以原文摘出,汉文成语按原文翻译。乾隆二年(1737)骑河楼文瑞堂刻本,线装4册。页面28.7×19.5厘米,版框21.8×16.7厘米。白口单黑鱼尾,四周双边。满汉合璧,上下双栏,上栏满文,下栏汉文,半叶满汉文各10行,满文小字单行,汉文小字双行。版心有汉文书题名、篇目和页码。中国科学院图书馆有藏。

4.《辽金元三史国语解》(dailiyoo aisin dai yuwan ere ilan gurun i suduri de bisire gisun be suhe bithe)四十六卷

[清]高宗敕著,将《辽史》《金史》《元史》中同一词使用汉字不统一情况加以更正并分析来源与语义的辞书。道光四年(1824)刻本,线装16册。页面27.8×17.6厘米,版框21.3×15.1厘米。白口单黑鱼尾,上下单边,左右双边。满汉合璧,半叶满汉文各6行,小字满汉文各4行。版心有汉文校刻年代、题名、卷次和篇目。《辽史语解》《元史语解》分君名、公卫、部族、地理、职官、人名、名物等7类;《金史语解》分君名、部族、地理、职官、人名、名物等6类。国家图书馆有藏。

5.《四书集注》(sy šu ji ju)十七卷

[南宋]朱熹注,《四书章句集注》的满文译本。京都琉璃厂文光堂刻本,线装12册。页面24×15.5厘米,版框21×14.5厘米。白口单黑鱼尾,四周双边。满汉合璧,半叶满汉文各6行,小字双行。版心有汉文书题名和页码。齐齐哈尔市图书馆等4家机构有藏。

6.《大学衍义》(dai hiyo i jurgan be badarambuha bithe)四十三卷

[南宋]真德秀(1178—1235)著,[清]傅达礼(？—1675)等译,《大学衍义》的满文译本,又题《御制大学衍义》(han i araha amba tacin i jurgan be badarambuha bithe)。康熙十一年(1672)内府刻本,线装36册。页面33.3×19厘米,版框29×18.4厘米。黑口单黑鱼尾,四周双边。满文,半叶7行。版心有满文书题名、卷次和页码。大连图书馆等3家机构有藏。

7.《小学合解》(ajige tacikū be acabufi suhe bithe)六卷

[南宋]朱熹著,[明]陈选(1429—1486)集注,[清]古巴岱译,注解

类著作《小学合解》的满文译本,又题《小学集注》。雍正五年武英殿刻本,线装4册。页面28.2×16.9厘米,版框21.2×11.7厘米。白口单黑鱼尾,四周双边。满文,半叶7行,小字双行。版心有汉文书题名、页码和满文卷次。国家图书馆等9家机构有藏。

8.《满汉合璧性理》(manju nikan hergen kamciha sing li bithe)四卷

[清]李光地(1642—1718)纂修,[明]胡广(1370—1418)撰《性理大全书》的节选注释本,理学著作合辑,又题《钦定性理精义》(hese i toktobuha sing li jing i bithe)。雍正十年(1732)永魁斋刻本,线装4册。页面25.5×15.7厘米,版框18.9×13.5厘米。白口双黑鱼尾,四周双边。满汉合璧,半叶满汉文各3行。版心有汉文书题名、卷次和页码。

9.《小儿语》(ajige juse i gisuren i bithe)一卷

[明]吕德胜著,[清]禧恩(1784—1852)译,为儿童编写的儒学著作,以四六骈文和杂句等形式宣讲为人处世之道,因语言通俗易懂广于民间流传,又题《翻译童谚》(manju ubaliyambuha buya jusei muwa gisun i bithe)。道光二十五年(1845)聚珍堂刻本,线装1册。页面24×16厘米,版框20.3×14.8厘米。白口单黑鱼尾,四周双边。满汉合璧,半叶满汉文各3行。版心有汉文卷次和页码。卷前存禧恩撰《序言》。中央民族大学图书馆等3家机构有藏。该书作者误著录作秀楚翘。

10.《天主实义》(abka ejen i unenggi jurgan)四卷

[意]利玛窦著,佚名译,以儒学概念阐述天主教的著作,全文采用问答形式。乾隆二十三年刻本,线装4册。页面26.8×17.2厘米,版框21.5×13.5厘米。白口单黑鱼尾,四周双边。满文,半叶9行。版心有满文书题名、篇目,汉文卷数和页码。

11.《光绪二十二年壬子望月食图》(badarangga doro i orin juwe aniya de sahaliyan singgeri wangga inenggi biya be jetere nirugan)不分卷

钦天监制。刻本,线装1册。页面27×15厘米,版框25×13厘米。黑口双黑鱼尾,四周双边。满汉合璧,半叶满汉文各6行。

12.《御制避暑山庄诗》(han i araha alin i tokso de halhūn be jailaha ši)二卷

［清］圣祖(1654—1722)御著，［清］揆叙(1674—1717)等注释，［清］沈嵛绘图，清圣祖取避暑山庄36景，各作诗1首的诗集，每首诗并各附图1幅，附以诗题、小记和注释等，又题《御制避暑山庄记》(han i araha alin i tokso de halhūn be jailaha gi bithe)。康熙五十年(1711)内府刻本，线装2册。页面27.7×16.7厘米，版框19.5×13.5厘米。白口单黑鱼尾，四周双边。满文，半叶6行。版心有满文书题名、景点名称、诗题和页码。卷末存康熙五十一年(1712)揆叙撰《跋》。浙江省图书馆等11家机构有藏。

13.《金瓶梅》(gin ping mei bithe)一百回①

［明］兰陵笑笑生著，佚名译，长篇小说《金瓶梅》的满文译本，又题《金瓶梅词话》。康熙四十七年(1708)刻本，线装32册。页面24×16厘米，版框19.4×13.7厘米。白口双黑鱼尾，四周双边。满文，半叶9行。版心有满文书题名、回次和页码。国家图书馆等7家机构有藏。

---

①Hans Conon von der Gabelentz. "Jin Ping Mei. Chinesischer Roman Erstmalig Vollständig ins Deutsche Übersetzt. Kapitel 1-100". Herausgegeben und Bearbeitet von Maitin Gimm. Berlin: Staatsbibliothek 2005-2013.

七 荷 兰

荷兰有满文文献36种，其中刻本27种，写本（钞本）8种，复印本1种，莱顿大学图书馆藏。佛休斯（Isaac Vossius, 1618—1689）、儒莲（Stanislas Aignan Julien, 1797—1873）、弗洛里斯·格哈德·克兰普（Floris Gerhard Kramp, 1848—1918）、高诞（Jan Jakob Maria de Groot, 1854—1921）、冉默德（Maurice Jametel, 1856—1889）①、夏礼辅（Emil Krebs, 1867—1930）等搜集于19世纪末，初由莱顿大学国家民族学博物馆与莱顿国立民族学博物馆保管，后移交至莱顿大学图书馆，先后经西博尔德（Philipp Franz von Siebold, 1796—1866）、霍扶迈（J. Hoffman, 1805—1878）、薛利赫（Gustava Schlegel, 1840—1903）分别整理②，公布于1986年瓦尔拉文斯撰《莱顿汉学研究所藏满文文献》③和2004年高伯（Koos Kuiper）撰《莱顿大学图书馆满文蒙古文文献叙录》④。

1.《十二字头》（juwan juwe ujui bithe）不分卷

［清］廖绺几著，学习满文字母的教科书，含《清书指南》《三合便览》《字汇》和《正字通》。康熙九年（1670）白鹿书院藏版刻本，线装24册。页面22.5×19厘米，版框17.4×14.4厘米。白口，单黑鱼尾。满汉文，满文本19册、汉文本5册，半叶10行。

2.《新刻清书全集》（ice foloho manju i geren bithe）三卷

佚名著，按满文十二字头顺序排列的辞书，部分满文词语旁辅以汉文对音。康熙三十八年听松楼钞本，线装3册。页面19×10厘米。满汉

---

①Maurice Jametel. "Catalogue de la Bibliothèque de feu M. Maurice Jametel". T'oung Pao 1 (1890): 70-72.

②Gustava Schlegel. 1883. Catalogue des Livres Chinois Qui se Trouvent dans la Bibliothèque de l'Université de Leide. Leide: Brill: 28.

③Hartmut Walravens. "Mandjurische Bücher im Sinologisch Institut, Leiden". Central Asiatic Journal 30/3-4 (1986):275-284.

④Koos Kuiper. 2014. Old Manchu and Mongolian Books and Manuscripts: Introduction and Catalogue. Leiden: Leiden University Library East Aisa Library.

合璧,半叶满汉文各6行。卷一为《清书十二字头》(juwan juwe uju i bithe),卷二与卷三为《满汉事类集要》。

3.《同文广汇全书》(tung wen gūwang hoi ciowan šu bithe)四卷

[清]阿敦著,[清]桑额等辑,按类编排的俗语谚语辞书,康熙四十一年听松楼刻本,线装4册。页面25.4×16厘米,版框20.7×15厘米。白口单黑鱼尾,四周双边。满汉合璧,半叶5至8行。版心有汉文书题名、卷次和页码。复旦大学图书馆等6家机构有藏。

4.《翻译孝经》(han i araha hiyoošungga nomun)一卷

[东周]孔子(前551—前479)编著,[清]达海(1595—1632)译,儒家伦理著作《孝经》的满文译本。雍正五年刻本,线装5册。页面30×19.7厘米,版框20.8×16.8厘米。白口单黑鱼尾,四周双边。满文,半叶7行。版心有满文书题名和页码。中国社会科学院民族学与人类学研究所图书馆有藏。

5.《音汉清文鉴》(nikan hergen i ubaliyambuha manju gisun i buleku bithe)二十卷

[清]明铎等编。雍正十三年宏文阁刻本,线装4册。页面23×15.7厘米,版框19.9×14.5厘米。白口,上下双边,左右单边。满汉合璧,半叶满汉文各4行。版心有汉文卷次、类目和页码。国家图书馆等2家机构有藏。

6.《三合便览》(ilan hacin i gisun kamcibuha tuwara de ja obuha bithe)十二卷

[清]敬斋辑,[清]富俊增补,讲授蒙古文正字法和蒙古文文法的辞书,收词一万九千余条,又题《三合便览一书》。乾隆四十五年(1780)庆敬斋藏版邵衣堂刻本,线装12册。页面26×17.4厘米,版框21.2×15.3厘米。白口双黑鱼尾,四周双边。满蒙汉合璧,上中下三栏,上栏满文,中栏蒙古文,下栏汉文,半叶6至8行。版心有汉文书题名、页码。题名页镌"是书参订阅二十余年,寒暑行见寡闻,无所就正。公诸同志,唯冀匡所不逮,俾免贻误后人。卷端附以指要二篇,盖恐有志之士,无力延师,存此以当一隅之举""三合便览""乾隆壬子年镌",卷前存富俊撰《序言》。齐齐哈尔市图书馆等7家机构有藏。

7.《清文指要》(manju gisun i oyonggo jorin i bithe)三卷

[清]富俊著。嘉庆十四年三槐堂刻本,线装4册。页面24.2×15.3厘米,版框17.2×14厘米。白口单黑鱼尾,四周双边。满汉合璧,半叶满汉文各4行。版心有汉文书题名、卷次、篇目和页码。含《字音指要》《清文指要》与《续清文指要》。内蒙古社会科学院图书馆等8家机构有藏。

8.《蒙文指要》(monggo bithei oyonggo be joriha bithe)四卷

[清]赛尚阿辑,与《蒙文晰义》《蒙文法程》《便览正讹》同函刊刻统一编排卷次的辞书。道光二十八年刻本,线装4册。页面25×17厘米,版框20.5×15.5厘米。白口双黑鱼尾,四周双边。满蒙汉合璧,半叶8行。版心有汉文卷次和页码。内附《蒙文晰义》《蒙文法程》(monggo bithei koolingga durum bithe)、《三合便览正讹》(ilan hacin i gisun kamcibuha tuwara be ja obuha bithei tašaraha babe tiwacihiyaha bithe)和《三合便览补遗》(ilan hacin i gisun kamcibuha tuwara be ja obuha bithe de melebuhengge be necetere bithe)。中国社会科学院近代史研究所图书馆等15家机构有藏。

9.《孟子·卷下》(mengdzi bithe·fejergi debtelin)一卷

佚名译,儒家典籍《孟子》的满文译本。欧洲钞本,线装1册,存卷下。页面23×18厘米。白口,四周单边。满文,半叶12行。封面书满文书题名 han i ubaliyambuha duin bithe mengdzi fejergi(《御制翻译四书孟子下》)。

10.《三合名贤集》(ilan hacin gisun i kamcibuha gebungge saisa isabuha bithe)一卷

佚名著,儿童伦理道德教材,名言警句汇编,内容涉及为人处世、接人待物、治学修德等。光绪五年(1879)护国寺刻本,线装2册。页面27.3×15.5厘米,版框17.3×13.6厘米。白口单黑鱼尾,四周双边。满蒙汉合璧,半叶满文蒙古文汉文各2行。版心有汉文页码。首都图书馆等7家机构有藏。

11.《千字文》(minggan hergen i banjibume araha bithe)一卷

[南朝梁代]周兴嗣(？—521)著,[清]裕彰译,传统蒙学读物《千字文》的满文译本。京都奎壁斋刻本,线装1册。页面25×15厘米,版框17.5×12.5厘米。白口单黑鱼尾,四周单边。满汉合璧,半叶满汉文5行。版心有汉文书题名、卷次和页码。卷首存光绪五年浙江温州府裕彰

《前言》。扉页钤"省城九曜坊翰经堂藏版"。

12.《大元史》(dai yuwan i suduri bithe)十四卷

[明]宋濂(1310—1381)、[明]王袆等著,[清]希福(1589—1653)等译,纪传体断代史书《元史》的满文译本。顺治三年(1646)内府刻本,线装14册。页面36×20.5厘米,版框27.3×18.7厘米。白口单黑鱼尾,四周双边。满文,半叶8行。版心有满文书题名、页码和卷次。故宫博物院图书馆有藏。

13.《大清高宗纯皇帝圣训》(daicing gurun i g'aodzung yongkiyangga hūwangdi i enduringge tacihiyan)三百卷

[清]仁宗(1760—1820)敕著,清高宗圣训合辑,分圣德、圣孝等40则,计一千三百余条。嘉庆十二年(1807)武英殿刻本,线装300册。页面30.5×20厘米,版框24.5×17厘米。白口单黑鱼尾,四周双边。满文,半叶9行。版心有满文书题名、卷次和页码。大连图书馆等8家机构有藏。

14.《大清仁宗睿皇帝圣训》(daicing gurun i žindzung sunggiyen hūwangdi i enduringge tacihiyan)一百一十卷

[清]宣宗(1782—1850)敕著,清仁宗圣训合辑,分圣德、圣孝35则,计八百余条。道光四年武英殿刻本,线装110册。页面30.5×20厘米,版框24.5×17厘米。白口单黑鱼尾,四周双边。满文,半叶9行。版心有满文书题名、卷次和页码。南京博物院等7家机构有藏。

15.《联珠集》(liyan ju ji)不分卷

[清]张天祁著,[清]刘顺译,传统蒙学教材,亦有对阴阳五行、自然现象和季节变化方面的论述,又题《满汉联珠集》(manju nikan hergen kamciha liyan ju ji)。康熙四十一年听松楼刻本,线装12册。页面25.8×15.8厘米,版框20.8×13.2厘米。白口单黑鱼尾,四周单边。满汉合璧,半叶满汉文各9行,满文在前,汉文在后。卷首钤"刘顺"和"陈飞"印二枚。大连图书馆等6家机构有藏。

16.《翻译小学》(ubaliyambuha ajigan tacin i bithe)十二卷

[南宋]朱熹著,[清]孟保译,儒学著作《小学》的满文译本,内容涉及教育儿童、处事待人等。三槐堂刻本,线装6册。页面24.2×15.6厘米,版框20.3×11厘米。白口单黑鱼尾,四周双边。满汉合璧,半叶满汉文

各5行。版心有汉文书题名、卷次和页码。卷前存咸丰元年《序言》。中国科学院图书馆等10家机构有藏。

17.《吾主耶稣基督新约圣书》(musei ejen isus heristos i tutabuha ice hese)八卷

［俄］利波夫措夫译。道光十五年印本,线装8册。页面25.5×15厘米,版框20.3×13.3厘米。白口单黑鱼尾,四周双边。满文,半叶7行。版心有满文书题名、册数、汉文书题名、册数、篇目、章次和页码。国家图书馆有藏。

八 匈牙利

匈牙利有满文文献58种,其中刻本27种,写本25种,复印本3种,匈牙利科学院图书馆藏。斯坦因(Marc Aurel Stein,1862—1943)[①]、乔玛(Alexander Csoma de Ksama,1784—1842)[②]、盖伯·巴林(Gábor Bálint,1844—1913)搜集于20世纪初,公布于1978年洛约什·拜谢(Lajos Bese,1926—1988)撰《匈牙利科学院图书馆蒙古文满文文献典藏》[③]与2000年卡拉·乔治(Kara Grörgy,1935—)撰《匈牙利科学院图书馆收藏的蒙古文满文写本与刻本》[④]。

1.《御制清文鉴》(han i araha manju gisun i buleku bithe)二十五卷

[清]傅达礼、[清]马齐(1652—1739)等奉敕编著,清代官方编撰的第一部满语文单语分类辞书,全书共分280类,收词一万二千余条。康熙四十七年内府刻本,线装33册。页面27.4×17.6厘米,版框21.4×15.7厘米。白口,四周双边。满文,半叶大字6行,小字双行。版心有满文书题名、卷次、类目和汉文页码。附以《总纲》(uheri hešen)与按满文十二字头顺序排列的索引。部分词语存俄文翻译。新疆维吾尔自治区博物馆等16家机构有藏。

2.《御制满蒙文鉴》(han i araha manju monggo gisun i buleku bithe)二十卷

[清]拉锡(?—1726)等奉敕编著,在《御制清文鉴》基础上增加蒙古文释义的分类辞书,又题《蒙古清文鉴》(monggo manju gisun i buleku bithe)。康熙五十六年(1717)武英殿刻本,线装29册。页面27.4×17.6

[①] 黄长著、孙越生、王祖望:《欧洲中国学》,北京:社会科学文献出版社,2005年版,第870页。
[②] 鲍洛尼著,张晓慧译:《匈牙利汉学史》,载《国际汉学》(第15辑),郑州:大象出版社,1999年版,第563页。
[③] Lajos Bese. "On the Mongolian and Manchu Collections in Library of the Hungary Academy of Science". *Jubilee Volume of the Oriental Collection*, 1951-1976 (1978): 43-60.
[④] Kara Grörgy. 2000. *The Mongol and Manchu Manuscripts and Blockprints in the Library of the Hungarian Academy of Sciences*. Budapest: Akadémiai Kiadó.

厘米,版框21.4×15.7厘米。白口,四周双边。满蒙合璧,半叶满文蒙古文各6行。版心有满文书题名、卷数、类目,蒙古文题名、卷数、类目和汉文页码。辽宁省图书馆等2家机构有藏。

3.《一学三贯清文鉴》(emu be tacifi ilan be hafukiyara manju gisun i buleku bithe)四卷

[清]屯图等著,按类编排的辞书,收词八千余条,又题《一学三贯》(emu be tacifi ilan be hafukiyaha)。乾隆十一年(1746)英华堂刻本,线装4册。页面25×17.5厘米,版框22.5×13.7厘米。白口单黑鱼尾,四周双边。满汉合璧,半叶满汉文各7行。版心有汉文书题名"一学三贯"、类目和页码。吉林师范大学图书馆等2家机构有藏。

4.《翻译类编》(fan i lei biyan bithe)四卷

[清]冠景辑,分类辞书,词语均选自满汉文典籍。乾隆十四年(1749)文渊堂刻本,线装4册。页面20.2×13.5厘米,版框18.2×12.8厘米。黑口双黑鱼尾,四周双边。满汉合璧,半叶满汉文各8行。版心有汉文书题名、卷次和页码。卷首存乾隆五年(1740)襄平周祖荣撰《序言》。内蒙古自治区图书馆等8家机构有藏。

5.《三合切音清文鉴》(ilan hacin i mudan acaha buleku bithe)三十一卷

[清]阿桂(1717—1797)等奉敕编著,[清]赛尚阿译蒙古文,以乾隆三十六年武英殿刻本《御制增订清文鉴》为底本,增加蒙古文的分部辞书,又题《御制满洲蒙古汉字三合切音清文鉴》(han i araha manju monggo nikan hergen ilan hacin i mudan acaha buleku bithe)。乾隆四十五年刻本,线装32册。页面28.6×19.5厘米,版框21.5×17.3厘米。白口,四周双边。满蒙汉合璧,半叶满文蒙古文汉文各2行。版心有满文书题名、卷数,汉文类目和页码。卷首存乾隆三十六年与乾隆四十五年《御制序言》各一篇,其后为永瑢等编刻、翻译人员官衔名。首都图书馆等6家机构有藏。

6.《三合语录》(ilan hacin i hergen kamcibuha gisun ibithe)不分卷

[清]智信著,[清]富俊译蒙古文,《一百条》的蒙古文修订版,更正诸多蒙古语土语,并配以汉文译文。道光十年五云堂刻本,线装4册。页面28.7×17.4厘米,版框22.1×15厘米。白口双黑鱼尾,四周双边。满蒙

汉合璧,半叶满文蒙古文汉文各3行。版心有汉文书题名。题名页镌"道光十年新镌""协办大学士富俊订""版藏琉璃厂五云堂"。卷前存道光九年《序言》。大连图书馆等3家机构有藏。

7.《清语摘抄》(manju gisun i sonjofi sarkiyaha bithe)不分卷

佚名著。光绪十五年聚珍堂刻本,线装4册。页面24.2×15.5厘米,版框18.5×13.3厘米。白口单黑鱼尾,四周双边。满汉合璧,半叶满汉文各9行。版心有汉文各部词语类名、分类词语类名和页码。含《衙署名目》《官衔名目》《摺奏成语》《公文成语》。中国国家博物馆等14家机构有藏。

8.《满汉事类备考目录》(manju nikan i baita hacin icabuha oyonggo bithe i šošohon)一卷

佚名著,分类辞书,收词一千二百余条,又题《满汉备考》《满汉同声》《满汉事类备考》。刻本,线装1册。页面25.5×15厘米,版框20.5×14厘米。白口单黑鱼尾,四周双边。满汉合璧,半叶满汉文各5行。版心有汉文书题名和页码。

9.《清文汇书》(manju isabuha bithe)十二卷

[清]李延基辑。文盛堂刻本,线装12册。页面24×15.7厘米,版框20.3×15厘米。白口单黑鱼尾,四周双边。满汉合璧,半叶满汉文各8行,小字双行。版心有汉文书题名、卷次和页码。

10.《学书》(tacire bithe)不分卷

佚名著,满语文蒙古语文初学教材。写本,线装1册。页面25.8×16.9厘米。白口。满蒙汉合璧,半叶满文蒙古文汉文各2行。

11.《大清律例》(daicing gurun i fafun i bithe kooli)四十八卷

[清]徐本(?—1747)等奉敕编著,清朝法律法规集,律文起自雍正五年,条例共1456条,又题《钦定大清律例》(hesei toktobuha daicing gurun i fafun i bithe kooli)。乾隆三十三年武英殿刻本,线装48册。页面39×23.5厘米,版框29.8×21.5厘米。白口单黑鱼尾,四周双边。满文,半叶8行。版心有满文书题名,汉文卷次、律目和页码。存卷三十七至卷三十九及卷四十二。部分内容正文存蒙古文朱批,卷首存顺治三年、康熙十八年(1679)、雍正三年(1725)和乾隆五年图纳等题奏上谕4篇。故宫博物院图书馆等4家机构有藏。

12.《皇清开国方略》(daicing gurun i fukjin doro neihe bodogon i bithe)三十二卷①

［清］阿桂著,官修记载清朝史事编年体史书,清初开国事迹汇编。乾隆五十一年武英殿刻本,线装32册。页面36×23厘米,版框28×20厘米。白口,四周双边。满文,半叶8行。版心有满文书题名、卷次和页码。中国民族图书馆等3家机构有藏。

13.《钦定续纂外藩蒙古回部王公表传》(hesei toktobuha sirame acabuha tulergi monggo hoise aiman i wang gung sei iletun ulabun)二百二十卷

［清］穆彰阿(1782—1856)等著,清高宗为纪念蒙古、西藏与回部诸王公为清朝建国及边疆稳定所做出的贡献,特命国史馆、理藩院以表传形式编撰的传记体裁史书,记事上起嘉庆元年,下迄道光年间。道光二十九年武英殿刻本,线装110册。页面34.5×22厘米,版框23.3×20厘米。白口单黑鱼尾,四周双边。满文,半叶7行,小字双行。版心有满文书题名、卷次、页码,汉文卷次和页码。故宫博物院图书馆有藏。

14.《御制吏治辑要》(hafan i dasan i oyonggo isabuha bithe)不分卷

［清］高鹗著、［清］通瑞译,又题《吏治辑要》(dasan i oyonggo isabuha bithe)。道光二年京都三槐堂刻本,线装1册。页面28.7×14.2厘米,版框20×12.8厘米,白口单黑鱼尾,四周双边。满汉合璧,半叶满汉文各5行。版心有汉文书题名和页码。卷首存道光二年译者通瑞撰《序言》。

15.《八旗箴书》(jakūn gūsai targabun i bithe)不分卷

佚名著,八旗各旗限制条例。钞本,线装1册。页面28.4×14.1厘米。白口,四周单边。满蒙汉合璧,半叶满文蒙古文汉文各3行。版心有汉文书题名和满文页码。

16.《道尔吉雍隆牛录学子巴特尔桑学》(dorgiyungrung nirui tacikūi juse batursang ni tacire)不分卷

佚名著,道尔吉雍隆牛录学子巴特尔桑日常学习儒家文化的笔记。

---

① Erich Hauer. 1926b. *Huang Ts'ing K'ai-kuo fang lüeh. Die Gründung des Mandschuri-schen Kaiserreiches. Übersetzt und Erklärt*. Berlin: Leipzig.

钞本,线装1册。页面23.1×22.9厘米。白口,四周单边。满蒙合璧,半叶满文蒙古文各5行。版心有汉文页码。

17.《钦定满洲祭神祭天典礼》(hesei toktobuha manjusai wecere metere kooli bithe)六卷

[清]允禄著,满洲祭祀条例与流程,与《大清通礼》相辅,分祭祀礼仪2篇、汇记故事1篇、礼仪祝词、赞词41篇、器用数目、形势图各1篇。乾隆十二年(1747)武英殿刻本,线装6册。页面29.2×20厘米,版框23.2×17.4厘米。白口单黑鱼尾,四周双边。满文,半叶9行。版心有满文书题名、卷次、篇目和页码。卷前存乾隆十二年上谕(dergi hese)与纂修衙署名称。卷六为各祭神祭天器具绘图与满文用法说明。大连图书馆等9家机构有藏。

18.《学修十八个要项》(juwan jakūn acangga sere tacihiyan)一卷

佚名译,佛教典籍《学修十八要项》的满文译本。刻本,线装1册。页面27×17.5厘米,版框22.5×15.4厘米。白口单黑鱼尾,四周双边。满蒙汉合璧,半叶满文蒙古文汉文各2行。版心有汉文书题名和页码。

19.《关老爷祭净经》(guwan looye i jukten be bolgomire nomun toktoho)不分卷

佚名译,祭拜关羽的悼词与咒语。刻本,线装1册。页面29.2×20.5厘米,版框19.8×15.8厘米。白口,四周单边。满蒙藏合璧,半叶满文蒙古文藏文各3行。

20.《圣训十六条导义志书》(enduringge tacihiyan i juwan ninggun hacin i jurgan be yarume ejehe bithe)不分卷

佚名著,雍正二年刻本《圣谕广训》节选。钞本,线装1册。页面25×19.5厘米。白口,四周双边。满文,半叶5行。版心有汉文书题名和页码。

21.《满汉聊斋志异》(manju nikan liyoo jai jy i bithe)二十四卷

[清]蒲松龄著,[清]扎克丹译,又题《合璧聊斋志异》《择翻聊斋志异》。道光二十八年刻本,线装24册。页面25.1×17.8厘米,版框19×14厘米。白口双黑鱼尾,四周双边。满汉合璧,半叶满汉文各7行。版心有满文书题名、回次和页码。中央民族大学图书馆等8家机构有藏。

九　意大利

意大利有满文文献39种,其中刻本22种,写本(钞本)1种,马努埃莱三世国家图书馆、国立中央图书馆、卡萨纳特图书馆、山猫国家科学院图书馆、人文大学图书馆、圣马可国家图书馆、东方研究所和热那亚大学图书馆藏,先后经安东尼奥·蒙图齐(Antonio Montucci,1762—1829)、约瑟夫·哈盖尔(Joseph Hager,1757—1819)分别整理①,1986年公布于斯达理著《意大利与梵蒂冈藏满文文献目录》②。

1.《御制翻译四书》(han i araha ubaliyambuha duin bithe)六卷

[南宋]朱熹注,[清]高宗敕译,[清]鄂尔泰(1677—1745)厘定,儒家典籍《四书》的满文译本。光绪十四年聚珍堂刻本,线装6册。页面26.5×17厘米,版框18.5×13厘米。白口单黑鱼尾,四周双边。满汉合璧,半叶满汉文各7行。版心有汉文书题名和页码。含《大学》1册、《中庸》1册、《论语》2册、《孟子》2册。卷首存乾隆二十年(1755)《序言》。辽宁省图书馆等6家机构有藏。

2.《御制翻译四书》(han i araha ubaliyambuha duin bithe)六卷

[南宋]朱熹注,[清]高宗敕译,[清]鄂尔泰厘定。三益堂刻本,线装6册。页面26.5×17厘米,版框18.5×13.9厘米。白口单黑鱼尾,四周双边。满汉合璧,半叶满汉文各7行。版心有汉文书题名和页码。含《大学》1册、《中庸》1册、《论语》2册、《孟子》2册,卷首存乾隆二十年《序言》。

3.《御制翻译春秋》(han i araha ubaliyambuha šajingga nomun)六十四卷

[东周]孔子编著,[清]高宗敕译,儒家典籍《春秋》满文译本。乾隆四十九年(1784)武英殿刻本。页面25×16.5厘米,版框17.7×14厘米。线装48册。白口单黑鱼尾,四周双边。满汉合璧,半叶满汉文各7行,小

① Hartmut Walravens. 1993. *Antonio Montucci, Lektor der Italienischen Sprache, Jurist und Gelehrter Sinologe; Joseph Hager, Orientalist und Chinakundiger, Zwei Biobibliographien*. Berlin: Bell.
② Giovanni Stary. 1985. *Opere Mancesi in Italia e in Vaticano*. Wiesbaden: Harrassowitz.

字双行。版心有汉文书题名、篇目、卷次和页码。南京博物院等7家机构有藏。

4.《清文汇书》(manju isabuha bithe)十二卷

[清]李延基辑。四合堂刻本,线装12册。页面23.2×16厘米,版框21×14.5厘米,白口单黑鱼尾,四周双边。满汉合璧,半叶满汉文各8行,小字双行。版心有汉文书题名、卷次和页码。北京大学图书馆等5家机构有藏。

5.《清书指南》(manju bithe i jy nan)三卷

[清]沈启亮编,又题《清文指南》。天绘阁刻本,线装1册。页面29×18厘米,版框25.5×17厘米,黑口双黑鱼尾,四周双边。满汉合璧,半叶满汉文各8行,小字双行。版心有满文书题名、卷次、页码,汉文书题名、卷次和页码。首卷存满文十二字头表,卷末存康熙二十一年(1682)沈启亮撰《序言》。

6.《满汉六部成语》(manju nikan hergen i ninggun jurgan šanggaha gisun i bithe)六卷

佚名著,又题《六部成语》。槐荫山坊刻本,线装6册。页面20.5×13.8厘米,版框14.8×11.5厘米,白口单黑鱼尾,四周单边。满汉合璧,半叶满汉文各5行。版心有汉文书题名、卷次、六部名称和页码。内蒙古自治区图书馆等5家机构有藏。

7.《资治通鉴纲目》(dzi jy tung giyan g'ang mu bithe)一百一十一卷

[南宋]朱熹、[南宋]赵师渊(1150—1210)编,[明]南轩(1518—1602)、[明]商辂(1414—1486)著,[清]和素译,史书《资治通鉴纲目》等的满文译本,记载上起周威烈王二十三年(前403)下迄元顺帝至正二十七年(1367)间历史,又题《御制资治通鉴纲目》(han i araha dzi jy tung giyan g'ang mu bithe)。康熙三十年武英殿刻本,线装95册。页面31×20厘米,版框23.6×16.4厘米。白口,四周双边。满文,半叶8行,小字双行。版心有满文书题名、卷次、年代和汉文页码。包括《资治通鉴纲目正编》五十九卷、《订正通鉴前编》二十五卷、《续资治通鉴纲目》二十七卷。雍和宫等11家机构有藏。

8.《钦定吏部则例》(hesei toktobuha hafan i jurgan i kooli bithe)八卷

[清]张廷玉(1672—1755)等著,吏部在全国核查各级官吏,办理官员升降、奖惩等事务的规定。乾隆七年(1742)武英殿刻本,线装4册。页面30.4×19.4厘米,版框23.6×16.4厘米。白口单黑鱼尾,四周双边。满文,半叶9行。版心有满文书题名、卷次、类目、页码和汉文篇目。国家图书馆等5家机构有藏。

9.《满洲实录》(manju i yargiyan kooli)八卷①

佚名著,清代官修史书。乾隆年间钞本,线装8册。页面37×23厘米,版框30×18.5厘米。白口单黑鱼尾,四周双边。满蒙汉合璧,上中下三栏,上栏满文,中栏汉文,下栏蒙古文,半叶各7行。其间存插图。吉林师范大学图书馆等2家机构有藏。

10.《满汉合璧三字经注解》(manju nikan hergen i kamcime suhe san dzi ging ni bithe)二卷

[南宋]王应麟著,[清]惟德陶格译满文,[清]盛冠宝、[清]傅尔汗校,又题《三字经》。乾隆六十年(1795)京都二槐堂刻本,线装2册。页面23×15.5厘米,版框19×14厘米。白口单黑鱼尾,四周单边。满汉合璧,半叶满汉文各5行,小字双行。版心有汉文书题名、卷次和页码。南京图书馆等2家机构有藏。

11.《圣谕广训》(enduringge tacihiyan be neileme badarambuha bithe)四卷

[清]世宗御著,以《上谕十六条》为蓝本的顺治、康熙与雍正朝皇帝圣训汇编。又题《三合圣谕广训》(ilan hacin i gisun kamcibuha enduringge tacihiyan be neileme badarambuha bithe)。同治十三年(1874)刻本,线装4册。页面30×18厘米,版框22.5×15.5厘米。满蒙汉合璧,半叶满文蒙古文汉文各3行。白口单黑鱼尾,四周双边。版心有汉文书题名和页码。题名页镌"同治十三年冬月重刊",卷前存雍正二年《序言》。国家图书馆等10家机构有藏。

12.《辟释氏诸妄》(hūwašan i holo be milarabuha bithe)不分卷

[明]徐光启著,佚名译,基督教著作《辟释氏诸妄》的满文译本。刻本,线装1册。页面25.7×15.6厘米,版框21.1×14.3厘米。白口单黑鱼尾,四周双边。满文,半叶9行。版心有汉文书题名和页码。

---

① Walter Fuchs. "Bulhuri Omo". *Sinologische Arbeiten* 1 (1943): 47-52.

十 梵蒂冈

梵蒂冈有满文文献51种,其中刻本19种,写本(钞本)5种,梵蒂冈图书馆、秘密档案馆、教廷档案馆、历史档案馆、耶稣会罗马档案馆和天主教大学图书馆藏,安东尼奥·蒙图齐、柯恒儒(Julius von Klaproth,1783—1835)搜集于19世纪初,先后经伯希和①、高田时雄(Takata Tokio,1949—)②、哈盖尔③分别整理,1986年公布于斯达理著《意大利与梵蒂冈藏满文文献目录》④。

1.《笺注十二字头》(giyan ju ši el dzi teo)不分卷

[清]沈启亮著,以对话形式为主的满语文教材,又题《增补满洲杂话》。康熙四十年京都复魁斋刻本,线装1册。页面28.9×17.9厘米,版框25×15.3厘米。白口单黑鱼尾,四周单边。满汉合璧,半叶满汉文各5行,小字双行。版心有满文书题名、页码和汉文页码。卷前附满文十二字头及其汉文注音。

2.《满汉同文杂字》(man han tung wen dza dzai)不分卷

佚名著,为商人编撰学习满语文蒙古语文的教材。嘉庆六年(1801)刻本,线装1册。页面25.5×15.7厘米,版框18.8×13.4厘米。白口单黑鱼尾,四周双边。满蒙汉合璧,半叶满文蒙古文汉文各6行。版心有汉文页码。另附部分插图。

3.《清书对音》二卷*

佚名著,语音辞书,收词三百五十余条。钞本,线装1册,残卷,仅存卷下。白口,无横栏边格。满汉合璧,半叶满汉文各5行。

4.《圣谕广训》(enduringge tacihiyan be neileme badarambuha

---

①Paul Pelliot. 1922. *Inventaire Sommaire des Manuscrits et Imprimés Chinois de la Bibliothèque Vaticane*. Vaticane: Biblioteca Apostolica Vaticana.

②高田时雄:《梵蒂冈图书馆所藏汉籍目录补编》,《东洋学文献中心丛刊》1997年第7册。

③Hartmut Walravens. 1993. *Antonio Montucci, Lektor der Italienischen Sprache, Jurist und Gelehrter Sinologe; Joseph Hager, Orientalist und Chinakundiger, Zwei Biobibliographien*. Berlin: Bell.

④Giovanni Stary. 1985. *Opere Mancesi in Italia e in Vaticano*. Wiesbaden: Harrassowitz.

bithe)四卷

[清]世宗御著。雍正二年三槐堂刻本,线装2册。页面25.5×17.7厘米,版框21.3×16.7厘米。白口单黑鱼尾,四周双边。满汉合璧,半叶满汉文各7行。版心有汉文书题名、条目、条目名称和页码。齐齐哈尔市图书馆等2家机构有藏。

5.《满汉百家姓》(man han bai giya sing)不分卷

佚名辑,又题《满汉合辑百家姓》(man han ho gi bai giya sing)。京都二酉堂刻本,线装1册。页面20.5×12厘米,版框16×11.5厘米。白口单黑鱼尾,四周单边。满汉合璧,半叶满汉文各5行。版心有汉文书题名和页码。

6.《满汉千字文》(manju nikan hergen be kamcime araha minggan hergen i bithe)不分卷

[南朝梁代]周兴嗣著,[清]裕彰译,又题《清书千字文》。永魁斋刻本,线装1册。页面30×19.8厘米,版框24.8×17.9厘米。白口单黑鱼尾,四周单边。满汉合璧,半叶满汉文各5行。版心有汉文书题名、卷次和页码。

7.《康熙五十七年二月十五日甲午望月食图》(elhe taifin i susai nadan aniya i juwe biya tofohon inenggi niowanggiyan morin wangga inenggi biya be jetere nirugan)不分卷

钦天监制。刻本,线装1册。页面30×17厘米,版框25.5×13.5厘米。黑口双黑鱼尾,四周双边。满汉合璧,半叶满汉文各7行。版心有汉文书题名和页码。

8.《康熙五十八年正月初一日甲午朔日食图》(elhe taifin i susai jakūn aniya i biya ice inenggi niowanggiyan morin šongge inenggi šun be jetere nirugan)不分卷

钦天监制。刻本,线装1册。页面30×17厘米,版框25.5×13.5厘米。黑口双黑鱼尾,四周双边。满汉合璧,半叶满汉文各9行。版心有汉文书题名和页码。

9.《康熙五十九年七月初一日丙寅朔日食图》(elhe taifin i susai uyun aniya i nadan biya ice inenggi fulgiyan tasha šongge inenggi šun be jetere nirugan)不分卷

钦天监制。刻本,线装1册。页面30.5×17厘米,版框21×12.5厘米。黑口双黑鱼尾,四周双边。满汉合璧,半叶满汉文各7行。版心有汉文书题名和页码。

10.《大清乾隆十一年时宪书》(daicing gurun i abkai wehiyehe i juwan emuci aniya erin forgon i ton i bithe)不分卷

钦天监制。刻本,线装1册。页面35.5×21厘米,版框30×20厘米。黑口双黑鱼尾,四周双边。满文,半叶12行。故宫博物院图书馆等2家机构有藏。

11.《天主正教约征》(abkai ejen i tob tacihiyan i temgetu i šošohon)一卷

[意]利类思著,天主教著作。康熙八年(1669)刻本,线装1册。页面27.5×18.4厘米,版框23.5×17.5厘米。白口单黑鱼尾,四周双边。满文,半叶15行。

12.《同善说》(sain be uhelere leolen)不分卷

[明]李祖白著,佚名译,天主教著作《同善说》的满文译本。刻本,线装1册。页面25.6×15.4厘米,版框24.2×14厘米。白口单黑鱼尾,四周双边。满文,半叶15行。版心有汉文书题名和页码。

十一 丹 麦

丹麦有满文文献81种,其中刻本58种,写本(钞本)21种,石印本1种、复印本1种,丹麦皇家图书馆藏,伍尔夫(Kurt Wulff,1881—1939)、廖恩贝赫(Karre Gronbech,1901—1957)于20世纪初得于北京,初由哥本哈根大学东亚学院图书馆和丹麦民族博物馆保管,后移交丹麦皇家图书馆,公布于1971年海西希撰《丹麦皇家图书馆藏蒙古文书籍目录》①和1991年福华德(Walter Fuchs,1902—1979)、稽穆撰《丹麦皇家图书馆藏满文文献目录》②。

1.《御制翻译四书》(han i araha ubaliyambuha duin bithe)六卷

[南宋]朱熹注,[清]高宗敕译,[清]鄂尔泰厘定。乾隆二十年宝明堂刻本,线装6册。页面22.7×17.4厘米,版框18.5×14.7厘米。白口,四周单边。满汉合璧,半叶满汉文各7行。版心有汉文书题名和页码。含《大学》1册、《中庸》1册、《论语》2册、《孟子》2册,首卷前存乾隆二十年《序言》。辽宁省图书馆等6家机构有藏。

2.《孟子·卷上》(mengdzi bithe·dergi debtelin)二卷

佚名译,儒家典籍《孟子》的满文译本。乾隆二十一年重刻本,线装1册,存卷上。页面21.6×16.9厘米。白口单黑鱼尾,四周单边。满汉合璧,半叶满汉文各6行。版心有汉文书题名和页码。

3.《论语》(leolen gisuren bithe)二卷

佚名译,儒家典籍《论语》的满文译本。道光十七年(1837)刻本,线装1册,仅存卷上。页面24.3×15.5厘米,版框17.8×13.2厘米。白口单黑鱼尾,四周双边。满汉合璧,半叶满汉文各7行。版心有汉文书题名、卷次、篇名及页码。封面题名《满汉论语》(manju nikan hergen i leolen

---

①Walther Hessig. 1971. *Catalogue of Mogol Books Manuscripts and Xylographs*. Copenhagen: Royal Library.
②Walter Fuchs, Gimm Martin. "Katalog der Mandjurica in der Königlichen Bibliothek Kopenhagen". *Aetas Manjurica* (1991): 42-116.

gisuren bithe),卷前存《序言》一篇。大连图书馆有藏。

4.《大学》(amba tacin i bithe)一卷※

佚名译,儒家典籍《大学》的满文译本。钞本,所据底本为乾隆二十一年(1756)武英殿刻本《御制翻译四书》,线装1册。页面23.5×23厘米。白口,四周单边。满蒙汉合璧,半叶满文蒙古文汉文各4行。原书无题名。

5.《清文备考》(manju gisun i yongkiyame toktobuha bithe)十二卷

[清]戴毂著,分类辞书。康熙六十一年(1722)刻本,线装10册。页面29.6×18.7厘米,版框24.8×16厘米。白口单黑鱼尾,四周双边。满汉合璧,半叶满汉文各8行。版心有汉文书题名、页码和满文卷次。卷前存李鉴撰《序言》、戴毂撰《自序》与沈潜撰《跋文》。含《虚字讲约》《形容词》《相连语》《吏户礼三部成语》《兵刑工三部成语》《清文鉴总纲字语》。中央民族大学图书馆等3家机构有藏。

6.《满汉字清文启蒙》(manju nikan hergen i cing wen ki meng bithe)四卷

[清]舞格著,[清]程明远、[清]佩和校,又题《兼满汉字满洲套语清文启蒙》《满汉字清文启蒙》。雍正八年二酉堂藏版永魁斋刻本,线装4册。页面24×15.4厘米,版框21.6×14.2厘米。白口单黑鱼尾,四周双边。满汉合璧,半叶满汉文各6行。版心有汉文书题名、篇目和页码。含《满洲十二字头单字联字指南》《切韵清字》《满洲外单字》《满洲外联字》《满洲文助语虚字》。中央民族大学图书馆有藏。

7.《音汉清文鉴》(nikan hergen i ubaliyambuha manju gisun i buleku bithe)二十卷

[清]明铎等编。雍正十三年二酉堂刻本,线装4册。页面23×15.7厘米,版框19.9×14.5厘米。白口,上下双边,左右单边。满汉合璧,半叶满汉文各4行。版心有汉文卷次、类目和页码。

8.《清文典要》(manju bithei kooli šošohon i bithe)四卷

[清]秋芳堂主人辑。乾隆三年(1738)文锦二酉堂刻本,线装4册。页面19.5×12.9厘米,版框14.5×11.2厘米。白口单黑鱼尾,四周双边。满汉合璧,半叶满汉文各7行。版心有汉文书题名、卷次和页码。中央民族大学图书馆等2家机构有藏。

9.《清文汇书》(manju isabuha bithe)十二卷

[清]李延基辑。乾隆十五年京都英华堂刻本,线装12册。页面24.5×15.5厘米,版框20.5×14.5厘米。白口单黑鱼尾,四周双边。满汉合璧,半叶满汉文各8行,小字双行。版心有汉文书题名、卷次和页码。中国社会科学院近代史研究所图书馆等4家机构有藏。

10.《钦定清汉对音字式》(hesei toktobuha cing han dui in dzi ši bithe)不分卷

[清]高宗敕著。道光十六年重刻本,所据底本为乾隆三十七年武英殿刻本,线装1册。页面27.3×18.6厘米,版框17.3×15.8厘米。白口,四周双边。满汉合璧,半叶满汉文各9行。版心有汉文书题名、内容名和页码。福建省图书馆等9家机构有藏。

11.《同文杂字》(tung wen dza dzai)不分卷

佚名著,配有插图的辞书,又题《满汉同文新出对像蒙古杂字》(man han tung wen sin cu dui siya monggo dza dzai)。嘉庆六年刻本,线装1册。页面25.5×15.7厘米,版框18.8×13.4厘米。白口单黑鱼尾,四周双边。满蒙汉合璧,半叶满文蒙古文汉文各6行,其中满文标记汉文语音,蒙古文释义,并辅以相应的汉文语音。版心有汉文页码。散藏于中国民间[①]。

12.《清文汇书》(manju isabuha bithe)十二卷

[清]李延基辑。三槐堂刻本,线装12册。页面26.8×16厘米,版框20.3×14.9厘米。白口单黑鱼尾,四周双边。满汉合璧,半叶满汉文各8行,小字双行。版心有汉文书题名、卷次和页码。国家图书馆等10家机构有藏。

13.《一百条语》(tanggū meyen i gisun)二卷

佚名著,满语文会话读本教材。道光二十三年(1843)钞本,线装2册。页面24.2×14.5厘米。白口,四周单边。满汉合璧,半叶满汉文各4行。封面存朱色满文书题名 tanggū meyen i gisun(《一百条语》)。

14.《纲鉴会纂》(hafu buleku bithe)不分卷

[明]王世贞(1526—1590)著,佚名译,编年体史书《纲鉴会纂》的满

[①] 王敌非:《满文小学类文章在欧洲的传播——以〈同文杂字〉为例》,《黑龙江民族丛刊》2018年第4期。

文译本,又题《通鉴》(hafu buleku i bithe)、《通鉴辑要》(hafu buleku bitheci oyonggo be šošoho bithe)。顺治元年(1644)刻本,线装80册。页面32×21.5厘米,版框27.5×16.8厘米。白口单黑鱼尾,四周双边。满文,半叶7行。版心有满文书题名、页码和卷次。内蒙古自治区图书馆等7家机构有藏。

15.《上谕》(dergi hese)不分卷

佚名辑,清圣祖圣训合辑。雍正三年刻本,线装5册。页面28.5×19厘米,版框22×17厘米。白口单黑鱼尾。满文,半叶9行。版心有汉文页码。国家图书馆有藏。

16.《御制人臣儆心录》(han i araha ambasai mujilen be targabure bithe)不分卷

[清]世祖御著,以功臣谭泰(1593—1651)、石汉、大学士陈名夏(1601—1654)骄横跋扈为戒而作《植党论》《好名论》《营私论》《徇利论》《骄志论》《作伪论》《附势论》《旷官论》8篇文章合辑,以警戒群臣。顺治十二年刻本,线装1册。页面23.4×14.5厘米,版框16.7×11.5厘米。白口单黑鱼尾,四周双边。满文,半叶6行。版心有汉文书题名,满文书题名和页码。卷前存顺治十二年《序言》。国家图书馆等7家机构有藏。

17.《理藩院则例》(tulergi golo be dasara jurgan i kooli hacin i bithe)六十三卷

[清]托津(1755—1835)等奉敕编著,清朝治理西北地区少数民族的行政法规,始修于乾隆五十四年(1789),后在此基础上于嘉庆二十年(1815)增加蒙古文与汉文本续修,共分《蒙古则例》《回部则例》等,又题《钦定理藩院则例》(hesei toktobuha tulergi golo be dasara jurgan i kooli hacin i bithe)。刻本,线装50册。页面27×16.8厘米,版框21×14.8厘米。白口单黑鱼尾,四周双边。满文,半叶7行。版心有满文书题名、卷次和汉文页码。含《原题》1册、《总纲》2册、《总例》2册、《官衔》1册。卷前存嘉庆十六年(1811)、嘉庆二十年和嘉庆二十二年(1817)满汉文 tulergi golo be dasara jurgan "理藩院谨奏"。内蒙古自治区图书馆有藏。

18.《醒世要言》(jalan de ulhibure oyonggo gisun i bithe)四卷

[明]吕坤著,[清]和素译,[清]孟保辑,又题《翻译醒世要言》。康熙四十三年(1704)刻本,线装4册。页面24.5×15.3厘米,版框18×11.5厘米。白口单黑鱼尾,四周双边。满汉合璧,半叶满汉文各7行。版心有汉文书题名、卷次和页码。含《小儿语》《好人歌》《宗约歌》。国家图书馆等3家机构有藏。

19.《性理一则》(sing li bithe i dorgi emu meyen)不分卷

[清]圣祖御著,[清]和素等辑,语录集,内容涉及天理、人性等。康熙四十五年刻本,线装4册。页面25.5×15.7厘米,版框18.8×13.4厘米。白口双黑鱼尾,四周双边。满汉合璧,半叶满汉文各6行。版心有汉文书题名、卷次和页码。第2册与第3册存和素撰《补充说明》。内蒙古自治区图书馆等3家机构有藏。

20.《御纂性理精义》(han i banjibuha sing li jing i bithe)十二卷

[清]李光地纂修,又题《钦定性理精义》。康熙五十六年武英殿刻本,线装8册。页面26.7×18.5厘米,版框21×16.5厘米。白口单黑鱼尾,四周双边。满文,半叶7行,小字双行。版心有满文书题名、卷次、篇目和汉文页码。吉林省图书馆等15家机构有藏。

21.《孝经》(hiyoo ging bithe)一卷

[东周]孔子编著,[清]达海译,节选自《七本头》(ci ben teo bithe)。康熙年间刻本,线装1册。页面23.4×15.7厘米,版框17.7×13.3厘米。白口,四周双边。满汉合璧,半叶满汉文各7行。版心有汉文书题名、页码和满文书题名。国家图书馆等4家机构有藏。

22.《圣谕广训》(enduringge tacihiyan be neileme badarambuha bithe)不分卷

[清]世宗御著。雍正二年内府刻本,线装2册。页面28.8×18.5厘米,版框21.4×16.7厘米。白口单黑鱼尾,四周双边。满蒙合璧,半叶满文蒙古文各6至8行。版心有汉文书题名、篇目和页码。内蒙古大学图书馆等4家机构有藏。

23.《满蒙合璧三字经注解》(manju monggo hergen i kamcime suhe san dzi ging ni bithe)二卷

[南宋]王应麟著,[清]惟德陶格译满文,[清]盛冠宝、[清]傅尔汗校,又题《三字经》。乾隆十年(1745)京都二南堂刻本,残卷,线装1册。

页面22.8×15.5厘米,版框18.7×14厘米。白口单黑鱼尾,四周双边。满汉合璧,半叶满汉文各5行。版心有汉文书题名、卷次和页码。首卷前存雍正十三年馨泰撰《序言》。辽宁省图书馆有藏。

24.《七训书》(nadan tacihiyan i bithe)六卷

[清]博赫辑,孔子垂训合辑,内容涉及忠信礼义孝悌等,又题《七训》(nadan tacihiyan)、《七训须读》(nadan tacihiyan be urunakū hūlabure i bithe)。乾隆二十九年(1764)京都京兆堂刻本,线装2册。页面24×16厘米,版框16.8×12.8厘米。白口单黑鱼尾,左右双边,上下单边。满蒙汉合璧,半叶满文蒙古文汉文各4行。版心有汉文书题名、卷次和页码。卷前存乾隆二十九年《序言》。内蒙古自治区图书馆等3家机构有藏。

25.《圣谕广训》(enduringge tacihiyan be neileme badarambuha bithe)二卷

[清]世宗御著。光绪十六年京都聚珍堂刻本,线装2册。页面28.8×18.5厘米,版框19.9×13.9厘米。白口单黑鱼尾,四周双边。满汉合璧,半叶满汉文各7行。版心有汉文书题名、篇目和页码。上海市图书馆等6家机构有藏。

26.《满蒙汉合璧思孝歌》(manju monggo nikan hergen i kamcime araha hiyoošun be gūnire ucun)不分卷

[清]王中书著,[清]噶勒桑译,劝告世人尊敬、孝顺父母及行孝事宜歌诀,又题《王中书劝孝八反歌》(wang jung šu hiyoošun be tafalara jakūn fudara ucun)。刻本,包背装1册。页面26×16.3厘米,版框20×15厘米。白口单黑鱼尾,四周双边。满蒙汉合璧,半叶满文蒙古文汉文各2行。版心有汉文页码。中国第一历史档案馆等4家机构有藏。

27.《黄石公素书》(hūwang ši gung ni su šu bithe)不分卷

[秦]黄石公(约前292—约前195)著,[北宋]张商英(1043—1121)注,[清]达海译,[清]和素校,阐明以道家学说谋略天下、以法家学说理将带兵、以儒家思想治理天下的军事著作的满文译本,分《原始》《正道》《求人之志》《本德宗道》《遵义》和《安礼》等。康熙四十三年刻本,线装1册。页面24.5×15.3厘米,版框18×14厘米。白口,四周双边。满汉合璧,半叶满汉文各5行。版心有满文书题名、篇名和汉文页码。国家图书馆等3家机构有藏。

十一 丹麦

28.《菜根谭》(ts'ai gen tan bithe)二卷

［明］洪应明辑，［清］和素校，［清］辛太敬译，语录体裁著作《菜根谭》的满文译本，又题《满汉合璧菜根谭》(manju nikan hergen kamciha ts'ai gen tan bithe)。康熙四十七年刻本，线装4册。页面24.5×15.3厘米，版框18×14厘米。白口单黑鱼尾，四周双边。满汉合璧，半叶满汉文各5行。版心有汉文书题名、卷次和页码。内蒙古自治区图书馆等3家机构有藏。

29.《潘氏总论》(pan ši i šošohon i leolen)六卷

［元］潘荣（1418—1496）辑，［清］阿什坛（？—1683）译，［清］和素校，历史类著作《潘氏总论》的满文译本，又题《满汉潘氏总论》(manju nikan hergen i pan ši i šošohon i leolen)。康熙四十七年刻本，线装6册。页面24.5×15.3厘米，版框17×12厘米。白口，四周双边。满汉合璧，半叶满汉文各5行。版心有汉文书题名、页码和满文书题名。卷前存康熙四十六年（1707）阿什坛撰《序言》。内蒙古社会科学院图书馆等3家机构有藏。

30.《御制三角形推算法论》(han i araha ilan hošonggo arbun i leolen)不分卷

［清］圣祖御著，天文学和数学著作，又题《御制三角形论》。康熙四十三年刻本，线装1册。页面24.5×15.5厘米，版框17.2×12厘米。白口，四周单边。满汉合璧，半叶满汉文各5行。版心有满文篇名和汉文页码。附《文章一篇·性理一则》(wen jang emu meyen·sing li emu meyen)和《父母惟其疾之忧》(ama eme damu nimerahū seme obošombi)。

31.《贤劫千佛号》(sain g'alba i minggan fucihi i colo)二卷

［清］章嘉呼图克图等奉敕译。雍正二年刻本，经折装2册。页面28×20厘米，版框20.5×18.5厘米。上下双边。梵藏满蒙汉合璧，半叶梵文满文汉文蒙古文藏文各2行。雍和宫等2家机构有藏。

32.《格体全录》(dergici toktobuha ge ti ciowan lu bithe)不分卷

［法］白晋、［法］巴多明（Dominique Parrenin，1665—1741）译，丹麦解剖学家托马斯·巴托林（Thomas Bartholin，1616—1680）《人体解剖学》和法国外科医生皮尔·迪奥尼斯（Pierre Dionis，?—1680）的《人体

解剖学及血液循环新发现》的满文译本,又题《钦定格体全录》(hesei toktobuha dergici toktobuha ge ti ciowan lu bithe)、《西医人身骨脉图说》。康熙十九年(1680)钞本,线装12册。页面26×17.5厘米。满文,半叶7行。

33.《西医人身骨脉图说》(wargi namu oktosilame niyalma beye giranggi sudala nirugan i gisun)不分卷

[法]白晋、[法]巴多明译,丹麦解剖学家托马斯·巴托林《人体解剖学》和法国外科医生皮尔·迪奥尼斯《人体解剖学及血液循环新发现》的满文译本节选,由图片并配以相应叙述组成。钞本,线装16册。页面26.5×16.3厘米。满文,半叶7行。

34.《水浒传》(šui hū bithe)一百回

[元]施耐庵(1296—1370)著,佚名译,章回体长篇小说《水浒传》的满文译本。钞本,线装32册。页面25×21.5厘米。满文,半叶11至12行。部分封面书满文回数。满文书题名又作šui hū juwan(《水浒传》)。中央民族大学图书馆等2家机构有藏。

十二　波　兰

波兰有满文文献96种，其中刻本88种，写本（钞本）2种，雅盖隆大学图书馆藏，第二次世界大战后由德国划分至克拉科夫（Kraków），因缺乏详细资料，其收藏历史与整理情况不得而知，2014年公布于瓦尔拉文斯撰《柏林国家图书馆藏满文写本与刻本叙录》①。

1.《钦定诗经》（hesei toktobuha ši ging ni bithe）二十卷

［南宋］朱熹集注，［清］世祖敕译。顺治十一年（1654）内府刻本，线装10册。页面31.5×18.5厘米，版框22.8×17.3厘米。黑口双黑鱼尾，四周双边。满文，半叶6行，小字双行。版心有满文书题名、页码、卷次。国家图书馆等3家机构有藏。

2.《日讲四书解义》（inenggidari giyangnaha sy šu i jurgan be suhe bithe）二十六卷

［清］喇萨里、［清］陈廷敬（1638—1712）等著，《四书》的满文译本，附以据经筵讲义整理的解义和注释，学习儒家典籍的教科书，又题《日讲四书》（inenggidari giyangnaha sy šu i bithe）。康熙十六年（1677）内府刻本，线装26册。页面34×21.7厘米，版框25.5×18.5厘米。黑口双黑鱼尾，上下单边，左右双边。满文，半叶7行。版心有满文书题名、页码和卷次。内蒙古自治区社会科学院图书馆有藏。

3.《日讲书经解义》（inenggidari giyangnaha dasan i nomun i jurgan be suhe bithe）十三卷

［清］库勒纳等著，《书经》的满文译本，附以据经筵讲义整理而成的解义和注释，又题《御制日讲书经解义》（han i araha inenggidari giyangnaha dasan i nomun i jurgan be suhe bithe）。康熙十九年内府刻本，线装13册。页面26×17厘米，版框18.3×14.5厘米。黑口双黑鱼尾，四周双边。满文，半叶7行。版心有满文书题名、页码和卷次。卷首存

---

① Hartmut Walravens. 2014. *Mandschurische Handschriften und Drucke im Bestand der Staatsbibliothek zu Berlin*. Stuttgart: Franz Steiner Verlag.

库勒纳等《进呈疏》和库勒纳、叶方蔼等编刻、翻译人员官衔名。中国第一历史档案馆等4家机构有藏。

4.《日讲易经解义》(inenggidari giyangnaha i ging ni jurgan be suhe bithe)十八卷

[清]牛钮(1648—1686)等著,《易经》的满文译本,附以据经筵讲义整理而成的解义和注释,又题《御制日讲易经解义》(han i araha inenggidari giyangnaha i ging ni jurgan be suhe bithe)。康熙二十二年内府刻本,线装18册。页面36×23厘米,版框26×18.7厘米。黑口双黑鱼尾,四周双边。满文,半叶7行。版心有满文书题名、页码和卷次。卷前存康熙十九年清圣祖御撰《序言》,内容包括《上经》《下经》《系辞》《说卦传》《序卦传》《杂卦传》等。国家图书馆等8家机构有藏。

5.《御制翻译礼记》(han i araha ubaliyambuha dorolon i nomun)三十卷

[西汉]戴圣编著,[清]高宗敕译,儒家典籍《礼记》的满文译本。乾隆四十八年(1783)武英殿刻本,线装12册。页面26×17厘米,版框17.9×14厘米。白口单黑鱼尾,四周双边。满汉合璧,半叶满汉文各7行。版心有汉文书题名、卷次和页码。首都图书馆等11家机构有藏。

6.《四书集注》(sy šu ji ju)十七卷

[南宋]朱熹注。京都琉璃厂博古圣经堂刻本,线装13册。页面26.5×17厘米,版框22.8×15.4厘米。白口单黑鱼尾,四周双边。满汉合璧,半叶满汉文各6行,小字双行。版心有汉文书题名和页码。南京图书馆等3家机构有藏。

7.《满汉六部成语》(manju nikan hergen i ninggun jurgan i toktoho bithe)六卷

佚名著,又题《六部成语》。乾隆七年京都鸿远堂刻本,线装6册。页面24×15厘米,版框20.5×14厘米。白口单黑鱼尾,四周单边。满汉合璧,半叶满汉文各5行。版心有汉文书题名、卷次、六部名称和页码。

8.《御制四体清文鉴》(han i araha duin hacin i hergen kamciha manju gisun i buleku bithe)三十二卷

[清]高宗敕著,按类编排的辞书。乾隆年间武英殿刻本,线装36册。页面28.5×23.8厘米,版框21×19厘米。白口,四周双边。满蒙藏汉

合璧,半叶满文蒙古文藏文汉文各2行。版心有满文书题名、卷次,汉文类目和页码。附《御制四体清文鉴补编》四卷。中国科学院图书馆等6家机构有藏。

9.《清文补汇》(manju gisun be niyeceme isabuha bithe)八卷

[清]宜兴编。嘉庆七年(1802)法克精额刻本,线装8册。页面25.1×15.8厘米,版框19×14厘米。白口单黑鱼尾,四周双边。满汉合璧,半叶满汉文各8行,小字双行。版心有汉文书题名、卷次和页码。卷前存乾隆五十一年宜兴撰《序》,卷末存嘉庆七年法克精额撰《跋》。国家图书馆等9家机构有藏。

10.《钦定清语》(hesei toktobuha manju gisun)六卷

佚名著,以《御制增订清文鉴》为蓝本编撰的分类辞书,又题《钦定新清语》(hesei toktobuha ice manju gisun)。刻本,线装6册。页面27×16厘米,版框22×14.5厘米。白口单黑鱼尾,四周双边。满汉合璧,半叶满汉文各8行。版心有汉文书题名、卷次和页码。中央民族大学图书馆有藏。

11.《蒙文全书》(monggo gisun i yooni bithe)八卷

佚名著,按满文十二字头顺序编排的辞书。刻本,线装8册。页面27.5×17.5厘米,版框20.5×15.5厘米。白口单黑鱼尾,四周双边。满蒙合璧,半叶满文蒙古文各8行。版心有汉文书题名、卷次和页码。

12.《谕行旗务奏议》(hese i yabubuha hacilame wesimbuhe gūsa i baita)十三卷

[清]允禄等编,雍正元年(1723)至雍正十三年八旗大臣奏议事务的合辑。雍正十三年刻本,线装13册。页面24×17.5厘米,版框21×15厘米。白口单黑鱼尾,四周双边。满文,半叶12行。版心有满文书题名、年代,汉文年代和页码。保定市图书馆等11家机构有藏。

13.《大清太宗文皇帝圣训》(daicing gurun i taizung genggiyen šu hūwangdi i da hergin i bithe)六卷

[清]世祖敕著,清太宗(1592—1643)圣训合辑,分论治道、谕诸王等23则,计110条。乾隆四年(1739)刻本,线装6册。页面30.5×20厘米,版框24.5×17厘米。白口单黑鱼尾,四周双边。满文,半叶9行。版心有满文书题名、卷次和页码。卷前存乾隆四年《御制序言》一篇。康熙

二十六年(1687)清圣祖谕令续编。辽宁省图书馆等5家机构有藏。

14.《大清世祖章皇帝圣训》(daicing gurun i ši dzu erdembuhe hūwangdi i enduringge tacihiyan)六卷

[清]圣祖敕著,清世祖圣训合辑,共113条,分论治道、敬天等31则。乾隆四年武英殿刻本,线装6册。页面24.5×17.6厘米,版框19.5×13.8厘米。白口单黑鱼尾,四周双边。满文,半叶9行。版心有满文书题名、卷次和页码。卷前存康熙二十六年清圣祖《御制序言》一篇,清高宗《御制序言》一篇。辽宁省图书馆等5家机构有藏。

15.《大清穆宗毅皇帝圣训》(daicing gurun i mudzung filingga šu hūwangdi i enduringge tacihiyan)一百六十卷

[清]德宗(1871—1908)敕著,清穆宗(1956—1875)圣训合集,分36则,七百余条。光绪五年武英殿刻本,线装160册。页面29.7×29.6厘米,版框23.5×15.8厘米。白口单黑鱼尾,四周双边。满文,半叶9行。版心有满文书题名、卷次和页码。卷前存光绪五年《御制序言》。辽宁省图书馆等4家机构有藏。

16.《督捕则例》(ukanju be kadalame jafara kooli)二卷

[清]徐本等奉敕编著,缉捕惩治八旗及各省逃人的规定,成例130条,其后每10年编修1次,与《大清律例》共同续修刊行。乾隆八年(1743)武英殿刻本,线装2册。页面27×17.5厘米,版框24.3×16.8厘米。白口单黑鱼尾,四周双边。满文,半叶7行。版心有满文书题名,汉文卷次、页码与内容题名。辽宁省图书馆等4家机构有藏。

17.《八旗满洲氏族通谱》(jakūn gūsai manjusai mukun hala be uheri ejehe bithe)八十卷

[清]鄂尔泰等著,记述八旗及姓氏的著作,记录除爱新觉罗氏外包括八旗满洲、八旗蒙古与八旗汉军的1114条姓氏,两万三千余人,同时对每个姓氏来源详细记录,并对其中功勋卓著的2240人立传著书,其余人等均列入《附载》,其子孙有功绩者另附传于后。乾隆九年(1744)武英殿刻本,线装26册。页面28×17厘米,版框20×14.5厘米。白口单黑鱼尾,四周双边。满文,半叶17行,小字双行。版心有满文书题名、卷名和页码。保定市图书馆等9家机构有藏。

18.《钦定大清会典》(hesei toktobuha daicing gurun i uheri kooli

bithe)一百六十二卷

［清］允陶（1686—1763）等著，清朝官修典章制度汇编，以职官为纲，记录六部、宗人府、内阁等衙署部门建制、司职、规章、品级和掌故等。乾隆二十九年武英殿刻本，线装141册。页面38×22.5厘米，版框25×18.3厘米。白口单黑鱼尾，四周双边。满文，半叶12行。版心有满文书题名、卷次、卷名和汉文页码。卷前存乾隆二十九年《御制序言》。国家图书馆有藏。

19.《钦定大清会典事例》(hesei toktobuha daicing guruni uheri kooli hacin i bithe)一百八十卷

［清］允陶等著，又题《钦定大清会典则例》。乾隆二十九年武英殿刻本，线装140册。页面38.3×22.5厘米，版框25×18.5厘米。白口单黑鱼尾，四周双边。满文，半叶12行。版心有满文书题名、卷次、卷目和汉文页码。卷前存乾隆十二年正月、二月清高宗上谕2篇，乾隆十二年来保(1681—1764)奏折、乾隆十三年(1748)张廷玉奏折各1份。故宫博物院图书馆等2家机构有藏。《钦定大清会典》自康熙二十九年(1690)成书，历经雍正二年续修、乾隆十二年重修与乾隆二十三年重修。乾隆二十三年重修《钦定大清会典事例》并于乾隆二十九年定稿付梓，同时修成《会典》与《则例》各1部。以《则例》为纬收善变之事，以《会典》为经收不善变之事，两书内容、体例相同。此后嘉庆、光绪两朝《大清会典》的续修与重修均遵照此例。

20.《上谕八旗》(dergi hese jakūn gūsa de wasimbuhangge)十三卷

［清］允禄等编，康熙六十一年至雍正十三年八旗政务相关谕旨合辑，其中康熙六十一年至雍正五年谕旨于雍正九年(1731)刊刻而成，雍正六年(1728)至雍正十三年谕旨于乾隆六年(1741)续刊而成。刻本，线装20册。页面24×17厘米，版框20.7×14.9厘米。白口单黑鱼尾，四周双边。满文，半叶11行。版心有满文书题名、年代和页码。上海市图书馆等13家机构有藏。

21.《薛文清公先生要语》(siowei wen cing gung siyan šeng ni oyonggo gisun)二卷

［明］薛瑄(1389—1464)著，佚名译，理学用书，分《内篇》和《外篇》，

又题《薛文清公要语》(siowei wen cing gung ni oyonggo gisun)。康熙五十三年(1714)武英殿刻本,线装4册。页面24.7×17厘米,版框20.2×16厘米。白口单黑鱼尾,四周双边。满汉合璧,半叶满汉文各7行。版心有满文书题名,汉文"要言"、卷目和页码。中央民族大学图书馆等8家机构有藏。

22.《合璧性理》(kamciha sing li bithe)四卷

[清]李光地纂修,又题《满汉合璧性理》。雍正十年墨华堂刻本,线装4册。页面23×15厘米,版框19×13厘米。白口单黑鱼尾,四周双边。满汉合璧,半叶满汉文各6行。版心有汉文书题名、卷次和页码。内附《太极图说》《西铭》与《通书》。中央民族大学图书馆等3家机构有藏。

23.《御制满汉蒙古西番合璧大藏全咒》(han i araha manju nikan momggo tanggūt hergen i kamciha amba g'anjur nomun i uheri tarni)八十八卷

[清]章嘉呼图克图等奉敕译,《大藏经》咒语音韵规范工具书与佛经咒语合辑。乾隆三十八年(1773)内府刻本,经折装88册,含《目录》8册。页面33×12.9厘米,版框26.5×10.4厘米。上下双边。满汉蒙藏合璧,半叶满文汉文蒙古文藏文各2行。南京博物院等5家机构有藏。

24.《金刚顶一切如来真实摄大乘现证大教王经》(wacir giyolonggo geren ineku fucihi unenggileme adislaha amba kulge iletu mutebure amba fulehe han i nomun)不分卷

佚名译,佛教典籍《金刚顶一切如来真实摄大乘现证大教王经》的满文译本。乾隆四十五年刻本,梵夹装。页面37×11.6厘米,版框27.5×7.5厘米。四周单边。满藏汉合璧,每函满文藏文汉文各6行。

25.《佛说大方广吗鸦尼组沙哩伊经观自在答喇菩萨仪轨经》(fucihi nomulaha ambalame umesi badaraka nesuken horonggo fusa i nomun jalan i toosangge doobure aitubure fusa i kooli durun i nomun)不分卷

佚名译,佛教典籍《佛说大方广吗鸦尼组沙哩伊经观自在答喇菩萨仪轨经》的满文译本。刻本,梵夹装。页面35.3×17厘米,版框27.5×12.5厘米。四周单边。满藏汉合璧,每函满文藏文汉文各7行。

26.《孝经》(hiyoošunngga nomun)一卷

[东周]孔子编著,[清]达海译。咸丰六年(1856)武英殿刻本,线装1册。页面24×15.5厘米,版框19×14厘米。白口,四周双边。满汉合璧,半叶满汉文各5行。版心有汉文书题名和页码。卷前存雍正五年《序言》与咸丰六年上谕。上海师范大学图书馆等6家机构有藏。

27.《圣救度佛母二十一种礼赞经》(enduringge orin aitubure eme fucihi de maktame hengkilere nomun)不分卷

佚名译,佛教典籍《圣救度佛母二十一种礼赞经》的满文译本。刻本,梵夹装。页面27.5×19厘米,版框21.9×14.5厘米。满藏汉合璧,每函满文藏文汉文各4行。

28.《噶那之梵赞》(gan j'i imaktacun tarni)不分卷

佚名译,佛教典籍《噶那之梵赞》的满文译本。刻本,梵夹装。页面17.9×13厘米,版框15×10.8厘米。四周单边。满藏汉合璧,每函满文藏文汉文各3行。

29.《佛说金刚香菩萨大明成就仪轨经》(fucihi nomulaha wacir hiyan fusa amba ulhicun tarni be mutebure kooli durun i nomun)不分卷

佚名译,佛教典籍《佛说金刚香菩萨大明成就仪轨经》的满文译本。刻本,梵夹装。页面23.8×21厘米,版框19.7×14.5厘米。四周单边。满藏汉合璧,每函满文藏文汉文各4行。

30.《佛说大成观想嘛(那)楂拉净诸恶趣经》(fucihi nomulaha amba kulge i mandal be urebume gūnire doro eiten ehe banjin be bolgomire nomun)不分卷

佚名译,佛教典籍《佛说大成观想嘛(那)楂拉净诸恶趣经》的满文译本。刻本,梵夹装。页面37×12.5厘米,版框30×10.3厘米。四周单边。满藏汉合璧,每函满文藏文汉文各7行。

31.《大方光菩萨藏吗(鸦尼)组(沙)哩伊根本仪轨经》(ambarame badaraka fusa i aiman tetun nesuken horonggo fucihi i da fulehe kooli)不分卷

佚名译,佛教典籍《大方光菩萨藏吗(鸦尼)组(沙)哩伊根本仪轨经》的满文译本。刻本,梵夹装。页面31×15.2厘米,版框26×11.3厘米。四周单边。满藏汉合璧,每函满文藏文汉文各5行。

32.《佛说持明藏岳噶大教租纳达菩萨大明成就仪轨经》(fucihi nomulaha ulhicun be jafaha aiman tetun amba yog'a i fulehe junda fusa be mutebure amba ulhicun tarni i kooli durun i nomun)不分卷

佚名译,佛教典籍《佛说持明藏岳噶大教租纳达菩萨大明成就仪轨经》的满文译本。刻本,梵夹装。页面32.3×16.2厘米,版框25.8×11.9厘米。四周单边。满藏汉合璧,每函满文藏文汉文各6行。

33.《佛说大悲空智金刚大教王仪轨经》(fucihi nomulaha amba jilgan hafu sure urgungge wacir sere amba fulehe han i kooli durun i nomun)不分卷

佚名译,佛教典籍《佛说大悲空智金刚大教王仪轨经》的满文译本。刻本,梵夹装。页面29.4×16.9厘米,版框21.8×13.2厘米。四周单边。满藏汉合璧,每函满文藏文汉文各5行。

34.《佛说圣宝藏神仪轨经》(enduringge fucihi nomulaha ulin i isan enduri i kooli durun i nomun)不分卷

佚名译,佛教典籍《佛说圣宝藏神仪轨经》的满文译本。刻本,梵夹装。页面39.4×26.9厘米,版框31.87×23.2厘米。四周单边。满藏汉合璧,每函满文藏文汉文各8行。

35.《丹朱尔经总目》(danjur ging ni uheri ton)不分卷

佚名著,检索型工具书,又题《大藏经索引》[①]。刻本,梵夹装。页面70.5×19.5厘米,版框60×17厘米。白口单黑鱼尾,四周双边,朱丝栏。满文,每函31行。版心有满文经名、汉文经名和页码。卷前存《请序疏》与《番文原序》各1篇。

36.《大悲心忏法仪轨经》(amba jilangga dorolome jalbarire kooli durun i nomun)不分卷

[清]高宗御译,佛教典籍《大悲心忏法仪轨经》的满文译本。乾隆年间刻本,梵夹装1册。页面68.4×21.5厘米,版框60×14厘米。四周双边。满蒙藏汉合璧,半叶满文蒙古文汉文藏文各15行。

37.《大清同治八年己巳时宪书》(daicing gurun i yooningga dasan jakūci aniya sohon meihe erin forgon i ton bithe)不分卷

[①]Hartmut Walravens. "Zum Mandjurischen Kandjur". *Asia Major* 6 (1930): 396-397.

钦天监制。刻本,线装1册。页面32.5×21厘米,版框27.6×19厘米。黑口双黑鱼尾,四周双边。满文,半叶12行。中国社会科学院民族学与人类学研究所图书馆等4家机构有藏。

38.《满汉合璧孙武子兵法》(manju nikan hergen kamciha sun wu dzi bing fa)四卷

[东周]孙武(约前545—约前470)著,[清]耆英(1787—1858)译,兵书《孙子兵法》的满文译本。刻本,线装4册。页面28.5×19厘米,版框22×15.5厘米。白口单黑鱼尾,四周双边。满汉合璧,半叶满汉文各6行。版心有汉文书题名和页码。

39.《金瓶梅》(gin ping mei bithe)一百回

[明]兰陵笑笑生著,佚名译,又题《金瓶梅词话》。钞本,所据底本为康熙四十七年刻本,线装32册。页面26×16.5厘米。白口双黑鱼尾。满文,半叶8至9行,小字双行。版心有满文书题名、回次和页码。

40.《合璧西厢记》(manju nikan kamciha si siyang gi bithe)四卷

[元]王实甫(1260—1336)著,佚名译,又题《满汉西厢记》。康熙四十九年文盛堂刻本,线装4册。页面22.7×13.7厘米,版框16.5×11.8厘米。白口单黑鱼尾,四周双边。满汉合璧,半叶满汉文各7行。版心有汉文书题名和页码。内蒙古大学图书馆有藏。

41.《肉蒲团》(žeo pu tuwan i bithe)十五回[①]

[清]李渔(1611—1680)著,佚名译,章回体小说《肉蒲团》的满文译本。钞本,所据底本为文苑斋刻本,线装1册。页面27×21厘米。白口双黑鱼尾。满文,半叶7至10行,小字双行。版心有满文书题名、回次和页码。

---

① Hartmut Walravens. 2011. "Der Chinesische Roman Rou Putuan 肉蒲团 in Manjurischer Übersetzung der Berliner Handschrift aus der Zeit vor 1700". Eingeleitet von Lutz Bieg und Martin Gimm, 47. Mit einem Vorwort herausgegeben. Berlin.

十三 德 国

德国有满文文献354种,其中刻本286种,写本(钞本)11种,德国国家图书馆(柏林)、汉堡州立大学图书馆①、奥斯特公爵图书馆(沃尔芬比特尔)②和汉堡民族学博物馆藏③,门采尔(Christian Mentzel,1622—1701)④、安德列斯·米勒(Andreas Müller,1630—1694)⑤、穆林德夫(Paul Georg Möllendorff,1847—1901)⑥、弗里德里希·威廉·卡尔·缪勒(Friedrich Wilhelm Karl Müller,1863—1930)、豪尔(Erich Hauer,1878—1936)⑦、埃尼希·海尼士(Erich Haenisch,1880—1966)⑧、巴列娃(Sergej Aleksandrovič Polevoj,1886—1971)⑨、西门·华德(Simon Walter,1893—1981)等搜集于世界各地,先后经柯恒儒⑩、威廉·硕特(Wilhelm Schott,1802—1889)⑪分别整理,1992年公布于瓦尔拉文斯

---

①Hartmut Walravens. 1986. *Orientalia, Handschriften und Drucke aus Hamburger Besitz, Eine Ausstellung in der Staats-und Universitätsbibliothek Hamburg*. Osnabrück: Biblio Verlag: 77-78.

②Hartmut Walravens. 1987. *China illustrata, Das Europäische China Verständnis im Spiegel des 16. bis 18. Jahrhunderts*. Weiheim: 302.

③Gernot Prunner. 1990. *Einige neu Gestiftete Mongolica und Manjurica im Hamburgischen Museum für Völkerkunde*. Lübeck: 193-204.

④Lotha. 1997. *Bio-bibliographien Brandenburgische Gelehrte der Frühen Neuzeit BerlinCölln 1640-1688*. Berlin.

⑤Donald F. Lach. "The Chinese Studies of Andreas Müller". *Journal of the American Oriental Society* (1940):264-271.

⑥Paul Georg Möllendorff. "Essay on Manchu Literature". *Journal of the North China Branch of RAS* 24(1890): 1-45.

⑦Hülle Hermann. 1931. *Neuerwerbungen Chinesischer und Manjurischer Bücher in den Jahren 1921-1930*. Leipzig: Hiersemann.

⑧Erich Haenisch. "Der Chinesische Roman im Mongolischen Schrifttum". *Ural-Altaische Jahrbücher* 30 (1958): 74-92.

⑨S. A. Polevoj. 1934. *Maschinenschr Staatsbibliothek zu Berlin Handschriftenabteilung*. Berlin.

⑩Julius von Klaproth. 1822. *Verzeichiniss der Chinesischen und Mandshuischen Bücher und Handschriften der Königlichen Bibliothek zu Berlin*. Paris: Kgl. Druckerei.

⑪Schott Wilhelm. 1840. *Verzeichnis der Chinesischen und Mandschu-tungusischen Bücher und Handschriften der Königlichen Bibliothek zu Berlin*. Berlin: Kgl. Akademie Wissenschaften.

撰《柏林国家图书馆的满文藏品》①。

1.《满汉成语对待》(manju nikan fe gisun be jofoho acabuha bithe)四卷

佚名著。康熙四十一年听松楼刻本,线装4册。页面24.5×15.5厘米,版框20×14.5厘米。白口单黑鱼尾,四周双边。满汉合璧,半叶满汉文各7行。版心有满文篇目,汉文卷次和页码。含《文法》与《杂话》。中央民族大学图书馆有藏。

2.《音汉清文鉴》(nikan hergen i ubaliyambuha manju gisun i buleku bithe)二十卷

[清]明铎等编。雍正十三年文瑞堂刻本,线装4册。页面23×15.7厘米,版框19.9×14.5厘米。白口,上下双边,左右单边。满汉合璧,半叶满汉文各4行。版心有汉文卷次、类目和页码。内蒙古社会科学院图书馆等6家机构有藏。

3.《满汉经文成语》(manju nikan ging bithei toktobuha gisun)不分卷

[清]明铎辑。乾隆二年中和堂刻本,线装4册。页面25×16厘米,版框20.6×14.5厘米。白口单黑鱼尾,四周双边。满汉合璧,上下双栏,上栏满文,下栏汉文,半叶满汉文各10行,满文小字单行,汉文小字双行。版心有汉文书题名、类目和页码。

4.《满汉经文成语》(manju nikan ging bithei toktobuha gisun)四卷

[清]明铎辑,又题《三经成语》(ilan i nomun gisun šanggambi)。乾隆二年英华堂刻本,线装4册。页面27.5×18.4厘米,版框23.5×17.5厘米。白口单黑鱼尾,四周双边。满汉合璧,上下双栏,上栏满文,下栏汉文,半叶满汉文各10行,满文小字单行,汉文小字双行。版心有汉文书题名、篇目和页码。卷前存乾隆二年董佳·明铎撰《序言》。辽宁省图书馆等6家机构有藏。

5.《清文汇书》(manju isabuha bithe)一卷

[清]李延基辑。钞本,所据底本为乾隆十五年双峰阁刻本,线装1册。页面24×15.7厘米,版框20.3×15厘米。白口单黑鱼尾,四周双边。

---

① Hartmut Walravens. "The Manchu Collection of the Berlin State Library". The 35th Permanent International Altaistic Conference. September 12-17, 1992. Taipei: 477-504.

满汉合璧,半叶满汉文各8行,小字双行。版心有汉文书题名、卷次和页码。

6.《御制翻译四书》(han i araha ubaliyambuha duin bithe)六卷

[南宋]朱熹注,[清]高宗敕译,[清]鄂尔泰厘定。乾隆二十年京都二酉堂刻本,线装6册。页面22×15厘米,版框18.5×14厘米。白口单黑鱼尾,四周双边。满汉合璧,半叶满汉文各7行。版心有汉文书题名和页码。含《大学》1册、《中庸》1册、《论语》2册、《孟子》2册。卷首存乾隆二十年《序言》。辽宁省图书馆等6家机构有藏。

7.《续编兼汉清文指要》(sirame banjibuha nikan hergen i kamcibuha manju gisun i oyonggo jorin bithe)二卷

[清]富俊著。嘉庆十四年三槐堂刻本,线装2册。页面22.2×14厘米,版框16.2×11.5厘米。白口单黑鱼尾,四周双边。满汉合璧,半叶满汉文各7行。版心有汉文书题名、卷次和页码。国家图书馆有藏。

8.《御制翻译四书》(han i araha ubaliyambuha duin bithe)六卷

[南宋]朱熹注,[清]高宗敕译,[清]鄂尔泰厘定,又题《御制满汉四书》(han i araha manju nikan hergen i duin bithe)。光绪四年成都驻防八旗官学刻本,线装8册。页面28.6×17.5厘米,版框19.5×14.6厘米。白口单黑鱼尾,四周双边。满汉合璧,半叶满汉文各7行。版心有汉文书题名和页码。中央民族大学图书馆等6家机构有藏。

9.《字法举一歌》(dzi fa gioi i i bithe)不分卷

[清]徐龙泰著,讲述满文文法的汉文歌诀,并配以注释和例句,例句和注释均选自《四书》和《圣谕广训》,又题《清文字法举一歌》(manju hergen dzi fa gioi i i bithe)、《满汉合璧字法举一歌》(manju nikan hergen kamcifi acabure dzi fa gioi i i bithe)。光绪十一年文宝堂刻本,线装1册。页面27×15.5厘米,版框19.7×13.5厘米。白口单黑鱼尾,四周双边。满汉合璧,半叶满汉文各6行。版心有汉文书题名、页码和满文例字。卷前存光绪十一年八旗蒙古寿荣撰《序言》。张家口市图书馆等6家机构有藏。

10.《御制翻译书经》(han i araha ubaliyambuha dasan i nomun i bithe)六卷

佚名著,[清]高宗敕译。光绪二十二年(1896)荆州驻防翻译总学刻本,线装4册。页面26.7×15.5厘米,版框19×14.3厘米。白口单鱼尾,四周双边。满汉合璧,半叶满汉文各7行。版心有汉文书题名、卷次和页码。国家图书馆等2家机构有藏。

11.《清文接字》(cing wen jiye dzi bithe)不分卷

[清]嵩洛峰著。刻本,线装1册。白口单黑鱼尾,四周双边。页面26.7×17厘米,版框18.6×14厘米。满汉合璧,半叶满汉文各3行。版心有汉文书题名和页码。卷前镌满汉文 badarangga doro i sohon ulgiyen tuweri dulimba tacihiyara be aliha ubaliyambure tukiyesi sunghui gingguleme šutucin araha"光绪己亥仲冬授业翻译举人松汇仅序"与 yooningga dasan i ilaci aniya niowanggiyan singgeri julgei uyungge inenggi golmin šanyan alin i wanggiya hala po šan cungši araha"同治三年岁次甲子古重阳日长白完颜朴山崇实序"。

12.《满蒙文鉴》(manju monggo gisun i buleku bithe)二十卷

[清]拉锡等奉敕编著,又题《御制满蒙文鉴》。钞本,线装10册。页面19×11.8厘米。白口,四周双边。满蒙合璧,半叶满文蒙古文各6行。版心有满文书题名、卷数,汉文类目和页码。

13.《三合类编》(ilan hacin i gisun be kamcibume hacin banjibuha bithe)四卷

佚名著,分类辞书。民国元年(1912)石印本,线装4册。页面20.2×12.7厘米,版框15.3×8.6厘米。白口单黑鱼尾,四周单边。满蒙汉合璧,半叶满文蒙古文汉文各3行。版心有汉文书题名和卷次。辽宁省图书馆等2家机构有藏。

14.《大元史》(dai yuwan i suduri bithe)八卷

[明]宋濂、[明]王炜等著。顺治三年内府刻本,线装8册。页面37.9×26.5厘米,版框21.6×17.4厘米。白口单黑鱼尾,四周双边。满文,半叶8行。版心有满文书题名、页码和卷次。故宫博物院图书馆有藏。

15.《亲征平定朔漠方略》(beye dailame wargi amargi babe necihiyeme toktobuha bodogon bithe)四十九卷

[清]温达(?—1715)等奉敕编著,记载清朝与准噶尔部蒙古、喀尔喀部蒙古关系以及清圣祖亲征情况的史书,记事上起康熙十六年蒙古准

噶尔部噶尔丹奉表进贡,敕谕准噶尔部蒙古与喀尔喀部蒙古修好等事,下迄康熙三十八年噶尔丹侄策妄阿拉布坦献噶尔丹尸体事,又题《御制平定朔漠方略》(han i araha wargi amargi ba be necihiyeme toktobuha bodogon i bithe)。康熙四十八年(1709)武英殿刻本,线装49册。页面32.5×20.8厘米,版框24×14.6厘米。白口单黑鱼尾,四周单边。满文,半叶7行。版心有满文书题名、卷次和汉文页码。内蒙古社会科学院等9家机构有藏。

16.《异域录》(lakcaha jecen de takūraha bade ejehe bithe)二卷

[清]图里琛(1667—1740)著,介绍土尔扈特、蒙古、俄罗斯人文山川、地理历史、风土人情的著作。雍正元年九耐堂刻本,线装2册。页面28×17厘米,版框21×15厘米。白口单黑鱼尾,四周双边。满文,半叶7行。版心有汉文书题名、卷次和页码。北京大学图书馆有藏。

17.《上谕旗务议覆》(dergi hesei wasimbuha gūsai baita be dahūme gisurefi wesimbuhangge)十二卷

[清]允禄等编,雍正元年至雍正十二年(1734)皇帝对各衙门及大臣议复八旗事务御批合辑,内容包括行政、官职、军事和生活等。雍正年间刻本,线装12册。页面24.1×17.2厘米,版框21×14.7厘米。白口单黑鱼尾,四周双边。满文,半叶11行。版心有满文书题名、年代和汉文页码。与《谕行旗务奏议》(hesei yabuha hacilame wesimbuhe gūsai baita)和《上谕八旗》同函刊刻。国家图书馆等9家机构有藏。

18.《御制八旗通志》(han i araha jakūn gūsai tung jy i bithe)二百五十卷

[清]马齐、[清]鄂尔泰等奉敕编著,记录清代八旗政治、经济、文化、社会、宗教的史书,分《八旗通志初集》与《钦定八旗通志》。乾隆四年武英殿刻本,线装133册。页面31×20.5厘米,版框22.8×17.1厘米。白口单黑鱼尾,四周双边。满文,半叶10行,小字双行。版心有满文书题名、卷次、类目和汉文页码。卷前存《序言》。保定市图书馆等6家机构有藏。

19.《钦定宗室清文王公功绩表传》(hesei toktobuha uksun i wang gung sai gungge faššan be iletulere ulabun)六卷

[清]允祕(1716—1774)等著,清高宗为纪念各宗室王公为清朝建

国所做贡献,特命国史馆以表传形式编撰的传记体裁史书,记事涉及乾隆朝前诸亲王、郡王、贝勒、贝子、辅国公和镇国公等,又题《宗室王公功绩表传》(uksun i wang gung sai gungge faššan be iletulere ulabun)。乾隆二十九年刻本,毛装7册。页面30.3×19.5厘米,版框22.5×17厘米。白口双黑鱼尾,四周双边。满文,半叶8行。版心有满文书题名、册数和页码。国家图书馆等8家机构有藏。

20.《平定两金川方略》(dzanla cucin i babe necihiyeme toktobuha bodogon i bithe)一百三十六卷

[清]阿桂等著,记载乾隆二十年至乾隆四十四年(1779)清朝平定大金川(治今四川省金川县)莎罗奔(？—1760)侄孙索诺木联合小金川(治今四川省小金县)僧格桑反清事的史书。乾隆四十五年武英殿刻本,线装120册。页面31×19.7厘米,版框22.7×16.5厘米。白口,四周双边。满文,半叶7行。版心有满文书题名、卷次,汉文卷次和页码。中央民族大学图书馆等5家机构有藏。

21.《钦定回疆则例》(hesei toktobuha hoise jecen i kooli hacin i bithe)八卷

[清]赛尚阿、[清]永璘(1766—1820)等奉敕著译,乾隆朝以降清廷统治西北回族地区的条例规定,内容涉及爵位晋封、职官设置、赋役贸易、驻军管理等,又题《钦定回部则例》。道光二十二年刻本,线装1册。页面27.2×18.3厘米,版框21.4×16厘米。白口单黑鱼尾,四周双边。满文,半叶7行。版心有满文书题名、卷次和汉文页码。内蒙古自治区图书馆等3家机构有藏。

22.《三合吏治辑要》(ilan hacin i gisun kamcibuha hafan i dasan i oyonggo be isabuha bithe)不分卷

[清]高鹗著、[清]通瑞译满文、[清]孟保译蒙古文。咸丰七年(1857)英华堂刻本,线装2册。页面27.3×16.3厘米,版框20×13.6厘米。白口单黑鱼尾,四周双边。满蒙汉合璧,半叶满文蒙古文汉文各3行。版心有汉文书题名和页码。辽宁省图书馆有藏。

23.《三合吏治辑要》(ilan hacin i gisun kamcibuha hafan i dasan i oyonggo be isabuha bithe)不分卷

[清]高鹗著、[清]通瑞译满文、[清]孟保译蒙古文。光绪二十二年

荆州驻防翻译总学刻本,线装1册。页面26.5×15.5厘米,版框20.3×14.5厘米。白口单黑鱼尾,四周双边。满蒙汉合璧,半叶满文蒙古文汉文各3行。版心有汉文书题名和页码。辽宁省图书馆有藏。

24.《御制人臣儆心录》(han i araha ambasai mujilen be targabure bithe)不分卷

[清]世祖御著。顺治十二年内府刻本,线装1册。页面23.3×14.6厘米,版框16.5×11.6厘米。白口单黑鱼尾,四周双边。满汉合璧,半叶满汉文各6行。版心有满文书题名,汉文书题名和页码。卷前存《序言》。国家图书馆等7家机构有藏。

25.《满汉合璧孝经》(manju nikan hergen kamcime hiyoo ging bithe)不分卷

[东周]孔子编著,[清]达海译。康熙四十七年刻本,线装1册。页面25×14.5厘米,版框16.8×12厘米。白口单黑鱼尾,四周双边。满汉合璧,半叶满汉文各5行。版心有汉文书题名、卷次、篇目和页码。国家图书馆等3家机构有藏。

26.《朋党论》(gucu hoki i leolen)不分卷

[清]世宗御著,宣扬儒家君臣思想,避免朝野结党营私、排斥异己的著作,又题《御制朋党论》(han i araha gucu hoki i leolen)。雍正二年主善斋刻本,线装1册。页面29×19.3厘米,版框22×16.2厘米。白口单黑鱼尾,四周双边。满汉合璧,半叶满汉文各7行。版心有汉文书题名和页码。国家图书馆等3家机构有藏。

27.《日知荟说》(inenggidari sahangge be acamjiha gisuren)一卷

[清]高宗御著,清高宗御极前日常学习笔记汇编。乾隆元年钞本,线装4册。页面26.5×18.5厘米,版框23×15厘米。白口单黑鱼尾,四周双边。满文,半叶7行。版心有满文书题名、卷次和页码。内蒙古社会科学院图书馆等4家机构有藏。

28.《大清太祖高皇帝圣训》(daicing gurun i taidzu dergi hūwangdi i enduringge tacihiyan)四卷

[清]圣祖敕撰,清太祖(1559—1626)圣训合辑,分敬天、圣孝等26则,计92条。乾隆四年武英殿刻本,线装4册。页面30.5×19.5厘米,版框24.2×17厘米。白口单黑鱼尾,四周双边。满文,半叶9行。版心有满

文书题名、卷次和页码。中国第一历史档案馆等5家机构有藏。

29.《大清世宗宪皇帝圣训》(daicing gurun i šidzung temgutulehe hūwangdi i enduringge tacihiyan)三十六卷

［清］高宗敕撰，清世宗圣训合辑，分圣德、圣孝30则，计916条。乾隆五年武英殿刻本，线装36册。页面30.5×20厘米，版框24.5×17厘米。白口单黑鱼尾，四周双边。满文，半叶9行。版心有满文书题名、卷次和页码。辽宁省图书馆等5家机构有藏。

30.《大清圣祖仁皇帝圣训》(daicing gurun i šengdzu gosin hūwangdi i enduringge tacihiyan)六十卷

［清］世宗敕撰，清圣祖圣训合辑，分圣孝、圣德等32则，计一百九十余条。乾隆六年武英殿刻本，线装60册。页面30.5×20厘米，版框24.5×17厘米。白口单黑鱼尾，四周双边。满文，半叶9行。版心有满文书题名、卷次和页码。卷首存雍正十二年《序言》。辽宁省图书馆等8家机构有藏。

31.《四本简要》(duin fulehe oyonggo šošohon i bithe)四卷

［清］朱潮远著，［清］富鲁公辑，［清］富明安(？—1774)译，《四本简要全编》的满文译本，"四本"分别指读书起家之本、勤俭治家之本、和顺齐家之本和循理保家之本。乾隆三十三年刻本，线装4册。页面23.7×15.2厘米，版框17.5×13.4厘米。白口双黑鱼尾，四周双边。满汉合璧，半叶满汉文各6行。版心有汉文书题名、卷次和页码。卷前存康熙五十一年富明安撰《序言》及乾隆十一年富明安撰《后序》。国家图书馆等7家机构有藏。

32.《绿像救度佛母赞》(niowanggiyan doobume aitubure eme i maktacun)不分卷

佚名译，佛教典籍《绿像救度佛母赞》的满文译本。乾隆年间刻本，梵夹装。页面28.2×20厘米，版框21×18.2厘米。四周双边。满文，每函15行。国家图书馆有藏。

33.《幼学须知》(tuktan majige urse i urunakū ulhire bithe)二卷

［明］程登吉著，［清］邹生脉增补，儿童启蒙读物，又题《满汉合璧幼学须知》(manju nikan hergen i kamciha io hiyoo bioi jy bithe bithe)、《幼学琼林》(ajigan tacin i bithe)、《幼学》(ajigan tacin)等。道光元年

西二酉堂刻本,线装2册。页面22.8×15厘米,版框18.5×13.6厘米。白口单黑鱼尾,四周双边。满汉合璧,半叶满汉文各5行。版心有汉文书题名"合璧幼学"、卷数、页码和藏版"英华堂"。第1册封面上方镌"一书",右侧镌满汉合璧题名,题名上钤"西二酉堂";第2册封面上方镌"二书"。内蒙古大学图书馆等3家机构有藏。

34.《满汉合璧四十头》(manju nikan hergen i kamcime araha dehi uju i bithe)一卷

佚名著,语录集,内容涉及为人处世、安身立命、天理寻常等。道光十二年刻本,线装1册。页面26.7×17厘米,版框19.6×10.3厘米。白口单黑鱼尾,四周双边。满汉合璧,半叶满汉文各6行。版心有汉文书题名和页码。国家图书馆等3家机构有藏。

35.《孙子兵法》(sun dzi i cooha i doro bithe)四卷

[东周]孙武著,[清]耆英译,又题《翻译孙子兵法》(ubaliyambuha sun dzi i cooha i doro bithe)。道光二十六年聚珍堂刻本,线装4册。页面27.2×17.7厘米,版框19.3×14厘米。白口单黑鱼尾,四周双边。满汉合璧,半叶满汉文各5行。版心有汉文书题名、卷次和页码。辽宁省图书馆等10家机构有藏。

36.《满汉合璧小学》(manju nikan kamciha ajigan tacin i bithe)十二卷

[南宋]朱熹著,[清]孟保译。咸丰元年三槐堂刻本,线装6册。页面26.7×18.2厘米,版框20×15.5厘米。白口单黑鱼尾,四周双边。满汉合璧,半叶满汉文各5行。版心有汉文书题名、篇目、页码和满文篇目。中国社会科学院民族学与人类学研究所图书馆有藏。

37.《千字文》(minggan hergen i banjibume araha bithe)一卷

[南朝梁代]周兴嗣著,[清]裕彰译,又题《满汉千字文》。光绪七年聚珍堂刻本,线装1册。页面25×15厘米,版框17.5×12.5厘米。白口单黑鱼尾,四周单边。满汉合璧,半叶满汉文各5行。版心有汉文书题名、卷次和页码。卷首存光绪五年浙江温州府裕彰《前言》。大连图书馆等3家机构有藏。

38.《忠经》(jung ging ni bithe)不分卷

[东汉]马融(79—166)著,[清]孟保译,儒家典籍《忠经》的满文译

本，又题《翻译忠经》。刻本，线装1册。页面24.7×18.6厘米，版框20×16厘米。白口单黑鱼尾，四周双边。满汉合璧，半叶满汉文各4行。版心有汉文书题名和页码。

39.《关圣帝君觉世宝训经》(enduringge di giyūn guwan mafa i jalan de ulhibure boobai tacihiyan i nomun bithe)不分卷

佚名著，善书《关圣帝君觉世宝训经》的满文译本。刻本，线装1册。页面23.3×15.1厘米，版框20.6×14厘米。白口，四周单边。满汉合璧，半叶满汉文各6行。封面处存汉文书题名《御制清汉资世宝训》，首页存满文 hūng u han i araha jalan de tusan araha hafu tacihiyan bithe gisun(《洪武御制资世通训文》)。含《诸圣帝君训诫世人经文》《文昌帝君阴骘文》《戒淫文》与《征事》。大连图书馆藏钞本1部。

40.《嘉庆二十二年十月初一日辛未朔日食图》(saicungga fengšen i orin juweci aniya juwan biya i ice de šahūn honin šongge inenggi šun be jetere nirugan)不分卷

钦天监制。刻本，蝴蝶装1册。页面29×16厘米，版框21×13厘米。黑口双黑鱼尾，四周双边。满汉合璧，半叶满汉文各8行。

41.《大清康熙二十一年时宪书》(daicing gurun i elhe i taifin i orin emu aniya i forgon i yargiyan ton)不分卷

钦天监制。刻本，线装1册。页面38×26.9厘米，版框29.8×22.2厘米。黑口双黑鱼尾，四周双边。满文，半叶12行。故宫博物院图书馆等2家机构有藏。

42.《大清乾隆二年时宪书》(daicing gurun i abkai wehiyehe i jai aniya i forgon i yargiyan ton)不分卷

钦天监制。刻本，线装1册。页面39×21.5厘米，版框29.7×19.8厘米。黑口双黑鱼尾，四周双边。满文，半叶12行。中国第一历史档案馆有藏。

43.《御制大云轮请雨经》(han i ubaliyambuha amba tugi mandal aga agabure nomun toktoho)不分卷

[清]永瑢等奉敕译，佛教典籍《御制大云轮请雨经》的满文译本。乾隆五十五年内府刻本，经折装1册。页面31×12.5厘米，版框25.5×12厘米。上下双边。满蒙藏汉合璧，半叶满文蒙古文藏文汉文各2行。故宫

博物院图书馆等2家机构有藏。

44.《佛说四十二章经》(fucihi i nomulaha dehi juwe fiyelen nomun)不分卷

佚名译,佛教典籍《佛说四十二章经》的满文译本。乾隆年间刻本,梵夹装。页面27.3×14.5厘米,版框23.9×11.5厘米。满汉合璧,每函满汉文各4行。中国第一历史档案馆有藏。

45.《般若波罗蜜多心经》(sure ulhisu cargi dalin de akūnaha niyaman nomun)不分卷

佚名译,佛教典籍《般若波罗蜜多心经》的满文译本。刻本,线装1册。页面37×11.7厘米,版框30×11.2厘米。白口单黑鱼尾,四周双边。满汉合璧,半叶满汉文各4行。版心有汉文页码。辽宁省图书馆等2家机构有藏。

46.《大清康熙十九年时宪书》(daicing gurun i elhe i taifin i juwan uyun aniya i forgon i yargiyan ton)不分卷

钦天监制。精写本,线装1册。页面38×27厘米,版框30×22.4厘米。黑口双黑鱼尾,四周双边。满文,半叶12行。中国第一历史档案馆等2家机构有藏。

47.《大清宣统二年时宪书》(daicing gurun i gehungge yoso i juweci aniya i forgon i ton i bithe)不分卷

钦天监制。精写本,线装2册。页面34.6×21.2厘米。黑口双黑鱼尾,四周双边。满汉合璧,半叶满汉文各6行。辽宁省图书馆等2家机构有藏。

48.《满汉蒙古合璧名贤集》(manju monggo nikan kamcibuha gebungge saisa isabuha bithe)一卷

佚名著,又题《三合名贤集》。钞本,所据底本为光绪五年护国寺刻本,线装1册。页面26×15厘米。白口单黑鱼尾,四周双边。满蒙汉合璧,半叶满文蒙古文汉文各2行。版心有汉文页码。

49.《三国演义》(ilan gurun i bithe)二十四卷

[元]罗贯中著,[清]祁充格等译,长篇小说《三国演义》的满文译本。顺治七年(1650)内府刻本,包背装24册。页面26.2×23厘米,版框21.6×18厘米。白口双黑鱼尾,四周双边。满文,半叶9行。版心有满文

书题名、回次和页码。大连图书馆等3家机构有藏。

50.《御制盛京赋》(han i araha mukden i fujurun bithe)三十二卷①

［清］高宗御著②，［清］傅恒等书，由32种篆文字体书写歌颂清先祖功业与陪都盛京物产丰富的诗赋。乾隆十三年内府刻本，线装64册。页面24.6×17厘米，版框19.6×13厘米。白口单黑鱼尾，四周双边。满汉文，半叶5行。版心有满文书题名、页码和汉文页码。卷前存乾隆十三年上谕与缮写官职名录。前32册为汉文本，后32册为满文本。辽宁省图书馆等7家机构有藏。

51.《古文》(šu fiyelen)不分卷

［清］孟保辑，内容选自《古文渊鉴》，中国历代文学作品选集，又题《清文古文》(manju gisun i julgei šu fiyelen i bithe)。钞本，线装1册。页面24.2×15.3厘米。白口单黑鱼尾，四周双边。满汉合璧，半叶满汉文各5行。版心有汉文书题名、卷次、篇目和页码。

52.《列国志传》(geren gurun i bithe)二十卷

［明］余邵鱼著，佚名译，长篇演义小说《列国志传》的满文译本。钞本，包背装23册。页面34.1×22.8厘米。满文，半叶7行。每册封面右上方书满文书题名及卷数。

---

①T. A. Pang. "Besonderheiten des Mandschurischen Poetischen Textes Ode an Mukden des Qianlong-Kaisers". *Altaica* 1 (1997): 68-78.

②Martin Gimm. 1993. *Kaiser Qianlong (1711-1799) als Poet*. Stuttgart.

十四 法　国

　　法国有满文文献390种,其中刻本312种,写本(钞本)31种,法国国家图书馆、法国耶稣教会档案馆、外交团亚洲图书馆、自然博物馆图书馆、法兰西学院图书馆、法兰西研究院图书馆、巴黎东方语言文化学院图书馆、吉美博物馆图书馆、天文台图书馆、法兰西学院雨果基金会、汉学研究所、荣誉军人院军事博物馆、吉美博物馆和亚洲学会藏,张诚(Jean François Gerbillon,1654—1707)、李明(Louis le Comte,1655—1728)、白晋、宾雍(Jean Paul Bignon,1662—1743)、洪若翰(Jean de Fontaney,1643—1710)、傅圣泽(Jean François Foucquet,1663—1740)、蓝歌赖(Louis Mathieu Langlès,1763—1824)、柯恒儒、雷慕莎(Jean Pierre Abel Rémusat,1788—1832)[①]、巴多明、雷孝思(Jean Baptiste Regis,1663—1738)、利玛窦、苏如望、艾儒略、潘国光(Frarcuis Brancati,1607—1671)、利类思、冯秉正(Joseph Moyria de Mailla,1669—1748)、孙璋(Alexandre de la Charme,1695—1767)、南怀仁(Ferdinand Verbiest,1623—1688)[②]、安东尼奥·蒙图齐、微席叶(Arnold Vissière,1858—1930)、韩百诗(Louis Hambis,1906—1978)、唐维尔(Jean Baptiste Bourguignon d'Anville,1697—1783)、马若瑟(Joseph de Prémare,1666—1735)、贝尔坦(Henri Bertin,1719—1792)、儒莲[③]、葛林德(Collin de Plancy,1853—1924)、伯希和搜集于世界各

[①] Jean Pierre Abel Rémusat. "Explication d'une Inscription en Caractères Chinois et en Caractères Mandchous, Gravée sur une Plaque de Jade Qui Appartient au Cabinet des Antiques de la Bibliothèque de Genoble". *Journal de Département de l'Isère* 6 (1982).

[②] Noel Golvers. "The Astronomia Europaea of Ferdinand Verbiest S.J.". *Monumenta Serica Monograph Series* 28 (1993). Nettetal.

[③] Stanislas Aignan Julien. 1889. "Bibliographie Tartare. Traductions Mandchous d'Ouvrages Chinois". *Mémoires de la Société des Études Japonaises, Chinoises, Tartares, Indo-Chinoises et Océaniennes* 8. Paris: 5-19.

地,先后经威利·巴璐(Willy Baruch,1900—1954)①、钱德明(Jean Joseph Amiot,1718—1793)、贺清太(Louis de Poirot,1735—1814)、于道泉(1901—1992)②、李盖提(Louis Ligeti,1902—1987)③、瓦尔拉文斯④、西门·华德等分别整理,完整公布于1979年柏海蒙(Jeanne Marie Puyraimond)撰《国家图书馆写本部东方文献分部满文藏书目录》⑤与1998年庞晓梅(Татьяна Александровна Pang,1955—)撰《巴黎满文文献目录》⑥。

1.《四书要览》(sy šu oyonggo tuwara bithe)一卷

［清］沈启亮著,儒家典籍《论语》《孟子》《大学》《中庸》的摘要译本。康熙二十五年(1686)崇礼堂刻本,线装1册。页面23×13.5厘米,版框19×13厘米。白口单黑鱼尾,四周双边。满汉合璧,半叶满汉文各6行。版心有汉文书题名、卷次和页码。卷前存康熙二十五年《序言》,扉页存汉文"娄东沈弘照先生定"。

2.《新刻满汉字四书》(ice foloho manju nikan hergen i sy šu)不分卷

［南宋］朱熹注。康熙三十年玉树堂刻本,线装5册。页面26.4×15.3厘米,版框22.5×14厘米。黑口单黑鱼尾,左右双边,上下单边,上下双栏。满汉合璧,半叶满汉文各5行,汉文行11字。版心有汉文章节题名和页码。卷前存康熙三十年《序言》。故宫博物院图书馆有藏。

3.《同文广汇全书》(tung wen gūwang hoi ciowan šu bithe)四卷

［清］阿敦著,［清］桑额等辑。康熙四十一年天绘阁刻本,线装4册。页面23×16.3厘米,版框20.3×15厘米。白口单黑鱼尾,四周双边。满

---

① Willy Baruch. 1933/34. *Catalogue des Livres et Manuscrits Mandchous du Nouveau Fond Chinois à la Bibliothèque Nationale*. Paris: Bibliothèque Nationale.

② Dawchyuan Yu. 1937. *Index des Titres Mantchous et Français du Fonds Mantchou dans la Bibliothèque Nationale*. Paris.

③ Louis Ligeti. "La Collection Mongole Schilling Von Cannstadt à la Bibliothèque de l'Institute". *T'oung Pao* 27 (1930): 119-178.

④ Hartmut Walravens. "Übersicht über die Mandjurica im Institut des Hautes Études Chinoises". *Zentralasiatische Studien* 10(1976): 615-624.

⑤ Jeanne Marie Puyraimond. 1979. *Catalogue du Fonds Mandchou Bibliothèque Nationale Département des Manuscrits Division des Manuscrits Orientaux*. Paris: Bibliothèque Nationale.

⑥ T. A. Pang. 1998. *A Catalogue of Manchu Materials in Paris: Manuscripts, Blockprints, Scrolls, Rubbings*. Wiesbaden: Harrassowitz Verlag.

文,半叶5行。版心有汉文书题名、卷次和页码。国家图书馆等3家机构有藏。

4.《清文启蒙》(cing wen ki meng bithe)四卷

[清]舞格著,[清]程明远、[清]佩和校,又题《兼满汉字满洲套语清文启蒙》《满汉字清文启蒙》。雍正十一年墨华堂刻本,线装4册。页面26.2×15.4厘米,版框21×14厘米。白口单黑鱼尾,四周双边。满汉合璧,半叶满汉文各6行。版心有汉文书题名、篇目和页码。含《满洲十二字头单字联字指南》《切韵清字》《满洲外单字》《满洲外联字》《满洲文助语虚字》。

5.《清文汇书》(manju isabuha bithe)十二卷

[清]李延基辑。乾隆十六年(1751)藜照阁刻本,线装12册。页面23.7×16.4厘米,版框19.9×15厘米。白口单黑鱼尾,四周双边。满汉合璧,半叶满汉文各8行,小字双行。版心有汉文书题名、卷次和页码。中国科学院图书馆等3家机构有藏。

6《清文汇书》(manju isabuha bithe)十二卷

[清]李延基辑。乾隆十六年京都中和堂刻本,线装12册。页面24×15.7厘米,版框20.3×15厘米。白口单黑鱼尾,四周双边。满汉合璧,半叶满汉文各8行,小字双行。版心有汉文书题名、卷次和页码。第12册部分满文词语存俄文注释。故宫博物院图书馆等4家机构有藏。

7.《满汉合璧四十条》(manju nikan hergen be kamcime araha dehi meyen i bithe)不分卷

[清]常钧著,满语文会话教材,内容包括治学、择师、交友和接人待物等,又题《清话问答四十条》(manjurame fonjire gisun dehi meyen)。乾隆二十三年刻本,线装1册。页面24×15.8厘米,版框19.5×14.5厘米。白口单黑鱼尾,四周双边。满汉合璧,半叶满汉文各9行。版心有满文书题名和汉文页码。国家图书馆等2家机构有藏。

8.《满汉合璧初学须知》(manju nikan hergen i kamciha tuktan tacire urse i urunakū ulhire bithe)一卷

佚名著,满语初学文章合辑。乾隆五十六年(1791)刻本,线装1册。页面27.9×18.5厘米,版框23.9×17.5厘米。白口单黑鱼尾,四周单边。满汉合璧,半叶满汉文各6行。版心有满文书题名和汉文页码。首页存乾隆五十六年《序言》。

9.《御制四体清文鉴》(han i araha duin hacin i hergen kamciha manju gisun i buleku bithe)三十二卷

[清]高宗敕著。乾隆年间武英殿刻本,线装36册。页面28.6×17.5厘米,版框21.5×15厘米。白口,四周双边。满蒙藏汉合璧,半叶满文蒙古文藏文汉文各2行。版心有满文书题名、卷次、页码和汉文类目。附《御制四体清文鉴补编》四卷。南京博物院等6家机构有藏。

10.《圆音正考》(yuwan in jeng kao bithe)不分卷

佚名译,清代汉语语音的音韵学教材。道光十一年(1831)存之堂刻本,线装1册。页面23.1×13.7厘米,版框11.6×9.7厘米。白口单黑鱼尾,四周双边。满汉合璧,半叶满汉文各6行,每行8字。版心有汉文页码。卷前存乾隆八年存之堂撰《序言》。国家图书馆等4家机构有藏。

11.《三合成语摘抄》(ilan hacin kamcifi toktoho gisun sarkiyaha bithe)四卷※

佚名著,清代帝后、机关衙门及官学名称的辞书,其中满文为汉字的音读。光绪三十四年(1908)刻本,线装4册。页面25.6×14.5厘米,版框19.4×12.8厘米。白口单黑鱼尾,四周单边。满蒙汉合璧,半叶满文汉文蒙古文各3行。版心有汉文书题名和页码。首册存吉林泰彭苏格撰、伯彦毕勒格图译蒙古文《序言》,第4册末存蒙古文和汉文《题记》。

12.《清文指要》(manju gisun i oyonggo jorin i bithe)三卷

[清]富俊著。双峰阁刻本,线装4册。页面24.2×15.3厘米,版框23.3×14厘米。白口单黑鱼尾,四周双边。满汉合璧,半叶满汉文各4行。版心有汉文书题名、卷次,汉文篇目和页码。含《字音指要》《清文指要》与《续清文指要》。

13.《清文接字》(cing wen jiye dzi bithe)一卷

[清]嵩洛峰著。光绪十七年翻译书坊重刻本,线装1册。页面24×15.5厘米,版框18×14厘米。白口单黑鱼尾,四周双边。满汉合璧,半叶满汉文各6行。版心有汉文书题名和页码。卷前存同治三年(1864)朴山撰《序言》,扉页钤"楚郢铁魁伟人氏"。

14.《御制翻译四书》(han i araha ubaliyambuha duin bithe)六卷

[南宋]朱熹注,[清]高宗敕译,[清]鄂尔泰厘定。内府刻本,线装6

册。页面23.5×15.5厘米,版框17.8×14厘米。白口单黑鱼尾,四周单边。满汉合璧,半叶满汉文各7行。版心有汉文书题名和页码。内蒙古社会科学院等3家机构有藏。

15.《清书对音协字》(manju i acanaha bithe)不分卷

佚名著,按满文十二字头顺序编排的满汉对音工具书,其中汉文为满文字母的音读,满文字母旁存红色拉丁文转写。刻本,线装2册。页面25.5×15厘米,版框20.5×14厘米。白口单黑鱼尾,四周单边。满汉拉丁文合璧,半叶满文汉文拉丁文各3行。版心有汉文书题名和页码。首册首页镌墨色藏书签 Exlibris. A. Montucci. Jcti. & Philol. Senensis. 1813(1813年安东尼奥·蒙图齐与斐洛·锡耶纳藏章),每册封面镌俄文题字,正文前存藏书者注文两处,分别为 Ce dictionnaire mandchou chinois m'a été donné par M. Klaproth pour suppléer aux défauts de l'autre exemplaire relié en veau brut. Voyez le document collé sur un des feuillets d'un dictionnaire chinois intitulé Hai pien. Antonio Montucci(此书满汉文对照由柯恒儒提供以完善其作为副本的缺陷,汉文篇目另见注释),及 Voyez surtout la quittance générale, signée par M. de Klaproth, et qui est insérée au commencement d'un manuscrit in-folio avec cette intitulation au dos. Index Lexico Sinico sub Kang-hi edito cum Miscellaneis. Antonio Montucci(以上所有题名均由柯恒儒拟制并以手稿形式插入)。

16.《兼写三合汉字十二字头》(ilan icangga nikan hergen kamcime araha juwan juwe ujui bithe)不分卷

佚名著,满文十二字头辞书,节选自《御制增订清文鉴》,其中汉文标记满文读音,另存部分拉丁文注释。刻本,线装1册。页面26×17厘米,版框15.9×14厘米。白口单黑鱼尾,四周单边。满汉合璧,半叶满汉文各6行。版心有汉文书题名和页码。首册存同治二年(1863)文薮奎麟撰《序言》,每册均存满汉合璧目录,另有汉文书题名书于黄色丝质标签。

17.《玉堂字汇》(yu tang dzi hui bithe)一卷

[明]梅膺祚著,佚名译,工具书。钞本,所据底本为康熙十五年(1676)刻本,线装1册。页面30.5×18.3厘米。白口单黑鱼尾,四周单边。满汉合璧,半叶满汉文各6行。版心有汉文页码。卷前存《序言》,

部分页存词语俄文、法文及拉丁文释义。

18.《钦定清语》(hesei toktobuha manju gisun)二卷

佚名著,按类编排的辞书,其中以汉文语音标记满语文并释义。钞本,所据底本为故宫博物院图书馆藏乾隆二十三年刻本,线装4册。页面25×17.8厘米。白口单黑鱼尾,四周双边。满汉合璧,半叶满文、汉文对音与汉文语义各3行。版心有汉文书题名、卷次和页码。

19.《蒙文阿拉篇》(alambi sere hergen i fiyelen)一卷

佚名著,高等学堂初学教材,讲述满文alambi(告诉)的语法变化形态,又题《告诉篇》。石印本,线装1册。页面27×18.8厘米。白口单黑鱼尾,四周双边。满蒙汉合璧,共3栏,上栏满文、中栏汉文、下栏蒙古文,半叶7行。版心有汉文书题名、卷次和页码。国家图书馆有藏。

20.《春秋》(cūn cio bithe)不分卷

[东周]孔子编著,[清]高宗敕译。钞本,所据底本为乾隆四十九年武英殿刻本《御制翻译春秋》,线装10册。页面21×15.5厘米。满文,半叶9行。

21.《清文典要大全》(manju bithe kooli oyonggo šošohon i yooni bithe)二十卷

[清]明昌、[清]伍尔泰等著,以《清文典要》为蓝本,按《康熙字典》部首排列的辞书,收词两万余条。乾隆五十八年(1793)钞本,线装20册。页面17.4×12.2厘米。满汉合璧,半叶满汉文各4行。卷前存乾隆五十八年明昌、伍尔泰撰《序言》。中国社会科学院民族学与人类学研究所图书馆有藏。

22.《无圈点字书》(tongki fuka akū hergen i bithe)四卷

[清]鄂尔泰等辑,按满文十二字头顺序排列并标以新满文与《满文原档》中老满文相对照的辞书。钞本,线装4册。页面34.3×22厘米。白口。满文,半叶7行。

23.《洪武要训》(hung u i oyonggo tacihiyan)六卷

[清]刚林(?—1651)等校译,明代《洪武宝训》的满文译本,又题《清文明洪武宝训》(ming gurun i hung u i oyonggo tacihiyan)。顺治三年刻本,线装6册。页面33.8×21.2厘米,版框26.1×18.3厘米。白口双黑鱼尾,四周双边。满文,半叶8行。版心有满文卷次和页码。卷前存《序

言》。国家图书馆有藏。

24.《金史》(aisin gurun i suduri bithe)九卷

[元]脱脱(1314—1356)等著,[清]希福等译,纪传体断代史书《金史》的满文译本。顺治三年内府刻本,线装9册。页面32×21厘米,版框25.5×18.5厘米。白口单黑鱼尾,四周双边。满文,半叶8行。版心有满文书题名、页码和卷次。故宫博物院图书馆等2家机构有藏。

25.《大辽史》(dai liyoo gurun i suduri bithe)八卷

[元]脱脱等著,[清]希福等译,纪传体断代史书《辽史》的满文译本,又题《辽史》。顺治三年内府刻本,线装8册。页面32.8×20.5厘米,版框25.5×18.5厘米。白口单黑鱼尾,四周双边。满文,半叶8行,小字双行。版心有满文书题名、卷次和页码。卷前存内弘文院大学士希福等《题本》。中国第一历史档案馆等2家机构有藏。

26.《清凉山新志》(cing liyang šan alin i ice jy bithe)十卷

[清]罗卜藏丹巴著,地理历史类山水志,又题《御制清凉山新志》(han i araha cing liyang šan alin i ice jy bithe)。康熙四十年刻本,线装10册。页面28.2×17.8厘米,版框20×14厘米。白口双黑鱼尾。满文,半叶7行。版心有满文书题名、卷次和汉文页码。雍和宫等3家机构有藏。

27.《通鉴辑要》(hafu buleku bitheci oyonggo be šošoho bithe)十卷

[明]王世贞著,佚名译,编年体史书《纲鉴会纂》的满文译本,又题《通鉴》(hafu buleku i bithe)。雍正三年刻本,线装10册。页面32.8×19.9厘米,版框23.7×16.7厘米。白口单黑鱼尾,四周双边。满汉合璧,半叶满汉文各5行,小字双行。版心有满文书题名、页码和卷次。国家图书馆有藏。

28.《御制大清律集解附例》(daicing gurun i fafun i bithe suhe hergen kooli be kamcihabi)三十六卷

[清]刚林著,[清]冯普修订,清朝国家法典。雍正三年武英殿刻本,线装20册。页面36.5×22.3厘米,版框30×20.8厘米。白口单黑鱼尾,四周双边。满文,半叶8行,小字双行。版心有满文书题名、篇目、卷次、页码,汉文篇目和页码。国家图书馆有藏。

29.《钦定西域同文志》(hesei toktobuha wargi ba i hergen be emu obuha ejetun)二十四卷

[清]傅恒等著,按新疆、青海、西藏等地区编排的地名辞书,分天、地、山、水和人5部。乾隆二十八年(1763)武英殿刻本,毛装8册。页面28×17.5厘米,版框19×14厘米。白口单黑鱼尾,四周双边。满蒙藏汉托维合璧,半叶9行,文种行字均不等。版心有汉文书题名、卷次和页码。卷前存《御制西域同文志序》,首册扉页钤"吴兴姚氏邃雅堂鉴藏书画图籍之印"。中国科学院图书馆等2家机构有藏。

30.《平定准噶尔方略》(jungar i babe necihiyeme toktobuha bodogon i bithe)一百七十一卷

[清]傅恒等著,清朝治理准噶尔地区的史书。乾隆三十五年(1770)武英殿刻本,线装100册。页面34.2×21.5厘米,版框24.2×15.9厘米。白口,四周双边。满文,半叶7行。版心有满文书题名、册数和汉文页码。卷前存乾隆三十五年《序言》。分《前编》《正编》与《续编》,《前编》计五十四卷,记叙康熙三十九年至乾隆十七年(1752)准噶尔部叛乱缘起;《正编》计八十五卷,记叙乾隆十八年(1753)至乾隆二十五年清军平定准噶尔叛乱始末;《续编》计三十二卷,含《纪略》一卷,记叙乾隆二十五年至乾隆三十年清朝治理准噶尔地区规划。辽宁省图书馆等5家机构有藏。

31.《钦定绿营中枢政考》(hesei toktobuha coohai jurgan i baitai kooli bithe i šošohon niowanggiyan turun i kūwaran)七卷

[清]福隆安(1744—1784)、[清]托庸(？—1773)著,乾隆三十九年(1774)《钦定中枢政考》(hesei toktobuha coohai jurgan i baitai kooli bithe i šošohon)中的《绿营则例》,康熙、雍正、乾隆三朝绿营各项规章制度合辑。刻本,线装32册。页面25.9×17.3厘米,版框20.5×16.5厘米。白口单黑鱼尾,四周双边。满文,半叶9行。版心有满文书题名、卷次、篇目,汉文页码和篇目。故宫博物院图书馆等2家机构有藏。

32.《钦定八旗中枢政考》(hesei toktobuha coohai jurgan i baitai kooli bithe i šošohon jakūn gūsa)十八卷

[清]福隆安等著,乾隆三十九年《钦定中枢政考》(hesei toktobuha coohai jurgan i baitai kooli bithe i šošohon)中的《八旗则例》,康熙、雍正、乾隆三朝八旗则例合辑。刻本,线装85册。页面29.8×18厘米,版框

20.5×16厘米。白口,单黑鱼尾,四周双边。满文,半叶9行。版心有满文书题名、卷次,汉文页码和篇目。故宫博物院图书馆等2家机构有藏。

33.《皇清开国方略》(daicing gurun i fukjin doro neihe bodogon i bithe)三十二卷

[清]阿桂著,全书按时间顺序编排,始自明万历十一年(1583)清太祖起兵讨伐尼堪外兰,攻克图伦城,迄至顺治元年满族入关定鼎中原。乾隆五十一年武英殿刻本,线装32册。页面36.7×24厘米,版框27.3×20.2厘米。白口单黑鱼尾,四周双边。满文,半叶8行,小字双行。版心有满文书题名、卷次和页码。南京博物院等5家机构有藏。

34.《蒙古律例》(monggo fafun i bithe)十二卷

刑部纂修,乾隆朝刑部处理蒙古诸部各类案件的规定,分官衔、户口差徭、朝贡、会盟行军、边境卡哨、盗贼、人命、首告、捕亡、杂犯、喇嘛例和断狱等12门。乾隆五十四年刻本,线装6册。页面34.2×27.8厘米,版框29.8×19.9厘米。白口单黑鱼尾,四周双边。满文,半叶10行。版心有满文书题名、卷目,汉文卷目和页码。每卷以十二地支开头。辽宁省图书馆有藏。

35.《大清律纂修条例》(daicing gurun i fafun i bithe banjibume araha kooli hacin)六卷

[清]刘统勋(1700—1773)等著,刑部断罪量刑标准,所涉案例记事起于乾隆五年止于乾隆十六年。嘉庆二十一年(1816)刻本,线装6册。页面35.8×23.3厘米,版框31×20.6厘米。白口单黑鱼尾,四周双边。满文,半叶8行,小字双行。版心有满文书题名、篇目、卷次、页码,汉文篇目和页码。辽宁省图书馆等2家机构有藏。

36.《钦定回部则例》(hesei toktobuha hoise jecen i kooli hacin i bithe)八卷

[清]赛尚阿、[清]永璘等奉敕撰译,又作《钦定回疆则例》。道光二十三年刻本,线装9册。页面27.2×17厘米,版框19.5×15.5厘米。白口单黑鱼尾,四周双边。满文,半叶7行。版心有满文书题名、卷次和汉文页码。

37.《清文典要》(manju bithei kooli šošohon i bithe)四卷

[清]秋芳堂主人辑。光绪四年秋芳堂刻本,线装4册。页面26.5×

15.9厘米,版框20.3×13.2厘米。白口单黑鱼尾,四周双边。满汉合璧,半叶满汉文各7行。版心有汉文书题名、卷次和页码。中国社会科学院民族学与人类学研究所图书馆等3家机构有藏。

38.《钦定续纂绿营中枢政考》(hesei toktobuha coohai jurgan i sirame banjibuha baitai kooli bithe i šošohon niowanggiyan turun i kūwaran)三卷

[清]阿桂等著,康熙、雍正、乾隆三朝绿营各事例合辑,乾隆五十九年武英殿刻本《钦定增修中枢政考》(hesei toktobuha nonggime banjibuha coohai jurgan i baitai kooli bithe)中的《绿营则例》。嘉庆十五年(1810)刻本,线装3册。页面27.3×17.5厘米,版框18.4×15.5厘米。白口单黑鱼尾,四周双边。满文,半叶9行。版心有满文书题名、篇名,汉文卷次和页码。

39.《行军例》(cooha yabure kooli)不分卷

佚名著,兵部相关的法律法规。刻本,线装3册。页面31.3×24.3厘米,版框26.4×20.3厘米。白口单黑鱼尾,四周单边。满文,半叶8行。版心有汉文书题名和页码。分《前锋例》(gabsihiyan yabure kooli)、《行军例》(cooha yabure kooli)、《马驼饲养例》(temen morin be soyon acabure kooli)。

40.《太宗皇帝大破明师于松山之战书事文》(taidzung hūwangdi i ming gurun i cooha be sung šan de ambarame efuleme afaha baita be ejeme arahangge)一卷

[清]仁宗御著,清仁宗为纪念清军松山之战大捷所著。刻本,毛装1册。页面27.3×16.7厘米,版框19.3×14.2厘米。白口单黑鱼尾,四周双边。满汉合璧,半叶满汉文各7行。版心有满文书题名、卷次、篇目和汉文页码。中央民族大学图书馆等5家机构有藏。

41.《钦定西域同文志》(hesei toktobuha wargi ba i hergen be emu obuha ejetun)二十四卷

[清]傅恒等著。钞本,毛装2册。页面30.2×19厘米,版框29.3×17.3厘米。白口单黑鱼尾,四周双边。满蒙藏汉托维合璧,半叶9行,文种行字均不等。版心有汉文书题名、卷次和页码。中国第一历史档案馆等2家机构有藏。

42.《太上感应篇》(tai šang ni acabume karulara bithe)四卷

佚名著,内三院译,道家著作《太上感应篇》的满文译本,主要劝导世人修心向善,内容多选自《太平经》《易内戒》《赤松子经》。康熙十二年(1673)刻本,线装4册。页面30.5×18厘米,版框25×15.5厘米。白口单黑鱼尾,四周单边。满汉文,半叶7行。版心有满文书题名和汉文页码。汉文本在前,附顺治十四年(1657)许宫允撰《凡例》10则;满文本在后。大连图书馆等4家机构有藏。

43.《联珠集》(liyan ju ji)不分卷

[清]张天祁著,[清]刘顺译,又题《满汉联珠集》,与《同文广汇》同函刊刻。康熙四十一年听松楼刻本,线装1册。页面25.7×16.9厘米,版框20.3×14.7厘米。白口单黑鱼尾,四周单边。满汉合璧,上栏满文,下栏汉文,半叶满汉文各9行。版心有汉文书题名和页码。卷首钤"刘顺"和"陈飞"印二枚,另存康熙三十八年译者刘顺撰《联珠集·短引》(liyan ju ji·yarun i šutucin)。大连图书馆等6家机构有藏。

44.《圣谕广训》(enduringge tacihiyan be neileme badarambuha bithe)二卷

[清]世宗御著。雍正二年京都博古堂刻本,线装2册。页面32.8×26.9厘米,版框23.7×19.7厘米。白口单黑鱼尾,四周双边。满汉合璧,半叶满汉文各6至8行。版心有汉文书题名、篇目和页码。

45.《满汉合璧训旨》(manju nikan hergen i kamciha tacibure hese i bithe)不分卷

[清]长寿、[清]查郎阿辑,清世宗训旨合辑,又题《满汉训旨十则》(tacibure hese i bithe juwan hacin)、《训旨》(tacibure hese i bithe)。雍正五年敬修堂刻本,线装1册。页面23.8×15厘米,版框20×14.5厘米。白口单黑鱼尾,四周双边。满汉合璧,半叶满汉文各6行。版心有汉文书题名、页码和书坊名。中央民族大学图书馆有藏。

46.《满汉合璧三字经注解》(manju nikan hergen i kamcime suhe san dzi ging ni bithe)二卷

[南宋]王应麟著,[清]惟德陶格译满文,[清]盛冠宝和傅尔汗校,又题《三字经》。雍正十三年风神庙东毓德堂刻本,线装2册。页面26×16.7厘米,版框24×15厘米。白口单黑鱼尾,四周单边。满汉合璧,半叶

满汉文各5行,小字双行。版心有汉文书题名、卷次和页码。

47.《性理真诠》(sing li jen ciowan bithei hešen)一卷

[法]孙璋著,基督教著作。乾隆十八年刻本,线装3册。页面25.7×18厘米,版框21×15.8厘米。白口单黑鱼尾,四周双边。满文,半叶7行。版心有满文书题名和汉文页码。

48.《首楞严经》(akdun yabungga sere gebungge amba kulge i nomun)不分卷

佚名译,佛教典籍《首楞严经》的满文译本。乾隆二十八年刻本,线装1册。页面28.5×17.5厘米,版框18.7×14厘米。白口单黑鱼尾,四周双边。满汉合璧,半叶满汉文各5行。版心有汉文书题名和页码。国家图书馆等6家机构有藏。

49.《七训须读》(nadan tacihiyan be urunakū hūlabure bithe)二卷

[清]博赫辑,又题《七训书》。乾隆二十九年京都京兆堂刻本,线装2册。页面24×16厘米,版框16.8×12.8厘米。白口单黑鱼尾,左右双边,上下单边。满汉合璧,半叶满汉文各6行。版心有汉文书题名、卷次和页码。国家图书馆有藏。

50.《翻译忠经》(ubaliyambuha jung ging ni bithe)一卷

[东汉]马融著,[清]孟保译,又题《满汉合璧忠经》。咸丰元年刻本,线装1册。页面26.2×18厘米,版框19.8×15.8厘米。白口单黑鱼尾,四周双边。满汉合璧,半叶满汉文各5行。版心有汉文书题名和页码。卷前存孟保撰《序言》。中央民族大学图书馆有藏。

51.《满洲祭神祭天礼器图》(manjusai wecere metere kooli bithe i dorolon tetun i nirugan)不分卷

[清]允禄著,《钦定满洲祭神祭天典礼》卷六中满洲祭祀所用器具绘图,以满文注释器皿名称、用途及尺寸大小。刻本,线装2册。页面29.5×19.8厘米,版框23×17厘米。白口单黑鱼尾,四周双边。满文,半叶9行。版心有满文书题名、卷次、篇目和页码。大连图书馆等9家机构有藏。

52.《满汉合璧名贤集》(manju nikan kamcibuha gebungge saisa isabuha bithe)一卷

佚名著。敬修堂刻本,线装1册。页面25.5×19厘米,版框17×15厘米。白口单黑鱼尾，四周双边。满汉合璧，半叶满汉文各5行。版心有汉文页码。吉林师范大学图书馆有藏。

53.《大清乾隆三十四年岁次己丑时宪书》（daicing gurun i abkai wehiyehe i gūsin duici aniya sohon ihan erin forgon i ton i bithe）不分卷

钦天监制。刻本，线装1册。页面37×22.2厘米，版框28.5×15.5厘米。黑口双黑鱼尾，四周双边。满文，半叶12行。故宫博物院图书馆等2家机构有藏。

54.《大清道光三年岁次癸未时宪书》（daicing gurun i doro eldengge i ilaci aniya sahahūn honin erin forgon i ton i bithe）不分卷

钦天监制。刻本，线装1册。页面32.5×20.5厘米，版框23.5×14.5厘米。黑口双黑鱼尾，四周双边。满文，半叶12行。封面镌满汉文abka be gingguleme yamun ci han i araha ton i doroi narhūn somishūn bithe be gingguleme dahafi erin forgon i ton i bithe be šuwaselefi abkai fejergi de selgiyehe"钦天监钦遵御制数理精蕴印造时宪书颁行天下"，扉页铃满汉文 kin tiyan yamun i erin forgon i ton i bithei doron "钦天监时宪书之印"。故宫博物院图书馆有藏。

55.《大清道光二十五年岁次乙巳时宪书》（daicing gurun i doro eldengge i orin sunjaci aniya niohon meihe erin forgon i ton i bithe）不分卷

钦天监制。刻本，线装1册。页面31.5×20.2厘米，版框27.5×17.5厘米。黑口双黑鱼尾，四周双边。满文，半叶12行。故宫博物院图书馆有藏。

56.《大清咸丰六年岁次丙辰时宪书》（daicing gurun i gubci elgiyengge i ningguci aniya fulgiyan muduri erin forgon i ton i bithe）不分卷

钦天监制。刻本，线装1册。页面31.6×20.3厘米，版框27.6×17.6厘米。黑口双黑鱼尾，四周双边。满文，半叶12行。国家图书馆有藏。

57.《大清同治二年岁次癸亥时宪书》（daicing gurun i yooningga dasan i jai aniya sahahūn ulgiyan erin forgon i ton i bithe）不分卷

钦天监制。刻本，线装2册。页面36×21.6厘米，版框27×14.6厘米。黑口双黑鱼尾，四周双边。满文，半叶12行。

58.《大清同治四年岁次乙丑时宪书》(daicing gurun i yooningga dasan i duici aniya nihon ihan erin forgon i ton i bithe)不分卷

钦天监制。刻本,线装1册。页面34.3×21.4厘米,版框29.3×16.6厘米。黑口双黑鱼尾,四周双边。满文,半叶12行。

59.《大清同治五年岁次丙寅时宪书》(daicing gurun i yooningga dasan i sunjaci aniya fulgiyan tasha erin forgon i ton i bithe)不分卷

钦天监制。刻本,线装1册。页面35.6×21.5厘米,版框29.3×16.7厘米。黑口双黑鱼尾,四周双边。满文,半叶12行。

60.《大清同治六年岁次丁卯时宪书》(daicing gurun i yooningga dasan i ningguci aniya fulahūn gūlmahūn erin forgon i ton i bithe)不分卷

钦天监制。刻本,线装1册。页面36×21.6厘米,版框28×17.6厘米。黑口双黑鱼尾,四周双边。满文,半叶12行。

61.《大清光绪元年岁次乙亥时宪书》(daicing gurun i badarangga doro i sucungga aniya nihon ulgiyan erin forgon i ton i bithe)不分卷

钦天监制。刻本,线装1册。页面35.4×21.4厘米,版框27.6×15.6厘米。黑口双黑鱼尾,四周双边。满文,半叶12行。辽宁省图书馆等6家机构有藏。

62.《大清光绪二年岁次丙子时宪书》(daicing gurun i badarangga doro i jai aniya fulgiyan singgeri erin forgon i ton i bithe)不分卷

钦天监制。刻本,线装1册。页面35×21厘米,版框27×15厘米。黑口双黑鱼尾,四周双边。满文,半叶12行。北京大学图书馆等2家机构有藏。

63.《大清光绪三年岁次丁丑时宪书》(daicing gurun i badarangga doro i ilaci aniya fulahūn ihan erin forgon i ton i bithe)不分卷

钦天监制。刻本,线装1册。页面35×21.3厘米,版框27×15.7厘米。黑口双黑鱼尾,四周双边。满文,半叶12行。故宫博物院图书馆有藏。

64.《大清光绪十六年岁次庚寅时宪书》(daicing gurun i badarangga doro i juwan ningguci aniya šanyan tasha erin forgon i ton i bithe)不分卷

钦天监制。刻本,线装1册。页面34×21厘米,版框25×15厘米。黑口双黑鱼尾,四周双边。满文,半叶12行。辽宁省图书馆等2家机构有藏。

65.《大清光绪十八年岁次壬辰时宪书》(daicing gurun i badarangga doro i juwan jakūci aniya sahaliyan muduri erin forgon i ton i bithe)不分卷

钦天监制。刻本,线装1册。页面33.1×19.8厘米,版框24×14.3厘米。黑口双黑鱼尾,四周双边。满文,半叶12行。含《都城顺天府节气时刻》(gemun hecen šun tiyan fu i ton sukdun i erin kemu)、《年神方位之图》(aniyai enduri sei bisire bai kūwaran)、《六十花甲子》(ninju feten)、《三合会局》(ilan acan enduri)、《本命年》(aniya erguwen)等篇。

66.《大清光绪十八年岁次壬辰时宪书》(daicing gurun i badarangga doro i juwan jakūci aniya sahaliyan muduri erin forgon i ton i bithe)不分卷

钦天监制。刻本,线装1册。页面33.8×21厘米,版框27×15.7厘米。黑口双黑鱼尾,四周双边。满文,半叶12行。大连图书馆有藏。

67.《时宪书》(erin forgon i ton i bithe)不分卷

钦天监制。刻本,线装1册。页面36.8×22.5厘米,版框25.7×14.7厘米。黑口双黑鱼尾,四周双边。满文,半叶12行。

68.《大清康熙十九年岁次庚申七政经纬宿度五星伏见目录》(daicing gurun i elhe taifin i juwan uyuci aniya šanggiyan bonio nadan dasan i hetu undu siyeo usihai dulefun sunja usihai somire sabure ton)不分卷

钦天监制。刻本,线装62册。页面47×24厘米,版框35×19.8厘米。黑口双黑鱼尾,四周双边。满文,半叶12行。附《大清康熙十九年岁次庚申七政经纬厘度时宪书》(daicing gurun i elhe taifin i juwan uyuci aniya šanggiyan bonio nadan dasan i hetu undu yabure dulefun i forgon i yargiyan ton)。故宫博物院图书馆有藏。

69.《大清乾隆三十四年岁次己丑七政经纬宿度五星伏见目录》(daicing gurun i abkai wehiyehe i gūsin duici aniya sohon ihan nadan dasan i hetu undu tokdon i usihai dulefun sunja usihai somire sabure ton)不分卷

钦天监制。刻本,线装 54 册。页面 45×23.5 厘米,版框 34×19.7 厘米。黑口双黑鱼尾,四周双边。满文,半叶 12 行。故宫博物院图书馆有藏。

70.《大清光绪十八年岁次壬辰七政经纬宿度五星伏见目录》(daicing gurun i badarangga doro i juwan jakūci aniya sahaliyan mudiri nadan dasan i hetu undu tokdon i usihai somire sabure ton)不分卷

钦天监制。刻本,线装 28 册。页面 47×24 厘米,版框 35×19.8 厘米。黑口双黑鱼尾,四周双边。满文,半叶 12 行。附《大清光绪十八年岁次壬辰七政经纬厘度时宪书》(daicing gurun i badarangga doro i juwan jakūci aniya sahaliyan mudiri nadan dasan i hetu undu yabure dulefun i forgon i yargiyan ton)。故宫博物院图书馆有藏。

71.《雍正十三年三月十五日乙酉望月食图》(hūwaliyasun tob i juwan ilaci aniya ilan biya i tofohon de niohon coko wangga inenggi biya be jetere nirugan)不分卷

钦天监制。刻本,线装 1 册。页面 27×15 厘米,版框 25×13.5 厘米。黑口双黑鱼尾,四周双边。满汉合璧,半叶满汉文各 6 行。

72.《大清道光二十六年岁次丙午时宪书》(daicing gurun i doro eldengge i orin sunjaci aniya fulgiyan morin erin forgon i ton i bithe)不分卷

钦天监制。精写本,线装 1 册。页面 42.6×22.8 厘米。黑口双黑鱼尾,四周双边。满文,半叶 12 行。附《都城顺天府节气时刻》《年神方位之图》《六十花甲子》《三合会局》《本命年》等。故宫博物院图书馆有藏。

73.《涤罪正规略》(weile be geterembure jingkini kooli)不分卷

[意]艾儒略著,基督教著作。写本,线装 1 册。页面 30×22 厘米。白口,四周单边。满文,半叶 8 行。

74.《圣体要理》(enduringge beyei oyonggo gisun)不分卷

佚名译,基督教著作《耶稣圣体祷文》的满文译本。写本,线装 1 册。页面 29.7×18.5 厘米。白口单黑鱼尾,四周双边。满文,半叶 7 行。版心有满文书题名和汉文页码。

75.《圣体答疑》(enduringge beye be kenehunjehengge de jabuha bithe)不分卷

[比]南怀仁著,基督教著作。写本,线装1册。页面29.7×18.5厘米。白口单黑鱼尾,四周双边。满文,半叶7行。版心有满文书题名和汉文页码。

76.《圣年广益》(šeng niyan guwang i)一卷

[法]冯秉正著,基督教著作。写本,残卷,线装1册。页面27×21.5厘米。白口,四周单边。满文,半叶10行。

77.《议军事》(coohai baita be gisurennge)不分卷

[清]永福译,军事教科书《武经七书》的满文译本,包括孙武撰《孙子兵法》、吴起(前440—前381)撰《吴子兵法》、吕望撰《司马法》《六韬》、黄石公撰《三略》、尉缭撰《尉缭子》和李靖(571—649)撰《李卫公问对》。写本,线装1册。页面29.2×20.8厘米。白口单黑鱼尾,四周双边。满文,半叶7行。版心有汉文书题名和页码。

78.《钦定四库全书呻吟语》(hesei toktobuha duin namun i yooni bithe mujime nidume araha gisuren)十六卷

[明]吕坤著,佚名译,伦理道德名言警句汇编《呻吟语》的满文译本。乾隆四十六年(1781)钞本,线装16册。页面20×15厘米,版框14.8×10.9厘米。白口单黑鱼尾,左右双边,上下单边。满汉合璧,半叶满汉文各4行。版心有汉文书题名、卷次和页码。国家图书馆等3家机构有藏。

79.《孔子家语》(kungdzi boo i tacihiyan)一卷

佚名译,儒家典籍《孔子家语》的满文译本。钞本,残卷,线装2册。页面20.3×13.3厘米。白口,四周双边。满文,半叶9行。故宫博物院图书馆有藏。

80.《算法纂要总纲》(bodoro arga i oyonggo i araha uheri hešen i bithe)二卷

[明]程大位(1533—1606)著,佚名译,宋代以降各种数学著作合辑,含古代流传多道数学难题及计算方法,又题《算法统综》。钞本,线装17册。页面28.5×18.3厘米。白口单黑鱼尾,四周双边。满文,半叶9行。版心有满文页码和汉文页码。

81.《白塔信炮章程》(šanyan subargan i temgetu boo i kooli

hacin)不分卷

佚名著,军事制度典籍,所涉甘肃白塔山信炮设置、燃放流程与京城内外八旗建制和驻防等,又题《满汉京城规条》。钞本,线装1册。页面29.4×17.4厘米。白口单黑鱼尾,四周双边。满汉合璧,半叶满汉文各7行。版心有满文页码和汉文页码。大连图书馆等5家机构藏其原刻本。

82.《六韬》(ninggun too)不分卷

[西周]吕望(？—约前1015)著,佚名译,以姜太公和周文王(约前1152—约前1056)、周武王(？—前1043)对话形式讲述的兵法,分《文韬》12篇、《武韬》5篇、《龙韬》13篇、《虎韬》12篇、《豹韬》8篇和《犬韬》8篇。钞本,残卷,线装3册。页面23.5×14.5厘米。白口单黑鱼尾,四周双边。满文,半叶7行。版心有汉文书题名和页码。部分正文内容存汉文译文。

83.《三略》(ilan bodon)不分卷

[秦]黄石公著,[清]达海译,用兵之法与作战谋略,分《上略》《中略》《下略》三部分。钞本,线装1册。页面23.5×14.5厘米。白口单黑鱼尾,四周双边。满文,半叶7行。版心有汉文书题名和页码。

84.《论谈诸病药书》一卷*

佚名著,医药治病著作合辑,对感冒发热等常见病成因、制药及药效做了详细论述,题名疑为辑录人所作。钞本,所据底本为故宫博物院图书馆藏顺治年间刻本《医药治症通书》(《医疗通书》)三卷,线装2册。页面30.5×18.4厘米。白口单黑鱼尾,四周双边。满文,半叶6行。版心有满文页码和汉文页码。第1册为《珍珠囊药性赋》(okto banin i fu),第2册为《热病赋》(harkasi fu)。

85.《痘疹药书》(olhoro baita i dasara hacin be hafumbure bithe)不分卷

[清]李连漪著,佚名译,谈论痘症成因、分类和疗法的医书。钞本,残卷,线装2册,仅存卷中、卷下。页面27.5×18.8厘米。白口单黑鱼尾,四周双边。满文,半叶6行。版心有满文页码和汉文页码。卷前存《序文》与《详目》。

86.《吸毒石原由用法》(hi du ši wehe i turgun be fetehe baitalara

be tucibuhe bithe)不分卷

[比]南怀仁著,佚名译,医学著作《吸毒石原由用法》的满文译本。钞本,线装1册。页面27×16厘米。黑口单黑鱼尾,四周单边。满文,半叶7行。版心有汉文页码。

87.《庸行篇》(yung hing biyan i bithe)一卷

[清]牟允中著,佚名译,《庸行篇》的满文译本。钞本,线装4册。页面20.2×13.8厘米。白口,四周单边。满文,半叶8行。原书无题名,封套右上方与中间左侧存满文书题名 yung hing biyan i bithe(《庸行篇》)。

88.《天神会课》(abkai enduri i acafi tacibure hacin i bithe)一卷

[葡]潘国光(Francesco Brancati, 1607—1670)著,基督教著作。钞本,线装1册。页面27.6×19厘米。白口,四周双边。满文,半叶8行。卷前存《天神会课》序言《万民四末》(tumen irgen i duin duben)及汉文《悔罪经》。

89.《盛世刍荛》(šeng ši cu noo)一卷

[法]冯秉正著,基督教著作。钞本,残卷,线装4册。页面29×19.5厘米。白口,四周单边。满文,半叶7行。其中《异端篇》阙。

90.《同善说》(sain be uhelere leolen)一卷

[明]李祖白著,佚名译,基督教著作《同善说》的满文译本。钞本,线装1册。页面24.2×15厘米。白口单黑鱼尾。满文,半叶7行。

91.《玉匣记》(i ioi hiya gi bithe)不分卷

[晋]许逊著,佚名译,占卜著作《玉匣记》的满文译本,内容涉及婚丧嫁娶、出行动土等,又题《许真君玉匣记》(hioi jen giyūn i ioi hiya gi bithe)。钞本,线装4册。页面29.3×19.2厘米。满文,半叶13行。国家图书馆等3家机构有藏。

92.《御纂性理精义》(han i banjibuha sing li jing i bithe)十二卷

[清]李光地纂修,又题《钦定性理精义》《满汉合璧性理》。钞本,线装8册。页面15.2×11.8厘米,版框14.2×9.4厘米。白口单黑鱼尾,四周双边。满汉文,半叶7行,小字双行。版心有满文书题名、卷次、篇目和汉文页码。首册存汉文目录。

93.《清文古文渊鉴》(han i araha julgei šu fiyelen šumin buleku

bithe)六十四卷

［清］徐乾学等编注，又题《满洲古文》《御制古文渊鉴》。康熙二十四年内府刻本，线装64册。页面31.5×20.9厘米，版框28.8×18.8厘米。白口单黑鱼尾，四周双边。满文，半叶8行。大连图书馆有藏。

94.《忠贞范公文集》(tondo unenggi fan gung ni wen ji bithe)四卷

［清］范承谟(1624—1676)著，范承谟文章汇编，又作《范忠诚公文集》。康熙四十七年内府刻本，线装4册。页面29×18厘米，版框21.5×14.6厘米。满文，半叶7行。首册存目录。范公，即范承谟，字觐公，号螺山，大学士范文程次子，隶属八旗汉军镶黄旗，顺治九年(1652)进士，历任弘文院编修、秘书院学士、右副都御史、浙江巡抚、福建总督等。辽宁省图书馆有藏。

95.《集腋录》(eiten isabuha ejetun i bithe)不分卷

佚名译，文学典籍《集腋录》的满文译本。钞本，线装7册。页面27.3×16.5厘米。白口。满文，半叶7行。部分封面书满文册数。

96.《水浒传》(šui hū bithe)一百回

［元］施耐庵著，佚名译，章回体长篇小说《水浒传》的满文译本。钞本，线装20册。页面25.5×21.5厘米。满文，半叶10行。首册封面存sarkiyame araha šui hū bithe(《钞本水浒传》)。部分封面书满文回数。中央民族大学图书馆有藏。

97.《巧连珠》(ciyoo liyan ju i bithe) 二十四回

［清］烟霞逸士著，佚名译，短篇小说《巧连珠》的满文译本。钞本，线装8册。页面27×18厘米。白口单黑鱼尾。满文，半叶8行。部分封面书满文卷数。

98.《宝训图注》(boobai tacihiyan be niruha suhen i bithe)四卷

佚名著，故事和诗文的合辑。钞本，4册。页面26×17厘米。白口单黑鱼尾，四周双边。满汉合璧，半叶满汉文各3行。版心有汉文书题名和页码。首册存文数奎麟同治二年撰《序言》，每册均存满汉合璧目录，另有汉文书题名书于黄色丝质标签。

十五 英 国

英国有满文文献261种，其中刻本223种，写本（钞本）37种，印本1种，英国国家图书馆、伦敦大学亚非学院①、剑桥大学②、牛津大学、英国印度图书档案办公室③、英国国家档案局、英国圣经公会④、皇家亚洲学会和皇家地理学会藏，威妥玛（Thomas Francis Wade,1818—1895）、翟里斯（Herbert Allen Giles,1845—1935）、伟烈·亚力（Alexander Wylie,1815—1887）、巴恪斯（Sir Edmund Backhouse,1873—1944）得于19世纪末20世纪初，先后由池上次郎（Ikegami Jirō,1920—2011）、神田信夫（Kanda Nobuo,1921—2003）、何大伟（David Helliwell）分别整理，后公布于翟里斯撰《剑桥大学图书馆藏威妥玛汉文与满文文献目录》⑤、《剑桥大学图书馆藏威妥玛汉文与满文文献增补目录》⑥、稽穆撰《牛津博德利图书馆巴恪斯满文文献典藏》⑦与西门·华德、纳尔逊（Howard Nelson）撰《伦敦文献联合总目》⑧。

---

①Simon Walter. 1963. *School of Oriental and African Studies, University of London, Library Catalogue.* Boston: Hall.

②Walter Fuchs, Gimm Martin. "Verzeichnis der Mandjurischen Bücher in der Universitätsbibliothek zu Cambridge (Wade Collection)". *Aetas Manjurica* 2 (1991a): 14-41.

③James Summers. 1872. *Descriptive Catalogue of the Chinese, Japanese, and Manchu Books in the Library of the India Office.* London.

④T. H. Darlow, H. F. Moule. 1911. *Historical Catalogue of the Printed Editions of Holy Scriptures in the Library of the British and Foreign Bible Society, Vol 2.* London.

⑤Herbert Allen Giles. 1898. *A Catalogue of the Wade Collection of Chinese and Manchu Books in the Library of the University of Cambridge.* Cambridge University Press.

⑥Herbert Allen Giles. 1915. *Supplementary Catalogue of the Wade Collection of Chinese and Manchu Books in the Library of the University of Cambridge.* Cambridge University Press.

⑦Gimm Martin. "Verzeichnis der Manjurischen Bücher in der Bodleian Library zu Oxford (Sammlung Backhouse)". *Aetas Manjurica* 5 (1992): 42-72.

⑧Simon Walter, Howard Nelson. 1975. *Manchu Books in London: A Union Catalogue.* London: The British Library.

1.《音汉清文鉴》(nikan hergen i ubaliyambuha manju gisun i buleku bithe)二十卷

[清]明铎等编。雍正十三年六经堂刻本,线装4册。页面20.8×14.8厘米,版框17.9×12.5厘米。白口,上下双边,左右单边。满汉合璧,半叶满汉文各4行。版心有汉文卷次、类目和页码。

2.《日讲春秋解义》(inenggidari giyangnaha cūn cio i jurgan be suhe bithe)六十四卷

[清]库勒纳等著,《春秋》的满文译本,附以据经筵讲义整理而成的解义和注释,又题《御制日讲春秋解义》(han i araha inenggidari giyangnaha cūn cio i jurgan be suhe bithe)。乾隆二年武英殿刻本,线装8册。页面26.1×18.5厘米,版框21.4×14.3厘米。黑口双黑鱼尾,四周双边。满文,半叶7行。版心有满文书题名和页码。中国第一历史档案馆有藏。

3.《御制满蒙文鉴》(han i araha manju monggo gisun i buleku bithe)二十卷

[清]拉锡等奉敕编著,又题《蒙古清文鉴》。乾隆八年武英殿刻本,线装21册。页面27.4×17.6厘米,版框20.8×14.8厘米。白口,四周双边。满蒙合璧,半叶满文蒙古文各6行。版心有满文书题名、卷数、类目,蒙古文书题名、卷数、类目和汉文页码。国家图书馆等2家机构有藏。

4.《同文韵统》(tung wen yūn tung bithe)六卷

[清]允禄奉敕编著,又题《钦定同文韵统》(hesei toktobuha tung wen yūn tung bithe)。乾隆十五年武英殿刻本,线装4册。页面34×13厘米,版框25×11.3厘米。白口单黑鱼尾,四周双边。满蒙藏梵汉合璧,半叶文种不同、行数行字不等。版心有汉文书题名、卷次、类目和页码。卷前存乾隆十五年《序言》,序言末钤"乾隆御笔"朱文方印并存数篇允禄奏议,奏议末列编撰校译臣工姓名职衔。南京博物院等5家机构有藏。

5.《御制翻译四书》(han i araha ubaliyambuha duin bithe)六卷

[南宋]朱熹注,[清]高宗敕译,[清]鄂尔泰厘定。乾隆二十年京都三槐堂刻本,线装6册。页面25×15厘米,版框18.5×13厘米。白口单黑鱼尾,四周单边。满汉合璧,半叶满汉文各7行。版心有汉文书题名和

页码。首卷附《序言》。内蒙古社会科学院等3家机构有藏。

6.《钦定清汉对音字式》(hesei toktobuha cing han dui in dzi ši bithe)一卷

［清］高宗敕著。乾隆三十七年武英殿刻本,线装1册。页面27.3×27厘米,版框19.3×14.3厘米。白口单黑鱼尾,四周双边。满汉合璧,半叶满汉文各9行。版心有汉文书题名、内容名和页码。

7.《清文指要》(manju gisun i oyonggo jorin i bithe)三卷

［清］富俊著。嘉庆十四年大酉堂刻本,线装4册。页面24.2×15.3厘米,版框17.5×14厘米。白口单黑鱼尾,四周双边。满汉合璧,半叶满汉文各4行。版心有汉文书题名、卷次、篇目和页码。含《字音指要》《清文指要》与《续清文指要》。内蒙古社会科学院图书馆等8家机构有藏。

8.《续编兼汉清文指要》(sirame banjibuha nikan hergen i kamcibuha manju gisun i oyonggo jorin bithe)二卷

［清］富俊著。嘉庆十四年大酉堂刻本,线装4册。页面24.2×15.3厘米,版框17.5×14厘米。白口单黑鱼尾,四周双边。满汉合璧,半叶满汉文各4行。版心有汉文书题名、卷次、篇目和页码。内蒙古社会科学院图书馆等8家机构有藏。

9.《六部成语》(ninggun jurgan i toktoho gisun i bithe)六卷

佚名著,又题《满汉六部成语》。嘉庆二十一年文盛堂刻本,线装1册,存卷一《吏部成语》(hafan i jurgan i toktoho gisun i bithe)。页面24×16厘米,版框19.9×14.2厘米。白口单黑鱼尾,四周单边。满汉合璧,半叶满汉文各5行。版心有汉文书题名、卷次、六部名称和页码。国家图书馆等3家机构有藏。

10.《问答语》(fonjin jabun leolen bithe)不分卷

佚名著,话条辑。道光七年刻本,线装1册。页面28.7×18.4厘米,版框20.6×12.6厘米。白口单黑鱼尾,四周单边。满汉合璧,半叶满汉文各6行。版心有汉文书题名和页码。

11.《单清语》(gargata manju gisun i bithe)四卷

佚名著,分类辞书,类目分天文、时令、地域、君王、谕旨、臣宰、政事和巡逻等10类。道光七年刻本,线装1册。页面27.6×22.3厘米,版框21×13厘米。白口单黑鱼尾,四周双边。满汉合璧,半叶满汉文各4行。

版心有汉文书题名、卷次和页码。封面镌满汉文书题名。中国民族图书馆等8家机构有藏。

12.《满汉词语》(manju nikan gisun)不分卷※

[清]富俊辑,工具书的合辑,由满汉合璧《话条》(gisun meyen)和蒙古文《蒙语指南》(monggo gisun i jorin i bithe)构成,《蒙语指南》例句选自满文《一百条》(tanggū meyen)。道光十四年(1834)钞本,所据底本为乾隆五十二年(1787)绍衣堂刻本,线装2册。页面26.5×18.8厘米。白口单黑鱼尾,四周双边。满蒙汉合璧,半叶满文蒙古文汉文各3行,小字双行。版心有汉文书题名和页码。

13.《音韵逢源》(yin yūn feng yuwan bithe)四卷

[清]裕恩著,[清]禧恩校,对照字谱,分元、亨、利、贞四集4册,参和华严字母设干、坎、艮、震4部,分子、丑、寅、卯、辰、巳、午、未、申、酉、戌和亥12摄,定巽、离、坤、兑四声,收角、亢、氐、房、心、尾、箕、斗、牛、女、虚、危、室、壁、奎、娄、胃、昴、毕、觜和参21母,涉及4032声韵。道光二十年(1840)京都聚珍堂刻本,线装4册。页面27×21厘米,版框22.6×14.3厘米。白口单黑鱼尾,四周双边。满汉合璧,半叶满汉文各6行。版心有汉文书题名、集名、页码、地支名、部名和部次。首卷前存禧恩撰《序言》。上海师范大学图书馆有藏。

14.《蒙文法程》(monggo bithei koolingga durun bithe)一卷

[清]赛尚阿辑,讲述满文、蒙古文与汉文翻译法的教材,与《蒙文晰义》《便览正讹》《蒙文指要》同函刊刻,统一排列卷次。道光二十八年刻本,线装1册。页面25×17厘米,版框20.5×15.5厘米。白口双黑鱼尾,四周双边。满蒙汉合璧,半叶满文蒙古文汉文各3行。版心有汉文卷次和页码。中国社会科学院近代史研究所图书馆等15家机构有藏。

15.《清文接字》(cing wen jiye dzi bithe)一卷

[清]嵩洛峰著。同治五年(1866)聚珍堂刻本,线装1册。页面27×15厘米,版框18.8×14.1厘米。白口单黑鱼尾,四周双边。满汉合璧,半叶满汉文各6行。版心有汉文书题名和页码。卷前存同治三年长白完颜朴山撰《序言》。国家图书馆等5家机构有藏。

16.《清文启蒙》(cing wen ki meng bithe)四卷

[清]舞格著,[清]程明远、[清]佩和校。三益堂刻本,线装2册。页

面24.2×14.8厘米,版框21.8×11.5厘米。白口单黑鱼尾,四周双边。满汉合璧,半叶满汉文各7行。版心有汉文书题名和页码。含《满洲十二字头单字联字指南》《切韵清字》《满洲外单字》《满洲外联字》《满洲文助语虚字》。

17.《中庸》(an dulimba bithe)一卷

[南宋]朱熹注,[清]高宗敕译,[清]鄂尔泰厘定,儒家典籍《中庸》的满文译本。刻本,线装1册。页面26.5×17厘米,版框18.8×14厘米。白口单黑鱼尾,四周单边。满汉合璧,半叶满汉文各7行。版心有汉文书题名和页码。卷首存乾隆二十年序。辽宁省图书馆等6家机构有藏。

18.《御制翻译四书》(han i araha ubaliyambuha duin bithe)六卷

[南宋]朱熹注,[清]高宗敕译,[清]鄂尔泰厘定。京都博古圣经堂刻本,线装6册。页面26.5×17厘米,版框18×14厘米。白口单黑鱼尾,四周单边。满汉合璧,半叶满汉文各7行。版心有汉文书题名和页码。含《大学》1册、《中庸》1册、《论语》2册、《孟子》2册,卷首存乾隆二十年《序言》。大连图书馆等2家机构有藏。

19.《五译合璧集要》(sunja hacin gisun kamcime araha oyonggo baitalan toktoho)二卷

佚名著,分类辞书,收词六千余条。刻本,2册。页面27×17.8厘米,版框21.3×15.8厘米。白口。满蒙藏汉梵合璧,半叶满文蒙古文藏文汉文梵文各5行。中国第一历史档案馆等3家机构有藏。

20.《新刊清文指要》(ice foloho manju gisun i oyonggo jorin i bithe)不分卷

[清]富俊著。刻本,线装2册。页面20.3×14厘米,版框16.2×10.8厘米。白口单黑鱼尾,四周双边。满汉合璧,半叶满汉文各4行。版心有汉文书题名、卷次和页码。含《字音指要》《清文指要》与《续清文指要》。

21.《四书集注》(sy šu ji ju)十九卷

[南宋]朱熹注,又题《满汉字合璧四书集注》。道光十八年(1838)京都琉璃厂炳蔚堂朱氏刻本,线装14册。页面27.8×17.3厘米,版框21.8×15.8厘米。白口单黑鱼尾,四周双边。满汉合璧,半叶满汉文各6行,小字双行。版心有汉文书题名和页码。题名页镌"四书集注""满汉字合

璧"和"京都琉璃厂炳蔚堂朱氏"。新疆维吾尔自治区图书馆等3家机构有藏。

22.《六部成语》(ninggun jurgan i toktoho gisun i bithe)六卷

佚名著,又题《满汉六部成语》。刻本,线装6册。页面25×16.8厘米,版框19×14厘米。白口单黑鱼尾,四周单边。满汉合璧,半叶满汉文各5行。版心有汉文书题名、卷次、六部名称和页码。该书第2册、第3册节选自康熙六十一年戴毂撰《清文备考》。

23.《译字》一卷*

佚名著,分类辞书。写本,线装1册。页面29×18厘米,版框21.5×14.6厘米。白口单黑鱼尾,四周双边。满藏维梵泰缅合璧,半叶满文藏文维吾尔文梵文泰文和缅甸文各1行。版心有汉文页码。

24.《满蒙汉合璧总纲》(manju monggo nikan hergen i kamcime araha uheri hešen)不分卷

[清]德通著,分类辞书与满文文法工具书。乾隆三十四年(1769)写本,线装10册。页面23.8×16.9厘米,版框18.2×14.2厘米。白口单黑鱼尾,四周双边。满蒙汉合璧,半叶满文蒙古文汉文各3行。版心有汉文书题名和页码。卷前存《序言》。

25.《四字成语》(duin hergen toktoho gisun)六卷※

佚名著,辞书,又题《四字杂成》。写本,线装6册。页面16.8×11.8厘米。白口。满汉合璧,半叶满汉文各4行。词条均取材自日常生活。

26.《钦定西域同文志》(hesei toktobuha wargi ba i hergen be emu obuha ejetun)二十四卷

[清]傅恒等著。钞本,毛装2册,存前五卷。页面30.2×19厘米,版框29.3×17.3厘米。白口单黑鱼尾,四周双边。满蒙藏汉托维合璧,半叶9行,文种不同,行数行字不等。版心有汉文书题名、卷次和页码。中国第一历史档案馆等2家机构有藏。

27.《满蒙维三合语》(manju monggo hoise ilan haicin i gisun)不分卷

[德]海尼士撰,分类辞书与会话辑。钞本,线装1册。页面18.6×12.7厘米。满蒙维合璧,半叶满文蒙古文维吾尔文各3行,蒙古文与维吾尔文话条均以满文拼读,部分话条存蒙古文与维吾尔文译文。另附

《吐鲁番满维语》(Turko Manjurica aus Turfan)发表于1951年《东方学》第4期(Oriens IV)。

28.《御制五体清文鉴》(han i araha sunja hacin i hergen kamciha manju gisun i buleku bithe)三十六卷

佚名著,分类辞书,其中藏文与维吾尔文下辅以满文标音。钞本,线装36册。页面22.5×14.6厘米,版框17.7×12厘米。白口,四周单边。满蒙藏汉维合璧,共7栏,依次为满文、藏文、藏文的满文切音、藏文的满文对音、蒙古文、维吾尔文、维吾尔文的满文对音和汉文,半叶5行。版心有满文书题名、卷次,汉文类目和页码。国家图书馆等3家机构有藏。

29.《清文补汇》(manju gisun be niyeceme isabuha bithe)八卷

[清]宜兴编。钞本,线装4册。页面29×17.7厘米。白口。满汉合璧,半叶满汉文各6行。卷前存乾隆五十一年宜兴撰《序言》。

30.《满汉注文成语》一卷*

佚名著,满文成语辞书,节选自《满汉经文成语》中的注文。钞本,线装1册。页面24×16厘米。白口,四周单边。满汉合璧,半叶满汉文各5行。

31.《满洲清文鉴前言》一卷*

[清]傅达礼、[清]马齐等奉敕编著,清代官方编撰的第一部满语文单语分类辞书《御制清文鉴》前言。钞本,线装1册。页面24×16厘米。白口,四周单边。满文,半叶7行。

32.《清文字汇》一卷*

佚名辑,《御制增订清文鉴》的节选本。钞本,残卷,线装1册。页面24×16厘米。白口,四周单边。满汉合璧,半叶满汉文各4行。

33.《满洲清文鉴索引》一卷*

[清]傅达礼、[清]马齐等奉敕编著,清代官方编撰的第一部满语文单语分类辞书《御制清文鉴》索引。钞本,线装1册。页面24×16厘米。白口,四周双边。满文,半叶7行。

34.《伊犁类篇》(i li lei piyen)四卷

佚名著,分类辞书。钞本,线装4册。页面25.3×19.2厘米,版框17.5×14厘米。白口单黑鱼尾,四周双边。满蒙汉合璧,半叶满文蒙古文汉文各2行。版心有汉文书题名和页码。其中蒙古文为卫拉特蒙古文。

35.《满汉六部成语》(manju nikan hergen i ninggun jurgan i toktoho bithe)不分卷

佚名著,又题《六部成语》。钞本,线装5册。页面23.2×14厘米。白口单黑鱼尾,四周单边。满汉合璧,半叶满汉文各5行。版心有汉文书题名、卷次和页码。

36.《清语老乞大》八卷*

佚名著,14世纪中叶朝鲜学习汉语会话读本《老乞大》的满文译本。刻本,线装8册。页面34.6×22.8厘米,版框20.5×15.5厘米。白口双花鱼尾,四周单边。满朝合璧,半叶满文朝鲜文各6行。满文右侧为朝鲜文对音,下方为朝鲜文译文。

37.《五经》(sunja ging)十卷

佚名辑,儒家典籍《诗经》《尚书》《礼记》《周易》《春秋》合辑的满文译本。钞本,线装10册。页面25×15厘米。白口单黑鱼尾,四周单边。满汉合璧,半叶满汉文各6行。版心有汉文书题名和页码。

38.《资政要览》(dasan de tusangga oyonggo tuwakū bithe)三卷

[清]世祖御著,劝学著作,内容涉及帝道、臣道、父道、妻道、子道、兄弟、体仁、厚礼、知人、向善、重农、爱幼、养生、亲民和慎言等,又题《御制资政要览》(han i araha dasan de tusangga oyonggo tuwakū bithe)。顺治十二年刻本,线装4册。页面22.5×14.5厘米,版框18×12厘米。黑口双黑鱼尾,四周双边。满文,半叶6行,小字双行。版心有满文卷数和页码。卷前存顺治十二年《序言》。大连图书馆等4家机构有藏。

39.《刑部新定现行例》(weilere jurgan ice yabure kooli)二卷

[清]黄机(1612—1686)等著,清朝刑部量刑定罪的法典。康熙十九年武英殿刻本,线装2册。页面37×23厘米,版框30.7×20.7厘米。白口单黑鱼尾,四周双边。满文,半叶9行。版心有满文书题名、卷次、篇目和页码。国家图书馆有藏。

40.《吏部处分则例》(hafan i jurgan i weile arara kooli)六卷

佚名著,清代吏部处分官员的法规。雍正三年武英殿刻本,线装6册。页面27.5×16.5厘米,版框20.5×15.5厘米。白口单黑鱼尾,四周双边。满文,半叶9行。版心有满文书题名、卷次,汉文页码和类目。国家图书馆等2家机构有藏。

41.《八旗则例》(jakūn gūsai kooli hacin)三卷

[清]鄂尔泰等奉敕编著,《兵部则例》中所涉八旗兵丁事务规定,又题《钦定八旗则例》(hesei toktobuha jakūn gūsai kooli hacin)。乾隆七年武英殿刻本,线装3册。页面28.5×18.5厘米,版框22.8×17厘米。白口单黑鱼尾,四周双边。满文,半叶9行。版心有满文书题名、卷次、篇目,汉文页码和篇目。每十年修订一次,记事止于乾隆七年,分忠、孝、廉、节4部,共辑案例二百三十余条,内容涉及职制、公式、户口、奉饷、仓库、学政、典礼、兵制、马政、禁令、驻防和训练等12类。南京图书馆等4家机构有藏。

42.《钦定兵部处分则例》(hesei toktobuha coohai jurgan i weile gisurere kooli hacin i bithe)七十六卷

[清]鄂尔泰等奉敕编著,兵部办理八旗及绿营事务的规定,选自《兵部则例》,原为《中枢政考》中《处分则例》,记事止于道光三年(1823)。道光四年武英殿刻本,线装32册。页面27×17厘米,版框20.3×15.6厘米。白口单黑鱼尾,四周双边。满文,半叶9行。版心有满文书题名、卷次、类目和汉文页码。辽宁省图书馆等4家机构有藏。

43.《戒赌十则》(jiha efire be targabure juwan hacin)一卷

[清]九鼎译,劝导世人戒赌的著作,又题《戒赌十条》。嘉庆三年(1798)刻本,线装1册。页面21.9×16.8厘米,版框20×15.4厘米。白口单黑鱼尾,四周双边。满汉合璧,半叶满汉文各7行。版心有汉文书题名、篇目和页码。国家图书馆有藏。

44.《钦定中枢政考》(hesei toktobuha coohai jurgan i baitai kooli bithe i šošohon)三十一卷

[清]来保等著,康熙、雍正、乾隆三朝有关八旗和绿营各项规章制度的合辑。嘉庆七年刻本,线装18册。页面27.5×17.5厘米,版框20.5×15.5厘米。白口单黑鱼尾,四周双边。满文,半叶9行。版心有满文书题名、卷次、篇目,汉文页码和篇目。分《八旗中枢政考》十五卷,涉职制、公式、户役、仓库、田宅、仪制、军政、宫卫、邮驿、马政、盗贼、营造等14类;《绿营中枢政考》十六卷,在《八旗中枢政考》基础上增加漕运、土番类,减少宫卫类,总涉15类。辽宁省图书馆有藏。

45.《钦定中枢政考》(hesei toktobuha coohai jurgan i baitai kooli bithe i šošohon)三十一卷

[清]福隆安等著。嘉庆二十年武英殿刻本,线装18册。页面27.8×17.5厘米,版框20.5×16.5厘米。白口单黑鱼尾,四周双边。满文,半叶9行。版心有满文书题名、卷次、篇目,汉文页码和篇目。卷前存乾隆七年鄂尔泰等奏疏及编撰人员职衔与姓名。辽宁省图书馆有藏。

46.《圣谕广训》(enduringge tacihiyan be neileme badarambuha bithe)二卷

[清]世宗御著。道光十六年苏勒芳阿重刻本,线装2册。页面36.4×24.3厘米,版框21.9×16.8厘米。白口单黑鱼尾,四周双边。满蒙合璧,半叶满文蒙古文各7行。版心有汉文书题名、篇目和页码。

47.《绿营事物则例》(coohai jurgan i baitai kooli bithe niowanggiyan turun i kūwaran)九卷

[清]福隆安等奉敕编著,八旗绿营相关事务规定,又题《钦定兵部绿营事物则例》(hese i toktobuha coohai jurgan i baitai kooli bithe niowanggiyan turun i kūwaran)。刻本,线装9册。页面27.5×16.5厘米,版框20.5×15.5厘米。白口单黑鱼尾,四周双边。满文,半叶9行。版心有满文书题名、卷次,汉文页码和类目。

48.《资治通鉴纲目》(dzi jy tung giyan g'ang mu bithe)一百一十一卷

[南宋]朱熹、[南宋]赵师渊编,[明]南轩、[明]商辂著,[清]和素译,史书《资治通鉴纲目》《订正通鉴前编》《续资治通鉴纲目》的满文译本。刻本,存前二十一卷,线装21册。页面31.5×20厘米,版框23.5×16.5厘米。白口,四周双边。满文,半叶8行,小字双行。版心有满文书题名、卷次、年代和汉文页码。雍和宫等11家机构有藏。

49.《钦定国史大臣列传》(hesei toktobuha gurun i suduri i ambasai liyei juwan)八十八卷

佚名著,清史馆《列传》稿本合辑。稿本,线装88册。页面38.9×23.5厘米。白口单黑鱼尾,四周双边。满文,半叶8行。版心有满文书题名和页码。与故宫博物院图书馆藏《钦定国史大臣列传》组成一部完整藏品。

50.《洪武要训》(hung u i oyonggo tacihiyan)六卷

[清]刚林等校译,又题《清文明洪武宝训》(ming gurun i hung u i oyonggo tacihiyan)。顺治三年精写本,线装6册。页面33.8×21.2厘米,版框26.1×18.3厘米。白口双黑鱼尾,四周双边。满文,半叶8行。版心有汉文页码。中国国家博物馆等2家机构有藏。

51.《皇舆方格全图》一卷*

[法]蒋友仁(Benoist Michel,1715—1774)绘,亚洲与欧洲东部地图。乾隆三十八年写本,卷轴装1幅。页面55×7.5厘米。满汉合璧。

52.《皇舆斜格全图》一卷*

[葡]高慎思(Joseph d'Espinha,1722—1788)、[葡]傅作林(Felix de Rocha,1713—1781)绘,亚洲与欧洲东部地图。乾隆四十年(1775)写本,卷轴装7幅。页面66.5×7.8厘米。满汉合璧。存乾隆二十一年清高宗《御制序言》。

53.《钦定国史忠义传》(hesei toktobuha gurun i suduri i tondo jurgangga i faidangga ulabun)十一卷

佚名著,清史馆《列传》钞本合辑,所涉多为清初旗人。钞本,线装11册。页面38.9×23.5厘米。白口单黑鱼尾,四周双边。满文,半叶8行。版心有满文书题名和页码。与故宫博物院图书馆藏《钦定国史忠义传》组成一部完整藏品。

54.《满洲实录》(manju i yargiyan kooli)八卷

佚名著。乾隆年间钞本,线装8册。页面30×18.5厘米。白口单黑鱼尾,四周双边。满蒙汉合璧,上中下三栏,上栏满文,中栏汉文,下栏蒙古文,半叶各7行。其间存插图。辽宁大学图书馆等10家机构有藏。

55.《训旨》(tacibure hese i bithe)不分卷

[清]长寿、[清]查郎阿辑,清世宗训旨合辑,又题《满汉训旨十则》《满汉合璧训旨》。乾隆十二年钞本,所据底本为雍正五年敬修堂刻本,线装1册。页面24×15厘米,版框19.2×13.5厘米。白口,四周单边。满汉合璧,半叶满汉文各3行。

56.《征逆将军请旨文》(fudaraka be geterembure jiyanggiyūn hese be baire jalin)不分卷

佚名辑,康熙五十六年至雍正二年富宁安将军奏请平定准噶尔叛乱旨文合辑。钞本,1册。页面19.6×13.7厘米。满文,半叶7行。

57.《安远庙瞻礼书事》(gorokingge be elhe be obure juktehen de hargašame doroloho baita be ejeme arahangge)不分卷

[德]海尼士译,4篇安远庙碑文合辑。钞本,线装1册。白口。满德合璧,满文、德文行数不等,其中满文为拉丁转写,德文为该满文内容的译文。

58.《使事纪略》(takūran baitai oyonggo babe ejehe bithe)不分卷

[德]海尼士辑,内秘书院侍读李仙根(1621—1690)与兵部职方司主事杨兆杰驻安南(今越南)事纪。钞本,线装1册。满德合璧,满文、德文行数不等,其中满文为拉丁转写,德文为该满文内容的译文。

59.《八旗》(jakūn gūsa)六卷

佚名辑,八旗事务合辑。钞本,线装1册。页面15.7×9.6厘米。白口,四周单边。满文,半叶9行。版心有汉文页码。

60.《御制亲征平定朔漠方略序》(han i araha wargi amargi ba be necihiyeme toktobuha bodogon i bithe i sioi)不分卷

[清]温达等著,[德]海尼士辑,史书《御制亲征平定朔漠方略》序言。钞本,线装1册。页面32.5×20.8厘米。白口单黑鱼尾,四周双边。满文,半叶7行。版心有满文书题名和汉文页码。

61.《回疆通志》(hūise i jecen i jy)二卷

[清]和宁著,地方志,包括回部各城事略和各首领传记。钞本,线装8册。页面28.4×28厘米,版框27.4×19.3厘米。白口单黑鱼尾,四周双边。满汉合璧,半叶满汉文各4行。版心有满文书题名,汉文书题名和页码。卷前存嘉庆九年(1804)《序言》。与法国国家图书馆藏品组成一部完整《回疆通志》。

62.《文职官》(wen jy guwan)不分卷

佚名著,官阶名称辞书。钞本,线装1册。页面33.1×45.5厘米。白口单黑鱼尾,四周单边。满汉合璧,半叶满汉文各6行。版心有汉文书题名和页码。

63.《争臣论》(tafulara amban be leolehengge)不分卷

[德]海尼士译,韩愈《争臣论》的德文译本,文章选自康熙二十四年内府刻本《古文渊鉴》。钞本,线装1册。页面19.5×13.75厘米。满德汉

合璧,半叶满汉文各6行,德文行字不等。满文为汉文音转。

64.《地图》不分卷*

佚名绘,亚洲地区地图,包括清代中国东北、新疆、西藏、蒙古诸部及朝鲜等地。钞本,卷轴装1幅。页面39.1×26.3厘米。满汉合璧,其间偶存意大利文注释。

65.《御纂性理精义》(han i banjibuha sing li jing i bithe)十二卷

[清]李光地纂修,又题《钦定性理精义》。康熙五十六年刻本,线装8册。页面25.2×21.2厘米,版框18.7×16.5厘米。白口单黑鱼尾,四周双边。满文,半叶7行,小字双行。版心有满文书题名、卷次、篇目和汉文页码。国家图书馆等7家机构有藏。

66.《满汉合璧三字经注解》(manju nikan hergen i kamcime suhe san dzi ging ni bithe)二卷

[南宋]王应麟著,[清]惟德陶格译满文,[清]盛冠宝、[清]傅尔汗校,又题《三字经》。雍正十三年藜照阁刻本,线装2册。页面24×15厘米,版框21.5×14厘米。白口单黑鱼尾,四周单边。满汉合璧,半叶满汉文各5行,小字双行。版心有汉文书题名、卷次和页码。卷前存雍正十三年翻译主事馨泰撰《序言》。

67.《满汉合璧三字经注解》(manju nikan hergen i kamcime suhe san dzi ging ni bithe)二卷

[南宋]王应麟著,[清]惟德陶格译满文,[清]盛冠宝、[清]傅尔汗校,又题《三字经》。雍正十三年英华堂刻本,线装2册。页面23.8×14.5厘米,版框21×13.6厘米。白口单黑鱼尾,四周单边。满汉合璧,半叶满汉文各5行,小字双行。版心有汉文书题名、卷次和页码。

68.《御制满汉蒙古西番合璧大藏全咒目录总纲》(han i araha manju nikan momggo tanggūt hergen i kamciha amba g'anjur nomun i uheri tarni i šošohon i ton i uheri hešen)八卷

[清]章嘉呼图克图等奉敕译,《御制满汉蒙古西番合璧大藏全咒》目录。乾隆二十四年(1759)内府刻本,经折装8册。页面31.8×13.5厘米,版框23×11厘米。白口,上下双边。满蒙藏汉合璧,半叶满文蒙古文藏文汉文各2行。

69.《三译总解》十卷*

十五　英　国

佚名著,《三国志演义》节选本。乾隆三十九年重刻本,线装5册。页面25.6×19厘米,版框16.3×14厘米。白口单黑鱼尾,四周双边。满朝合璧,半叶满文朝鲜文各5行。版心有满文书题名和汉文页码。原本刊刻时间为康熙四十二年(1703),其中满文右侧有朝鲜文译音,下方为该句语义。

70.《八岁儿·小儿论》(jakūn se jui·ajige jui i leolen)不分卷※

佚名著,14世纪朝鲜学习汉语会话蒙学教材《八岁儿》与《小儿论》的满文译本。乾隆四十二年(1777)刻本,线装1册。页面23.1×18.3厘米,版框17.3×14厘米。白口双花鱼尾,四周双边。满朝合璧,半叶满文朝鲜文各5行。版心有汉文书题名和页码。满文右侧为朝鲜文对音,下方为朝鲜文译文。

71.《大圣文殊师利菩萨赞佛法身礼》(amba enduringge nesuken horonggo fusa fucihi i nomun i beye de dorolon maktacun)不分卷

佚名著,佛教典籍《大圣文殊师利菩萨赞佛法身礼经》的满文译本。乾隆四十六年刻本,梵夹装。页面40×21厘米,版框36.8×12.3厘米。白口,四周双边。满蒙藏汉合璧,每函满文蒙古文藏文汉文各4行。故宫博物院图书馆有藏。

72.《心经》(niyaman i nomun)不分卷

[清]永瑢等奉敕译,佛教典籍《般若波罗蜜多心经》的满文译本。乾隆四十九年刻本,梵夹装。页面26×12厘米,版框15.2×10.5厘米。四周双边。藏满汉合璧,每函藏文满文汉文各5行。国家图书馆等3家机构有藏。

73.《满汉千字文》(manju nikan hergen be kamcime araha minggan hergen i bithe)一卷

[南朝梁代]周兴嗣著,[清]裕彰译,又题《清书千字文》。嘉庆元年(1796)岂敢堂刻本,线装1册。页面22.5×12.6厘米,版框17.7×11.5厘米。白口单黑鱼尾,四周双边。满汉合璧,半叶满汉文各5行。版心有汉文书题名、页码和堂号。

74.《新约全书》(ice hese)不分卷

[俄]利波夫措夫译,基督教著作《新约全书》的满文译本,又做《吾主耶稣基督新约全书》。道光二年刻本,线装1册。页面23.5×16厘米,版

框17×13厘米。白口单黑鱼尾,四周双边。满文,半叶13行。版心有满文各部题名、页码和阿拉伯数字页码。

75.《小学》(ajigan tacin bithe)十二卷

［南宋］朱熹著,［清］孟保译。咸丰元年三槐堂刻本,残卷,线装8册。页面24.5×16厘米,版框19×14厘米。白口单黑鱼尾,四周双边。满汉合璧,半叶满汉文各5行。版心有汉文书题名、卷次和页码。国家图书馆等5家机构有藏。

76.《翻译六事箴言》(ubaliyambuha ninggun baitai targabun gisun)四卷

［清］叶玉屏辑,［清］孟保译,又题《六事箴言》。咸丰元年聚星堂刻本,线装4册。页面24.5×15.5厘米,版框20×14.8厘米。白口单黑鱼尾,左右双边,上下单边。满汉合璧,半叶满汉文各4行。版心有汉文页码和卷次。内蒙古大学图书馆等2家机构有藏。

77.《大学衍义》(dai hiyo i jurgan be badarambuha bithe)四十三卷

［南宋］真德秀著,［清］傅达礼等译,又题《翻译大学衍义》(ubaliyambuha dai hiyo i jurgan be badarambuha bithe)。咸丰六年武英殿刻本,线装51册。页面36×22厘米,版框18.3×14厘米。黑口双黑鱼尾,四周双边。满汉合璧,半叶满汉文各7行。版心有满文书题名、卷次和页码。故宫博物院图书馆等5家机构有藏。

78.《弟子规》(deote juse i durun)不分卷

［清］李子潜著,三字一句的启蒙教材,内容多出自诸圣经贤传,又题《翻译弟子规》(ubaliyambuha deote juse i durun)。同治二年刻本,线装1册。页面24×15厘米,版框18×14厘米。白口单黑鱼尾,四周双边。满汉合璧,半叶满汉文各5行。版心有汉文书题名、卷次和页码。卷首存东海观复徐桐撰《序言》,封面镌满汉文书题名《翻译弟子规》并钤汉文"宝熙藏玺"朱文方印。国家图书馆等7家机构有藏。

79.《翻译醒世要言》(ubaliyambuha jalan de ulhibure oyonggo gisun i bithe)四卷

［明］吕坤著,［清］和素译,［清］孟保辑。同治六年武英殿刻本,线装4册。页面28×17.5厘米,版框18.5×14厘米。白口,四周双边。满汉合璧,半叶满汉文各7行。版心有满文书题名和汉文页码。含《小儿语》

《好人歌》《宗约歌》。吉林省图书馆等10家机构有藏。

80.《普济杂方》一卷*

[清]高世格著,佚名译,蒙古药方合辑。同治十一年(1872)刻本,线装1册。页面26.5×16.7厘米,版框21.4×12.3厘米。白口单黑鱼尾,四周单边。满蒙藏汉合璧,半叶满文蒙古文藏文汉文各2行。版心有汉文书题名和页码。汉文药方右侧为满文译音。

81.《满汉千字文》(manju nikan hergen be kamcime araha minggan hergen i bithe)一卷

[南朝梁代]周兴嗣著,[清]裕彰译,又题《清书千字文》。广城正贤堂刻本,线装1册。白口单黑鱼尾,四周双边。页面22.9×13.1厘米,版框17.7×12厘米。满汉合璧,半叶满汉文各5行。版心有汉文书题名、页码和堂号。

82.《道光二十年时宪书》(daicing gurun i doro eldengge i orici aniya i erin forgon i ton i bithe)不分卷

钦天监制。刻本,线装28册。页面35.5×24厘米,版框30×20厘米。黑口双黑鱼尾,四周双边。满文,半叶12行。故宫博物院图书馆有藏。

83.《天主教要》(abkai ejen i tacihiyan i hešen i bithe)不分卷

[葡]济体斋(Francesco Furtato,1587—1653)著,基督教著作。刻本,线装2册。页面26.5×16厘米,版框19×14厘米。白口单黑鱼尾,四周双边。满文,半叶7行。版心有汉文卷数和页码。

84.《御制满汉蒙古西番合璧大藏全咒》(han i araha manju nikan monggo tanggūt hergen i kamciha amba g'anjur nomun i uheri tarni)八卷

[清]章嘉呼图克图等奉敕译,《大藏经》咒语音韵规范工具书与佛经咒语合辑。刻本,线装8册。页面34×18厘米,版框25×13厘米。白口,上下双边。满蒙藏汉合璧,半叶满文蒙古文藏文汉文各2行。

85.《地藏菩萨本愿经》(na i niyamangga fusa i da forobun i nomun)二卷

佚名译,佛教典籍《地藏菩萨本愿经》的满文译本。刻本,线装1册。页面29.4×17.9厘米,版框21.5×15厘米。白口单黑鱼尾,四周双边。满汉合璧,半叶满汉文各6行。版心有汉文书题名、卷次和页码。中央民族大学图书馆等3家机构有藏。

86.《大般若波罗蜜多经成语》(amba sure i cargi dalin de akūnaha nomun i šošohon gisun toktoho)不分卷

佚名著,《大般若波罗蜜多经》中佛教术语辞书。刻本,线装1册。页面21×6.3厘米,版框18.5×5.7厘米。白口,四周单边。满汉合璧,半叶满汉文各7行。

87.《康熙三十七年时宪书》(daicing gurun i elhe taifin i gūsin nadaci aniya suwayan tasha forgon i yargiyan ton)不分卷

钦天监制。刻本,线装1册。页面29.4×24厘米,版框23.5×19.6厘米。黑口双黑鱼尾,四周双边。满文,半叶12行。故宫博物院图书馆等2家机构有藏。

88.《道光二十五年时宪书》(daicing gurun i doro eldengge i orin sunjaci aniya erin forgon i ton i bithe)不分卷

钦天监制。刻本,线装1册。页面33.4×24.3厘米,版框29×20厘米。黑口双黑鱼尾,四周双边。满文,半叶12行。故宫博物院图书馆有藏。

89.《光绪四年时宪书》(daicing gurun i badarangga doro i orin sunjaci aniya suwayan tasha erin forgon i ton i bithe)不分卷

钦天监制。刻本,线装1册。页面31.3×23.3厘米,版框27.5×19.5厘米。黑口双黑鱼尾,四周双边。满文,半叶12行。故宫博物院图书馆有藏。

90.《康熙十年二月十五日丁酉夜望月图》(elhe taifin i juwanci aniya juwe biyai tofohon de fulahūn coko inenggi dobori biya be jetere nirugan)不分卷

钦天监制。刻本,线装1册。页面25.6×18.5厘米,版框20×13厘米。黑口双黑鱼尾,四周双边。满汉合璧,半叶满汉文各6行。

91.《雍正十年壬申望月食图》(hūwaliyasun tob i juwanci aniya sahaliyan bonio wangga inenggi biya be jetere nirugan)不分卷

钦天监制。刻本,线装1册。页面24.9×17厘米,版框22×13厘米。黑口双黑鱼尾,四周双边。满汉合璧,半叶满汉文各5行。

92.《道德经》(doro erdemu i nomun)不分卷①

[东周]老子著,佚名译,哲学著作《道德经》的满文译本,又题《老子道德经》(loodzi araha doo de ging)。钞本,线装1册。页面20.5×13厘米。满汉合璧,半叶满汉文各5行。

93.《师子峰如如颜丙劝修净业文》(ši dzi fung ba i žu žu yan bing ni araha bolgo weilen be dasara be hacihiyara bithe)不分卷

佚名译,佛教典籍《师子峰如如颜丙劝修净业文》的满文译本,由《劝修净业文》和《莲池大师普劝戒杀放全文》构成。刻本,线装1册。页面28.5×17厘米,版框19.5×14厘米。黑口单黑鱼尾,四周双边。满汉合璧,半叶满汉文各5行。版心有汉文书题名和页码。辽宁省图书馆等3家机构有藏。

94.《孙子十三篇》(sun dzi i juwan ilan fiyelen)不分卷

[东周]孙武著,[清]耆英译,兵书《孙子兵法》的满文译本。残钞本,线装1册。页面28×18厘米。白口,四周双边。满文,半叶7行。封面存满文书题名。

95.《周身血脉图》(beye gubci senggi sudala i nirugan)不分卷※

[法]白晋、[法]巴多明译,丹麦解剖学家托马斯·巴托林《人体解剖学》和法国外科医生皮尔·迪奥尼斯的《人体解剖学及血液循环新发现》的满文译本节选,又题《周身血脉图·五脏六腑形》。钞本,线装1册。页面25.8×17.1厘米。满文,半叶行数行字均不等。

96.《养正图》(tob be hūwašabure nirokan)一卷

[明]焦竑(1540—1620)编,[明]丁云鹏(1547—1628)绘,佚名译,启蒙教科书,将古代太子引以为戒的传记绘图。钞本。页面29.8×28.2厘米。满文。版心有汉文页码。

97.《和礼十一类》(hūwaliyasun i doro bithei juwan emu hacin)一卷

佚名著,训书合辑,内容涉及忠孝礼仪等,又题《十一类书》(juwan emu hacin i bithe)。钞本,线装2册。页面19.8×22.4厘米,版框16.4×18.3厘米。白口单黑鱼尾,四周单边。满汉合璧,半叶满汉文各7行。

---

① Julius Grill. "Zur Mandschurischen Übersetzung des Tao-te-king". *Zeitschrift der Deutschen Morgenländischen Gesellschaft* 65 (1911): 759-770.

版心有汉文书题名和页码。

98.《吾主耶稣基督新约圣书》(musei ejen isus heristos i tutabuha ice hese)不分卷

[俄]利波夫揩夫译。咸丰九年(1859)上海印本,线装1册。页面25.6×16.1厘米,版框23×15.3厘米。白口单黑鱼尾,四周双边。满汉合璧,半叶满汉文各7行。版心有满文各部题名、页码和阿拉伯数字页码。道光二年译。国家图书馆有藏。

99.《精选古文》(narhūšame sonjoho julgei šu fiyelen)六十四卷

[清]徐乾学编,文学总集《古文渊鉴》的精选本。康熙二十四年内府刻本,线装36册。页面31×19.5厘米,版框24×16.5厘米。白口,四周双边。满文,半叶8行,小字双行。版心有满文书题名、卷次、篇目和汉文页码。国家图书馆等9家机构有藏。

100.《苏轼·策略》(su ši·bodogon bithe)不分卷

[北宋]苏轼(1037—1101)著,佚名译,苏轼文集中《策略》5首的满文译本。钞本,线装2册。页面27.4×18.1厘米。白口,四周双边。满汉合璧,半叶满汉文各5行。

101.《文选》(wen siyuan bithe)不分卷①

[南朝梁代]萧统(501—531)编,佚名译,诗文总集《昭明文选》的满文译本。钞本,线装10册,残卷。页面29.5×20厘米。白口。满汉合璧,半叶满汉文各9行。

102.《翻译词聊诗赋》(ubaliyambuha uculen juru gisun irgebun fujurun)四卷

佚名著,宋明清三朝诗文词曲合辑。文英堂刻本,线装4册。页面24.7×16.8厘米,版框19×14.1厘米。黑口单黑鱼尾,四周双边。满汉合璧,半叶满汉文各5行。版心有汉文书题名和页码。

---

① Martin Gimm. "Materialien zur Chinesischen Anthologie Wenxuan in der Manjurischen Übersetzung Zweier Manuskripte in Europäischen Bibliotheken". *Oriens Extremus* 41/1-2 (1998/99): 127-150.

参考文献

一、古籍文献

[清]博赫:《清语易言》,[日]竹越孝、陈晓校注,北京:北京大学出版社,2018年版。

[清]常钧:《清话问答四十条》,陆晨、刘云校注,北京:北京大学出版社,2018年版。

[清]戴望:《戴氏注论语》,上海:上海古籍出版社,1996年版。

方向东:《大戴礼记汇校集解》,北京:中华书局,2008年版。

[清]方玉润:《诗经原始》,李先耕点校,北京:中华书局,1986年版。

[清]富俊:《清文指要》,北京:北京大学出版社,2018年版。

顾颉刚、刘起釪:《尚书校释译论》,北京:中华书局,2005年版。

[清]洪亮吉:《春秋左传诂》,李解民点校,北京:中华书局,1987年版。

[清]焦循:《孟子正义》,沈文倬点校,北京:中华书局,1987年版。

[清]康有为:《论语注》,楼宇烈整理,北京:中华书局,1984年版。

[清]刘顺:《满汉成语对待》,北京:北京大学出版社,2018年版。

[清]皮锡瑞:《今文尚书考证》,盛冬铃、陈抗点校,北京:中华书局,1989年版。

[清]阮元校刻:《十三经注疏》(清嘉庆刊本),北京:中华书局,2009年版。

[清]赛尚阿:《蒙文晰义》,海口:海南出版社,2001年版。

[清]沈启亮:《大清全书》,沈阳:辽宁民族出版社,2008年版。

[清]苏舆:《春秋繁露义证》,钟哲点校,北京:中华书局,1992年版。

[清]孙希旦:《礼记集解》,沈啸寰、王星贤校,北京:中华书局,1989年版。

[清]孙星衍:《尚书今古文注疏》,盛冬铃、陈抗点校,北京:中华书局,1998年版。

［清］孙诒让:《周礼正义》,王文锦、陈玉霞点校,北京:中华书局,1987年版。

［清］屯图:《一学三贯清文鉴》,海口:海南出版社,2001年版。

［清］王聘珍:《大戴礼记解诂》,王文锦点校,北京:中华书局,1983年版。

［清］舞格:《清文启蒙》,北京:北京大学出版社,2018年版。

杨伯峻:《春秋左传注》,北京:中华书局,1981年版。

杨伯峻:《论语译注》,北京:中华书局,2009年版。

杨朝明、宋立林:《孔子家语通解》,济南:齐鲁书社,2009年版。

杨筠如:《尚书覈诂》,西安:陕西人民出版社,1959年版。

［清］永瑢等撰:《四库全书总目》,北京:中华书局,1965年版。

［清］允禄等:《同文韵统》,海口:海南出版社,2001年版。

［清］赵尔巽等撰:《清史稿》,北京:中华书局,1977年版。

［清］智信:《一百条》,［日］竹越孝、陈晓校注,北京:北京大学出版社,2018年版。

周生春:《吴越春秋辑校汇考》,上海:上海古籍出版社,1997年版。

［清］朱彬:《礼记训纂》,饶钦农点校,北京:中华书局,1996年版。

［南宋］朱熹:《朱子全书》,上海、合肥:上海古籍出版社、安徽教育出版社,2002年版。

二、现当代著作

北京市民族古籍出版规划小组办公室满文编辑室:《北京地区满文图书总目》,沈阳:辽宁民族出版社,2008年版。

曹之:《中国古籍版本学》,武汉:武汉大学出版社,1992年版。

春花:《清代满文蒙古文词典研究》,沈阳:辽宁民族出版社,2008年版。

崔宰宇:《汉清文鉴简编》,北京:民族出版社,2005年版。

杜家骥:《清史研究概说》,天津:天津教育出版社,1991年版。

杜泽逊:《文献学概要》,北京:中华书局,2001年版。

费孝通:《民族与社会》,北京:人民出版社,1981年版。

富丽:《世界满文文献目录》,北京:中国民族古文字研究会,1983年版。

顾长声:《传教士与近代中国》,上海:上海人民出版社,1981年版。

顾长声:《马礼逊评传》,上海:上海书店出版社,2006年版。

郭英德、于雪棠:《中国古典文献学的理论与方法》,北京:北京师范大学出版社,2008年版。

何寅、许光华:《国外汉学史》,上海:上海外语教育出版社,2002年版。

胡优静:《英国19世纪汉学史研究》,北京:学苑出版社,2009年版。

黄润华:《国家图书馆藏满文文献图录》,北京:北京图书馆出版社,2010年版。

黄润华等:《全国满文图书资料联合目录》,北京:书目文献出版社,1991年版。

江桥:《康熙〈御制清文鉴〉研究》,北京:北京燕山出版社,2001年版。

来新夏:《古籍整理讲义》,武汉:华中师范大学出版社,2003年版。

李明滨:《俄罗斯汉学史》,郑州:大象出版社,2008年版。

李瑞良:《中国古代图书流通史》,上海:上海人民出版社,2000年版。

刘厚生:《〈旧满洲档〉研究》,长春:吉林文史出版社,1993年版。

刘耘华:《诠释的圆环:明末清初传教士对儒家经典的解释及其本土回应》,北京:北京大学出版社,2005年版。

卢秀丽、阎向东:《辽宁省图书馆藏满文古籍图书综录》,沈阳:辽宁民族出版社,2002年版。

罗江文:《中国古典文献学纲要》,成都:巴蜀书社,2008年版。

马祖毅、任荣珍:《汉籍外译史》,武汉:湖北教育出版社,1997年版。

潘玉田、陈永刚:《中西文献交流史》,北京:北京图书馆出版社,1999年版。

商鸿逵等:《清史满语辞典》,上海:上海古籍出版社,1990年版。

商衍鎏:《清代科举考试述录及有关著作》,天津:百花文艺出版社,2004年版。

宋和平:《〈尼山萨满〉研究》,北京:社会科学文献出版社,1998年版。

孙钦善:《中国古文献学史》,北京:中华书局,1994年版。

谭树林:《马礼逊与中西文化交流》,杭州:中国美术学院出版社,2004年版。

陶飞亚、吴梓明:《基督教大学与国学研究》,福州:福建教育出版社,1998年版。

佟永功:《功史在册——满语满文及其文献》,沈阳:辽海出版社,1997年版。

童书业:《春秋左传研究》,上海:上海人民出版社,1980年版。

王宇、潘德利:《中国古籍文献流散与回归》,北京:中国社会科学出版社,2012年版。

吴枫:《中国古典文献学》,济南:齐鲁书社,2005年版。

吴孟雪、曾丽雅:《明代欧洲汉学史》,北京:东方出版社,2000年版。

项楚等:《中国古典文献学》,北京:中国人民大学出版社,2013年版。

熊文华:《英国汉学史》,北京:学苑出版社,2007年版。

熊文华:《荷兰汉学史》,北京:学苑出版社,2012年版。

徐善伟:《东学西渐与西方文化的复兴》,上海:上海人民出版社,2002年版。

许光华:《法国汉学史》,北京:学苑出版社,2009年版。

许逸民:《古籍整理释例》,北京:中华书局,2011年版。

严建强:《18世纪中国文化在西欧的传播及其反应》,北京:中国美术学院出版社,2002年版。

阎崇年:《20世纪满学著作提要》,北京:民族出版社,2003年版。

阎国栋:《俄国汉学史》,北京:人民出版社,2006年版。

阎国栋:《俄罗斯汉学三百年》,北京:北京出版社,2007年版。

阎宗临、阎守诚:《传教士与法国早期汉学》,郑州:大象出版社,2003年版。

杨丰陌、张本义:《大连图书馆藏少数民族古籍图书综录》,沈阳:辽宁民族出版社,2006年版。

印芝虹等:《中德文化对话》,南京:南京大学出版社,2008年版。

岳峰:《架设东西方的桥梁:英国汉学家理雅各研究》,福州:福建人民出版社,2004年版。

张公谨:《中国民族古籍研究60年》,北京:中央民族大学出版社,2010年版。

张国刚:《德国的汉学研究》,北京:中华书局,1994年版。

张国刚、吴莉苇:《明清传教士与欧洲汉学》,北京:中国社会科学出版社,2001年版。

张国刚:《从中西初识到礼仪之争:明清传教士与中西文化交流》,北京:人民出版社,2003年版。

张海惠:《中国少数民族文献分布及学术研究成果》,北京:商务印书馆,2006年版。

张华克:《清文指要解读》,台北:文史哲出版社,2005年版。

张华克:《续编兼汉清文指要解读》,台北:文史哲出版社,2005年版。

张华克:《清文虚字指南解读》,台北:映玉文化出版社,2006年版。

张华克:《尼山萨满全传》,台北:映玉文化出版社,2007年版。

张美兰、刘曼:《〈清文指要〉汇校与语言研究》,上海:上海教育出版社,2013年版。

张三夕:《中国古典文献学》,武汉:华中师范大学出版社,2004年版。

张舜徽:《四库提要叙讲疏》,昆明:云南人民出版社,2005年版。

张西平:《传教士汉学研究》,郑州:大象出版社,2005年版。

张西平:《欧美汉学研究的历史与现状》,郑州:大象出版社,2005年版。

张西平:《欧洲早期汉学史:中西文化交流与西方汉学的兴起》,北京:中华书局,2009年版。

赵国章、潘树广:《文献学大辞典》,扬州:广陵书社,2005年版。

赵令志:《中国民族历史文献学》,北京:中央民族大学出版社,2006年版。

赵志强:《〈旧清语〉研究》,北京:北京燕山出版社,2002年版。

赵志忠:《〈满谜〉研究》,沈阳:辽宁民族出版社,1993年版。

中国第一历史档案馆:《清中前期西洋天主教在华活动档案史料》(第一册),北京:中华书局,2000年版。

朱崇先:《中国少数民族古典文献学》,北京:民族出版社,2005年版。

朱仁夫、魏维贤、王立礼:《儒学国际传播》,北京:中国社会科学出版社,2004年版。

Courant, Maurice Auguste Louls Marle. 1966. *Bibliographie Coréenne, Tableau Littéraire de la Corée Contenant la Nomenclature des Ouvrages Publiés dans ce Pays jusqu'en 1890 ainsi que la Description et l'Analyse Détaillées des Princpaux d'entre ces Ouvrages*. New York: Burt Franklin.

Fang, Basilia.1992. *Sinica-Sammlung der Österreichischen Nationalbibliothek*. Wien: Österreichischen Nationalbibliothek.

Fuchs, Walter. 1966. *Chinesische und Mandjurische Handschriften und Seltene Drucke, Nebst einer Standortliste der Sonstigen Mandjurica*. Wiesbaden: Steiner.

Gorelova, Liliya M.2002.*Manchu Grammar*. Leiden, Boston, Köln: Brill.

Haenisch, Erich. 1967.*Staatsbibliothek zu Berlin Handschrif-tenabteilung*. Berlin.

Heissig, Walther.1961.*Mongolische, Handschriften, Blockdrucke, Landkarten, Verzeichnis der Orientalischen Handschriften in Deutschland*. Wiesbaden: Steiner.

Hirth, Friedrich.1929. *China, Mandschurei, Mongolei, Tibet, ChinesischZentralasien. Enthaltend die Bibliothek des Verstorbenen Sinologen Prof. Dr. Friedrich Hirth, München*. Leipzig: Otto Harrassowitz.

Hülle, Hermann.1921.*Die Fortschritte der Ostasiatischen Sammlungen, Fünfzehn Jahre Königlichen und Staatsbibliothek*. Berlin.

Intorcetta, Prosperi and Christiani Herdtrich, Francisci Rougemont, Philippi Couplet.1687.*Confucius Sinarum Philosophus Sive Scientia Sinensis*. Paris: Danielem Horthemels.

Landresse, Clerc de.1839.*Catalogue des Livres Imprimes, des Manuscrits et des Ouvrages Chinois, Tartares, Japonais, etc., Composant la Bibliotheque de Feu M.Klaproth*. Paris: R.Merlin.

Li, Gertraude Roth.2000.*Manchu: A Textbook for Reading Document*. Honolulu: University of Hawaii Press.

Möllendorff, Paul Georg. 1892. *A Manchu Grammar with Analyzed Texts*. Shanghai: American Presbyterian Mission Press.

Nelson, Howard. 1977. *Manchu Books: An Exhibition from 1 March to June 1977*. London: The British Library, Department of Oriental Manuscripts and Printed Books.

Pang, Tatjana A. 2001. *Descriptive Catalogue of Manchu Manuscripts and Block-prints in the St. Petersburg Branch of the Institute of Oriental Studies Russian Academy of Sciences*. Wiesbaden: Harrassowitz Verlag.

Probsthain, Arthur. 1927. *Encyclopaedia of Books on China*. London: Probsthain.

Siebold. 1845. *Philipp Franz von. Catalogus Librorum et Manuscriptorum Japonicorum a Ph. Fr. de Siebold Collectorum, Annexa Enumeratione Illorum, Qui in Museo Regio Hagano Servantur*. Leiden.

Stary, Giovanni. 1998. *New Light on Manchu Historiography and Literature: The Discovery of Three Documents in Old Manchu Script*. Wiesbaden: Harrassowitz Verlag.

Walravens, Hartmut. 1981. *Buddhist Literature of the Manchus: A Catalogue of the Manchu Holdings in the RaghuVira Collection at the International Academy of Indian Culture*. New Delhi.

——. 1982. *Peter Schmidt-Ostasienwissenschaftler Linguist und Folklorist, Eine Vorläufige Bibliographie*. Hamburg.

——. 1994. *Catalogue of Chinese Books in the Library of the Wellcome Institute for the History of Medicine*. London: Wellcome.

——. 1994. *Portraits of Meritorious Officers, Accompanied by Manchu Eulogies*. Wiesbaden: Harrassowitz.

——. 1996. *Bibliographie der Bibliographien der Mandjurischen Literatur*. Wiesbaden: Harrassowitz.

Watson, William and John Leo Mish. 1963. *Chinese Jade Books in the Chester Beatty Library*. Dublin: Hodges Figgis & Co.

Yakhontov, K. S.. 2001. *Katalog Mandjurischer Handschriften und Blockdruke in den Sammlungen der Bibliothek der Orientalischen Fakultät der Sankt-Petersburger Universität*. Wiesbaden: Harrassowitz Verlag.

三、外文译著

［法］艾田朴：《中国文化西传欧洲史》，耿升译，北京：商务印书馆，2000年版。

［法］艾田蒲：《中国之欧洲（上、下）》，许钧、钱林森译，桂林：广西师范大学出版社，2008年版。

［意］白佐良：《1600—1950年的意大利汉学》，潘琳译，载张西平编《欧美汉学研究的历史与现状》，郑州：大象出版社，2006年版。

［荷］包罗史：《拓荒者和饮水者：莱顿大学的早期汉学家（1853—1911）》，王筱云译，载任继愈主编《国际汉学》（第3辑），郑州：大象出版社，1999年版。

［法］伯希和编：《梵蒂冈图书馆所藏汉籍目录》，［日］高田时雄校订、补编，郭可译，北京：中华书局，2006年版。

［法］戴密微：《法国汉学研究史概述》，胡书经译，载阎纯德主编《汉学研究》（第一辑），北京：中国和平出版社，1996年版。

［法］杜赫德：《耶稣会士中国书简集》，郑德弟等译，郑州：大象出版社，2001年版。

［德］傅海波：《欧洲汉学史简评》，胡志宏译，载任继愈主编《国际汉学》（第7辑），郑州：大象出版社，2002年版。

［德］傅吾康：《19世纪的欧洲汉学》，陈燕、袁媛译，载任继愈主编《国际汉学》（第7辑），郑州：大象出版社，2002年版。

［英］傅熊：《忘与亡：奥地利汉学史》，王艳、［德］儒丹墨译，上海：华东师范大学出版社，2010年版。

［日］近藤一成：《英国的中国学》（上），王瑞来译，《汉学研究通讯》（第12卷第3期），1993年版。

［日］近藤一成：《英国的中国学》（下），王瑞来译，《汉学研究通讯》（第12卷第4期），1993年版。

［意］兰乔蒂：《意大利汉学：从1945年至今》，潘琳译，《国际汉学》2007年第1期。

［美］雷孜智：《千禧年的感召：美国第一位来华新教传教士裨治文传》，尹文涓译，桂林：广西师范大学出版社，2008年版。

［丹］龙伯格：《清代来华传教士马若瑟研究》，李真、骆洁译，郑州：大象出版社，2009年版。

［瑞典］罗多弼：《面向新世纪的瑞典中国研究》，高建平、李明译，载任继愈主编《国际汉学》（第4辑），郑州：大象出版社，1999年版。

［德］马汉茂：《德国的中国研究历史、问题与展望》，廖天琪译，载任继愈主编《国际汉学》（第13辑），郑州：大象出版社，2005年版。

［德］马汉茂等：《德国汉学：历史、发展、人物与视角》，李雪涛等译，郑州：大象出版社，2009年版。

［英］马礼逊夫人：《马礼逊回忆录》，顾长声译，桂林：广西师范大学出版社，2004年版。

［日］石田干之助：《中西文化之交流》，张宏英译，长沙：商务印书馆，1941年版。

［俄］斯卡奇科夫：《俄罗斯汉学史》，柳若梅译，北京：中国社会科学文献出版社，2011年版。

［英］汤森：《马礼逊——在华传教士的先驱》，王振华译，郑州：大象出版社，2002年版。

［法］谢和耐、戴密微：《明清间入华耶稣会士和中西文化交流》，耿升译，成都：巴蜀书社，1993年版。

［法］雅克·布洛斯：《从西方发现中国到国际汉学的缘起》，李东日译，载任继愈主编《国际汉学》（第1辑），北京：商务印书馆，1995年版。

［英］约·罗伯茨：《十九世纪西方人眼中的中国》，蒋重跃、刘林海译，北京：中华书局，2006年版。

四、研究论文

包通法：《文化自主意识关照下的汉典籍外译哲学思辨》，《外语与外语教学》2007年第5期。

陈敬毅：《儒家人性观对欧洲和俄国文化名人的影响》，《孔子研究》1988年第2期。

邸爱英：《马殊曼与世界第一个〈论语〉英译本》，《读书》2009年第5期。

段怀清：《理雅各〈中国经典〉翻译缘起及体例考略》，《浙江大学学报》

2005年第3期。

段怀清:《理雅各与维多利亚时代的英国汉学》,《国外社会科学》2006年第1期。

段怀清:《理雅各与儒家经典》,《孔子研究》2006年第6期。

段洁滨:《遗散在俄罗斯伊尔库斯克的中国古籍》,《晋图学刊》2001年第1期。

冯国荣、侯德彤:《中学西渐的历史线索及相关研究课题》,《东方论坛》2004年第5期。

富丽:《满文文献整理纵横谈》,《中央民族学院学报》1984年第3期。

耿升:《中国对意大利文艺复兴的影响》,《学习时报》2000年第12期。

关嘉禄:《二十世纪中国满文文献的整理研究》,《中国史研究动态》2002年第12期。

何哲:《清代的中学西渐及其影响略论》,《暨南学报》1983年第3期。

贺灵:《清代满文文献概论》,《西域研究》2004年第1期。

胡瑞琴:《德国传教士安保罗与〈四书本义官话〉》,《鲁东大学学报》2007年第9期。

胡书经:《法国汉语教学和研究的历史(简述)》,《语言教学与研究》1983年第2期。

胡卫青:《中西人性论的冲突:近代来华传教士与孟子性善论》,《复旦学报》2000年第3期。

黄润华:《满文坊刻图书述论》,《文献》1999年第2期。

季永海、佟永功:《从满文文献看满语的形动词》,《中央民族大学学报》1985年第3期。

季永海:《漫谈满文古籍文献及其整理》,载贾春光编《民族古籍研究》,北京:民族出版社,1987年版。

季永海:《〈大清全书〉研究》,《满语研究》1990年第2期。

季永海:《〈清语易言〉语音探析》,《满语研究》1991年第2期。

季永海:《〈清文启蒙〉语音研究》,《满语研究》1994年第2期。

季永海:《三部〈尼山萨满〉手稿译注》,《满语研究》1995年第1期。

贾顺先、贾海宁:《论儒学与西方文化的交流、互补与创新》,《四川大学学报》2001年第1期。

孔令伟:《日本、日耳曼的满语文研究与近世欧亚》,《读书》2019年第5期。

李书:《〈重刻清文虚字指南编〉评介》,《满语研究》1990年第2期。

李雄飞:《满文古籍的版本鉴定》,《满语研究》2015年第1期。

李雪涛:《德国汉学史的分期问题及文献举隅》,《中国文化研究》2007年第1期。

李逸津:《19—20世纪俄罗斯对中国古典小说的译介与研究》,《历史教学》1998年第8期。

李逸津:《俄藏中国古籍整理与研究的成绩和不足》,《欧亚人文研究》2020年第1期。

李颖、高歌:《芬兰的汉学发展》,载阎纯德主编《汉学研究》(第十五辑),北京:学苑出版社,2013年版。

李真:《来华耶稣会士汉语研究中的索隐思想初探》,《国际汉学》2012年第2期。

梁守锵:《流传到法国的中国谚语:警句和格言》,《中山大学学报》1986年第3期。

刘雪芹:《典籍复译的危机:〈论语〉英译二百年(1809—2009)之启示》,《广西民族大学学报》2010年第5期。

柳若梅:《清代入华俄罗斯汉学家的满汉语词典手稿散论》,《辞书研究》2010年第4期。

卢铭君:《从海关洋员到汉学家——德国人穆麟德的汉学之路及其汉学思想》,《国际汉学》2016年第4期。

聂鸿音:《谢德林图书馆收藏的满文写本和刻本》,《满语研究》2004年第2期。

宋巧燕:《论明清之际耶稣会士译著文献的思想倾向》,《南方论刊》2008年第3期。

宋晓梅:《俄罗斯科学院东方学所及所藏中国学文献》,《中国史研究动态》1998年第9期。

佟克力:《俄罗斯满学学者与满学研究》,《满语研究》2006年第1期。

王辉、叶拉美:《"直译"的政治:马礼逊〈大学〉译本析论》,《广东外语外贸大学学报》2008年第3期。

王辉:《新教传教士译者对孔子和儒家经典的认识》,《孔子研究》2011年第5期。
王灵芝:《〈论语〉在俄罗斯的译介历程》,《孔子研究》2011年第1期。
王元春:《儒学西传:欧洲哲学思想嬗变的机遇》,《合肥工业大学学报》2006年第10期。
乌兰其木格:《试论民族文字文献目录分类法及其存在的问题——以蒙古文、满文文献目录为中心》,《内蒙古师范大学学报》2013年第5期。
吴孟雪:《论西欧汉学起源史上的重要一页》,《江西社会科学》1999年第9期。
吴昕阳:《满文古籍文献概述》,《满族研究》1997年第4期。
吴义雄:《马礼逊学校与容闳留美前所受的教育》,《广东社会科学》1999年第3期。
吴元丰:《满文与满文古籍文献综述》,《满族研究》2008年第1期。
吴元丰、徐莉:《满文古籍丛谈》,《满语研究》2015年第1期。
谢基:《波兰传教士米海尔·鲍姆对汉学西传的贡献》,《社会科学》1986年第4期。
许明龙:《中法文化交流的先驱黄嘉略》,《社会科学战线》1986年第3期。
阎国栋:《18世纪中俄图书交流研究》,《俄罗斯研究》2007年第1期。
杨平:《〈论语〉的英译研究——总结与评价》,《东方丛刊》2008年第2期。
姚金燕、杨平:《传教士和汉学家在〈论语〉翻译及诠释中的文化挪用》,《湖北大学学报》2012年第3期。
岳峰、张济民:《翻译与宗教的互动关系探析:基于儒经西传的视角》,《九江学院学报》2009年第2期。
张国刚、吴莉苇:《礼仪之争对中国经籍西传的影响》,《中国社会科学》2003年第4期。
张国刚:《明清传教士的当代中国史》,《社会科学战线》2004年第2期。
张木森:《满文文献语言形式及著录》,《国家图书馆学刊》2005年第2期。
张台萍:《挪威的汉学研究》,《汉学研究通讯》(第12卷)1993年第3期。
张西平:《德国巴伐利亚公立图书馆中国古籍善本述录》,《世界汉学》2003年第2期。
赵长江:《译儒攻儒,传播福音——"四书"的第一个英译本评析》,《天津外国语大学学报》2012年第5期。

赵凤彩:《儒经在俄罗斯的译介及其文化意象》,《兰州学刊》2011年第1期。

赵志强:《清代的满语研究》,《北京社会科学》1993年第1期。

郑天星:《传教士与中学西渐》,《宗教学研究》1997年第2期。

Bawden, C.R.. "A Volume of the Kanjur in Manchu Translation in the Library of the Wellcome Institute". *Zentralasiatische Studien* 14 (1980).

Fuchs, Walter. "Early Manchurian Inscriptions in Manchuria". *China Journal* 15(1931): 5-9.

Gimm, Martin. 1987. "The Manchu Translation of Chinese Novels and Short Stories: An Attempt at an Inventory". *Literary Migrations: Traditional Chinese Fiction in Aisa (17-20th Centuries)*. ISEAS-Yusof Ishak Institute: 143-208.

——. "Die Manjurischen Bestand der Bibliothèque de la Sorbonne in Paris". *Central Aisatic Journal* 43/1 (1999): 99-114.

Kanda, Nobuo. "Present State of Preservation of Manchu Literature". *Memoirs of the Toyo Bunko* 26 (1968): 63-95.

Kotwicz, Władysław. "Sur le Besoin d'une Bibliographie Complète de la Littérature Mandchoue". *Rocznik Orientalistyczny* 6 (1928): 61-75.

Möllendorff, Paul Georg. "Essay on Manchu Literature". *Journal of the North China Branch of the Royal Asiatic Society* 24 (1889): 1-45.

Stary, Giovanni. "Le Insrizioni Mancesi di Hsin-pin, Una Raccolta Epigrafica Contemporanea". *Aetas Manjurica* 2 (1991): 204-219.

Toh, Hoong Teik. "Two Manchu Poems of Jakdan on the Merits of Beard and Tobacco". *Zentralasiatische Studien* 37 (1998): 143-163.

——. "Translation, Poetry and Lute Tune. Some Manchu Writings of Mingsioi and Jakdan". *Central Asiatic Journal* 51/2 (2007): 223-246.

Walravens, Hartmut. "Mandjurische Bücher in der Abteilung für Ostasienwissenschaften der Ruhr Universität Bochum". *Bochumer Jahrbuch zur Ostasienforschung* (1980): 469-475.

——."Kazan's Role as a Centre of Oriental Studies: Resources for Manchu and Mongolia Studies". *Zentralasiatische Studien* 40 (2011a): 305-311.

——."Neues zur Bibliographie der Mandschrischen Literatur". *Ural-Altaische Jahrbücher NF* 25 (2012/13): 241-26.

——."Weitere Mandjurische Ephemera". *Zentralasiatische Studien* 43 (2014b).

Weiers, Michael."Die Drei Amtshöfe des Schriftwesens im Späten Aisin-Staat". *Zentralasiatische Studien* 31 (2001): 65-88.

——."Einige Bemerkungen zur Geschichte der Entwicklung der Mandschurischen Schrift". *Acta Orientalia Academiae Scientiarum Hungaricae* 55/1-3 (2002): 269-279.

Zach, Erwin von."Notizen zur Mandschurischen Bibliographie". *T'oung Pao* 15 (1914): 273-277.

各机构藏文献索引

一、经部

(一)易类

日讲易经解义,JBK-RP(1:Slg.Müller 57 K),BL-UK(2:19952.a.4、19952.a.5),BN-RF(1:Mandchou 85)

御制翻译易经,KB-KS(1:Ma.15),JBK-RP(1:Möll.35 K),BUO-UK(1:Sinica 3014),SOAS-UK(1:II.1.Man.122),LUC-UK(1:F.S.99.26-27、F.S.99.28-29/MS),BL-UK(3:19952.a.1、19952.a.2、19952.a.3),CFFH-RF(1:A 5),BN-RF(1:Mandchou 53)

(二)书类

日讲书经解义,JBK-RP(1:NS 1547 K),BN-RF(1:Mandchou 84),LUC-UK(1:FC.99.160-163)

书经,UO-KN(1:Sign Østas I 13),MTAKIK-M(1:Man.6),DN-BD(1:4°34721、Hs.or.8385),LUC-UK(1:F.S.99.66),BL-UK(2:19952.b.2、19952.b.3),BN-RF(2:Mandchou 10、Mandchou 6),SOAS-UK(1:II.1.Man.116)

御制翻译书经,DN-BD(1:Möll.38),BL-UK(1:19952.b.1),IHÉC-RF(1:E IV 4-11),IHÉC-RF(1:E IV 5-9)

(三)诗类

钦定诗经,JBK-RP(1:NS 1543 K),DN-BD(1:39100),BN-RF(1:Mandchou 51)

诗经,ÖNW-RÖ(1:Endlicher 266/Sin.199),JBK-RP(1:Möll.39 K),BUO-UK(2:Backhouse 12、Backhouse 3013),SOAS-UK(1:II.1.Man.124),BN-RF(1:Mandchou 3),BL-UK(1:19952.c.1、19952.c.2、19952.c.3),LUC-UK(1:FC.99.67)

(四)礼类

和礼十一类,BL-UK(1:ADD.18106)

御制翻译礼记,JBK-RP(1:Möll.40 K),SOAS-UK(1:II.1.Man.123),BL-UK(3:19952.d.1、19952.d.2、19952.d.3),IHÉC-RF(1:E IV 5-6),CFFH-RF(1:A 10),LUC-UK(1:FC.99.68-69)

(五)春秋类

春秋,BN-RF(1:Provient de la mission P.Pelliot 9)

日讲春秋解义,BL-UK(1:15297.d.1),DN-BD(1:2°34992)

御制翻译春秋,BNC-R-RI(1:72.C.641),DN-BD(1:Möll.41),BL-UK(1:19952.e.1),BN-RF(2:Mandchou 119、Mandchou 3),LUC-UK(1:FC.99.70-74)

(六)孝经类

翻译孝经,SIUL-KN(1:HW no.8-378/Sinol.VGK 5806.20),BUO-UK(1:Backhouse 41)

满汉合璧孝经,DN-BD(1:NS 1903),BN-RF(1:Mandchou 16)

孝经,JBK-RP(1:Slg.Müller 52 K),BL-UK(1:19952.f.1)

孝经,DKB-KD(1:MANJU No.29 Vol.2)

孝经合解,KB-KS(1:Ma.11),DN-BD(1:NS 1903),LUC-UK(1:F.S.99.79)

(七)四书类

大学,DKB-KD(1:MONG.No.96)

大学衍义,BL-UK(1:19953.b.1)

大学衍义,KB-KS(1:Ma.9),SIUL-KN(1:HW no.6-373/Sinol.VGK 5806.18),MTAKIK-M(1:Man.15),DN-BD(2:NS 1554、NS 1898),BL-UK(1:19953.b.2),BN-RF(1:Mandchou 83)

论语,DKB-KD(1:MONG.No.96)

孟子·卷上,DKB-KD(1:MANJU No.38a)

孟子·卷下,SIUL-KN(1:HW no.1-1011/Sinol.VGK 5806.13)

日讲四书解义,JBK-RP(1:NS 1546 K),LUC-UK(3:F.S.99.146-169、FC.99.164-169、F.S.99.170-175),BUO-UK(1:Sinica 2911),SOAS-UK(1:S.II.L.82072),BN-RF(2:Mandchou 4、Mandchou 4 M.16),

DN-BD(1:34993)

四书集注,LUC-UK(1:F.S.99.76-77),BN-RF(1:Mandchou 78),BL-UK(1:19952.g.7)

四书集注,JBK-RP(1:Möll.34 K),BIF-RF(1:4°M38*),LUC-UK(1:F.S.99.87-89)

四书集注,KB-KS(1:Ma.10),BL-UK(1:19952.g.8),SIUL-KN(1:HW no.4-95/Sinol.VGK 5806.16)

四书要览,BN-RF(1:Mandchou 15)

新刻满汉字四书,KRSVNK-ČR(1:XII B 168),BN-RF(1:Mandchou 8)

新刻满汉字四书,ÖNW-RÖ(2:Endlicher 19/Sin 135、Endlicher 20/Sin 144),BN-RF(1:Mandchou 9)

新刻满汉字四书,BN-RF(1:Mandchou 11)

御制翻译四书,BL-UK(2:19952.g.4、19952.g.5),SOAS-UK(1:II.1.Man.118),BAMÉ-RF(2:Z 2345、Z 2443)

御制翻译四书,BNC-R-RI(1:72.B.411),BL-UK(1:19952.g.1),BMG-RF(1:19985-90),DN-BD(1:NS 1548),UO-KN(2:Sign Østas I 12、Sign Østas I 11)

御制翻译四书,BNC-R-RI(1:72.B.377),SOAS-UK(2:II.1.Man.120、II.1.Man.121),BN-RF(1:Mandchou 7),JBK-RP(1:Slg. Müller 49 K)

御制翻译四书,DKB-KD(1:MANJU No.46),SIUL-KN(1:HW no.2-385/Sinol. VGK 5806.14),ÖNW-RÖ(1:Endlicher 21/Sin.190),MTAKIK-M(2:Man.5、Man.24),BNC-R-RI(1:72.B.565),BL-UK(1:19952.g.6),SOAS-UK(2:II.1.Man.88、II.1.Man.119)

御制翻译四书,DN-BD(1:Möll.30),BL-UK(2:19952.g.2、19952.g.3),BILO-RF(1:CHI III 1575/1-3),SIUL-KN(1:HW no.3-94/Sinol.VGK 5806.15)

御制翻译四书,BILO-RF(1:M VI 51/Vol.1-2),DN-BD(1:Möll.33)

御制翻译四书,LUC-UK(1:F.S.99.75),BUO-UK(1:Sinica 3015),BN-RF(2:Mandchou 7、—)

御制翻译四书，SUH-BD(1:—)
中庸，IOLR-UK(1:11100.f.1)

（八）五经总义类
五经，LUC-UK(1:G 65-74)

（九）小学类
1. 训诂

初学指南，VKLUK-LR(1:SBM2)，SOAS-UK(1:CCWM/Q.24)

满汉字清文启蒙，DKB-KD(1:MANJU No.12)，SOAS-UK(1:c.500.t.2/2)

满蒙维三合语，SOAS-UK(1:Per.34.54456)，BL-UK(1:15018.f.6)

蒙文晰义，VKLUK-LR(1:SBM18)，JBK-RP(1:Möll.2 K)，LUC-UK(1:FC.99.287)，BL-UK(1:19951.b.6)，IHÉC-RF(2:E IV 4-5、E IV 4-6)，BILO-RF(1:CHI II 178)

清文接字，UO-KN(1:Sign Østas I 30)，BUO-UK(1:Backhouse 302/1.Teil)

清文接字，DN-BD(1:NS 1911.1)

清文接字，BN-RF(1:—)

清文接字，SOAS-UK(1:II.1.Man.80)

清文启蒙，BN-RF(1:Mandchou 106)，LUC-UK(1:FC.99.215-216)

清文启蒙，SOAS-UK(1:II.a.Man.111)，UO-KN(1:Sign Østas I 20)

清文启蒙，ÖNW-RÖ(1:Endlicher 65/Sin.182)，DN-BD(1:LS 97 vh)，LUC-UK(1:FC.99.113-115)，BILO-RF(2:PVIII 11/1-4、CHIII 1572/3-4)，BL-UK(2:19951.b.12、19951.b.13)，SIUL-KN(1:27-486/Sinol.VGK 5806.39)

清文启蒙，VKLUK-LR(1:SBM22)，MTAKIK-M(1:Man.9)，DN-BD(3:34909、Hs.or.8346、LS 97vh)，BL-UK(3:19951.b.8、19951.b.9、19951.b.10)，CFFH-RF(1:A 11)，IHÉC-RF(1:E IV 4-2)，BUO-UK(3:Backhouse 134、Backhouse 265、Sinica 2509)，BNM-V-RI(1:senza collocazione.38)

清文指要，VKLUK-LR(1:SBM19)，JBK-RP(1:Möll.11 K)，BN-RF(1:Mandchou 49)，UO-KN(1:Sign Østas I 15)

清文指要，SIUL-KN（1：28a-383/Sinol. VGK 5806.40a），DN-BD（2：LS 1589 Verlust、Hs.or.8399），JBK-RP（1：Slg.Müller 45 K），LUC-UK（1：FC.99.223/1），BUO-UK（1：Backhouse 174），BILO-RF（2：PV III 9、CHI III 1590/1-2），CFFH-RF（1：A 44）

清文指要，BN-RF（1：Mandchou 28），JBK-RP（1：Möll.8K），BUO-UK（1：Backhouse 325A-B）

清文指要，BL-UK（1：19951.c.24）

清语老乞大，BL-UK（1：19951.c.44），SOAS-UK（1：KOR/Y 121760）

三合语录，MTAKIK-M（1：Mong.24），BUO-UK（1：Sinica 3012），BN-RF（2：Mandchou 40、一）

新刊清文指要，SOAS-UK（1：II.1.Man.78）

续编兼汉清文指要，JBK-RP（1：Möll.8 K），BL-UK（2：1995.c.25、1995.c.26），LUC-UK（1：FC.99.223/2），BUO-UK（1：Backhouse 174），BILO-RF（1：PIII 9），CFFH-RF（1：A 44），SIUL-KN（1：28b-462/Sinol. VGK 5806.40b）

续编兼汉清文指要，BL-UK（1：19951.c.24），LUC-UK（1：FC.99.248）

续编兼汉清文指要，VKLUK-LR（1：SBM 19），BN-RF（1：Mandchou 49），LUC-UK（1：FC.99.249/MS）

一百条，UO-KN（1：Sign Østas I 16），DKB-KD（1：MANJU No.19），BL-UK（1：19951.c.23），LUC-UK（1：FC.99.222）

一百条语，DKB-KD（1：MANJU No.21）

字法举一歌，DN-BD（1：34903），SOAS-UK（1：II.1.Man.75）

　　2.韵书

钦定同文韵统，ÖNW-RÖ（1：Sin 1275）

同文韵统，LUC-UK（1：FC.99.286），BL-UK（3：19951.c.15、19951.c.16、19951.c.17）

玉堂字汇，BN-RF（1：Mandchou 184）

圆音正考，BN-RF（1：Mandchou 133），DN-BD（1：Möell.5）

正音切韵指掌，UO-KN（1：Sign Østas I 31），BMG-RF（1：58 274）

　　3.字书

百家姓，KULB-B（1：M28-1）

宝训图注，CFFH-RF(1:A 1)

重刊十二字头读本，BN-RF(1:—)

重刻清文虚字指南编，VKLUK-LR(1:SBM17)，UO-KN(1:Sign Østas I 32)，KB-KS(1:Ma.20)，SOAS-UK(1:II.1.Man.27)，BL-UK(1:19951.c.36)，IHÉC-RF(1:E IV 4-1)，JBK-RP(1:Slg.Müller 44 K)，DKB-KD(1:MANJU No.15)

初学必读，VKLUK-LR(1:SBM24)，UO-KN(1:Sign Østas I 18)，DKB-KD(1:MANJU No.8)，CFFH-RF(1:A 3)，BL-UK(1:19951.c.41、19951.c.42)，SOAS-UK(1:II.1.Man.58)

大清满洲字母，UO-KN(1:Sign Østas I 34a)

大清全书，VKLUK-LR(1:SBM34)，DN-BD(2:Möll. 22、41320)，SOAS-UK(1:II.1.Man.112)，BL-UK(2:19951.a.1、19951.a.2)，BI-LO-RF(1:CHI I 16/1-2)，BN-RF(5:Mandchou 55、Mandchou 55、Mandchou 134、4910 et 4910 bis、—)

单清语，BL-UK(1:19951.c.32)，DN-BD(2:34908、Hs.or.10800)

翻译类编，MTAKIK-M(1:Man.8)，DN-BD(1:Möll.7)，SOAS-UK(1:II.1.Man113)，BL-UK(3:19951.c.12、19951.c.13、19951.c.14)，IHÉC-RF(1:E IV 6-2)，BN-RF(1:Mandchou 171)

兼写三合汉字十二字头，CFFH-RF(1:A 6)

笺注十二字头，BAV-SCV(1:Borg.Cinese 351.7)

六部成语，BL-UK(1:19951.c.5)

六部成语，LUC-UK(1:FC.99.24/MS、FC.99.90)，BL-UK(1:19951.c.4)

满汉百家姓，BAV-SCV(1:Raccolta Gen.Or.III.265.5)

满汉成语对待，DN-BD(1:Möll.13)，BUO-UK(1:Backhouse 262)，BL-UK(1:19951.c.1)，BN-RF(1:Mandchou 38)，LUC-UK(1:FC.99.225/MS)

满汉成语对待，VKLUK-LR(1:SBM25)，LUC-UK(1:FC.99.240)

满汉词语，BUO-UK(1:MS.Backhouse 8)

满汉对音同声类集，ÖNW-RÖ(1:Sin 132)，KRSVNK-ČR(1:C 113)，SIUL-KN(1:HW no.14-1009/Sinol.VGK 5806.26)

满汉合璧初学须知，CFFH-RF(1:A 45)

满汉合璧四十条，BAMÉ-RF(1:Z 2440)，BL-UK(1:19951.c.18)，JBK-RP(1:Möll.8 K)，SOAS-UK(1:EF.II.Man.135)，DN-BD(1:LS 35 vh)

满汉经文成语，KB-KS(1:Ma.14)，DKB-KD(2:MANJU No.34、MANJU No.35)，DN-BD(1:LS 116)，BUO-UK(1:Backhouse 488)

满汉经文成语，DN-BD(1:LS 116)，BL-UK(1:19951.c.6)

满汉经文成语，DN-BD(2:NS 1914、NS 1551)，LUC-UK(1:FC.99.238)

满汉类书全集，ÖNW-RÖ(1:Sin 134)，BAV-SCV(1:Borg Cinese 458)，JBK-RP(1:Möll.25 K)，BN-RF(1:Mandchou 110)，VKLUK-LR(1:SMB6)，BILO-RF(1:CHI III 1568)

满汉类书全集，KRSVNK-ČR(1:C 112)，BL-UK(1:19951.a.3)，IHÉC-RF(1:E IV 6-9)

满汉六部成语，BL-UK(1:Or.13211)

满汉六部成语，VKLUK-LR(1:SBM3)，JBK-RP(1:Möll.8 K)，BUO-UK(1:Backhouse 171)，BL-UK(1:19951.c.2)，BMG-RF(1:58 125)

满汉六部成语，BNM-V-RI(1:senza collocazione.35)，SOAS-UK(1:II.1.Man.59)，DN-BD(1:34910)

满汉六部成语，JBK-RP(1:Slg.Müller 43 K)，BL-UK(1:19951.c.3)

满汉千字文，SIUL-KN(1:32-66/Sinol.VGK 5806.44)，BL-UK(1:Or.74.b 7)

满汉千字文，BAV-SCV(1:Raccolta Gen.Or.III.265.7)，BN-RF(1:coréen 3)

满汉千字文，SOAS-UK(1:c.500.t.2)

满汉千字文，SOAS-UK(1:CCWM.N.6.Pamphlets vol.XI)

满汉事类备考目录，MTAKIK-M(1:Man.7)，BN-RF(1:Mandchou 77)

满汉同文杂字，BAV-SCV(1:Raccolta Gen.Or.III.265.6)

满汉注文成语，LUC-UK(1:G 235)

满蒙汉合璧总纲，BL-UK(1:Or.13209)

满蒙汉三文合璧教科书,DKB-KD(1:MANJU No.14),FEICU-ČR(1:j294-297/91),BL-UK(2:19951.b.14、19951.b.15),IHÉC-RF(1:E IV 4-3),VKLUK-LR(1:SBM11),BN-RF(1:—),CFFH-RF(1:A 12)

满蒙文鉴,DN-BD(1:NS 1550)

满洲清文鉴前言,LUC-UK(1:FC.99.257)

满洲清文鉴索引,LUC-UK(1:FC.99.259)

蒙汉满三合,FEICU-ČR(1:j322-333/91、j345-349/91),DN-BD(2:NS 1550、NS 1556),VKLUK-LR(1:SMB15),DKB-KD(2:MONG No.426、MONG No.70),NPK-ČR(1:Vm3439c-1671/9c),CFFH-RF(2:A 35/A 38),BUO-UK(1:Backhouse 240),BN-RF(1:mongol 140、mongol 129),IHÉC-RF(2:E IV 7-3、1:E IV 6-6)

蒙文阿拉篇,CFFH-RF(1:A 25)

蒙文法程,BL-UK(1:19951.b.6),IHÉC-RF(1:E IV 4-5)

蒙文全书,JBK-RP(1:Slg.Müller 65 K)

蒙文指要,SIUL-KN(1:29-587/Sinol.VGK 5806.41),MTAKIK-M(1:Mong.38),BUO-UK(1:Backhouse 166),BAMÉ-RF(1:Z 2434),CFFH-RF(1:A 28)

千字文,DN-BD(1:NS 1818),BN-RF(1:Mandchou 894),BL-UK(1:15523.c.13)

钦定清汉对音字式,SOAS-UK(1:CCWM V.1),BL-UK(1:1995.c.19),BMG-RF(1:58 018),BN-RF(1:Mandchou 46),DN-BD(1:Möll.53.5)

钦定清汉对音字式,ÖNW-RÖ(1:Sin.373)

钦定清汉对音字式,DKB-KD(1:MANJU No.11),DN-BD(1:LS 660 Verlust),BL-UK(3:1995.c.20、1995.c.21、1995.c.22)

钦定清语,JBK-RP(1:Möll.24 K)

钦定清语,BN-RF(1:Mandchou 177)

钦定西域同文志,BN-RF(1:Mandchou 155),BL-UK(2:19955.c.1、19955.c.2),SOAS-UK(1:CCWM.V.1 Q.21)

钦定西域同文志,BN-RF(1:Mandchou 86)

钦定西域同文志,BL-UK(1:Or.7358)

清汉文海,VKLUK-LR(1:SBM13),UO-KN(1:Sign Østas I 14),SIUL-KN(1:30-470/Sinol.VGK 5806.42),DN-BD(1:34911),JBK-RP(2:Möll.29 K、Slg.Müller 54 K),SOAS-UK(1:II.1.Man 86),BL-UK(3:19951.c.27、19951.c.28、19951.c.29),IHÉC-RF(1:E IV 5-3),LUC-UK(1:FC.99.241-247)

清汉言语,UO-KN(1:Sign Østas I 25)

清书对音,BAV-SCV(1:Borg.Cinese 425)

清书对音协字,BMG-RF(1:2079)

清书指南,VKLUK-LR(1:SBM20),KRSVNK-ČR(1:C 116),SIUL-KN(1:HW no.15-9/Sinol.VGK 5806.27),DN-BD(1:4° 41321),KULB-B(M:26),BN-RF(4:Mandchou 55、Mandchou 55、Mandchou 134、4910 et 4910 bis),BL-UK(1:19951.b.7)

清书指南,BBVE-RI(1:Ms.XV.AA.8)

清文备考,DKB-KD(1:MANJU No.9),BN-RF(1:Mandchou 64)

清文补汇,JBK-RP(2:Möll.28 K、Slg.Müller 47 K),BN-RF(1:Mandchou 33),UO-KN(1:Sign Østas I 9),SIUL-KN(1:23-8/Sinol.VGK 5806.35)

清文补汇,LUC-UK(1:FC.99.101)

清文补汇,VKLUK-LR(1:SMB5),KULB-B(1:nr.Chinese Library LSIN-22/0100 Manj.1787/Old nr.Mullie 57D9),DKB-KD(2:MANJU No.4、MANJU No.7),BN-RF(2:Mandchou 55、Mandchou 60),BMG-RF(2:14793-14800、11206),IHÉC-RF(2:E III 5-2、E IV 6-8),BILO-RF(2:CHI 693、CHI 181/1-8),BL-UK(6:19951.a.17、19951.a.18、19951.a.19、19951.a.20、19951.a.21、19951.a.22),SOAS-UK(1:II.1.Man.128),LUC-UK(4:FC.99.219、FC.99.220、FC.99.239、FC.99.210-212/MS),BUO-UK(4:Backhouse 612/1.Tel、Backhouse 612/2.Tel、Backhouse 612/3.Tel、Backhouse 193),BNC-R-RI(1:72.B.58),BNM-V-RI(1:senza collocazione.33),MTAKIK-M(1:Man.1),DN-BD(2:34905、39094)

清文典要,UO-KN(1:Sign Østas I 23),DN-BD(2:34906、Hs.

or.8384），JBK-RP（1：Möll.6 K），BL-UK（3：19951.c.9、19951.c.10、19951.c.11），SOAS-UK（1：II.1.Man.56），BUO-UK（1：Backhouse 40）

清文典要，BN-RF（1：Mandchou 106）

清文典要，VKLUK-LR（1：SBM4），BL-UK（2：19951.c.7、19951.c.8）

清文典要，DKB-KD（1：MANJU No.18），BL-UK（1：19951.c.9），BN-RF（1：Mandchou 34）

清文典要大全，BN-RF（1：Mandchou 178），DN-BD（1：38920）

清文汇书，KULB-B（1：nr.Chinese Library LSIN-22/0100 Manj.1787/Old nr.Mullie 57D8），BL-UK（1：19951.a.9），LUC-UK（1：FC.99.217/MS）

清文汇书，MTAKIK-M（1：Man.10），LUC-UK（1：FC.99.103-104）

清文汇书，BNC-R-RI（1：72.B.381），IHÉC-RF（1：E IV 6-7），BAMÉ-RF（1：Z III 31/1-10），BN-RF（1：Mandchou 32）

清文汇书，DKB-KD（1：MANJU No.2），BNC-R-RI（2：72.B.379、72.B.59），UO-KN（1：Sign Østas I 9）

清文汇书，DKB-KD（1：MANJU No.3），BNC-R-RI（2：72.B.221、72.C.306），BNM-V-RI（1：senza collocazione.34），BFLF-F-RI（1：H.13.49），VKLUK-LR（1：SBM16），JBK-RP（1：Möll.27 K），BMG-RF（1：11 207），CFFH-RF（1：A 39），BN-RF（1：Mandchou 32），LUC-UK（2：FC.99.38-39、FC.99.100），BUO-UK（2：Backhouse 111、Backhouse 120），BL-UK（4：19951.a.12、19951.a.13、19951.a.14、19951.a.15），SIUL-KN（1：22-397/Sinol.VGK 5806.34），KULB-B（1：M 21）

清文汇书，DN-BD（1：39097），LUC-UK（1：FC.99.103-104）

清文汇书，BMG-RF（1：14 781-92），BILO-RF（1：MA III 14/1-12），LUC-UK（1：FC.99.255-256/MS）

清文汇书，BL-UK（3：19951.a.10、19951.a.11），SOAS-UK（1：II.1.Man.137），CFFH-RF（1：A 40），SIUL-KN（1：21-7/Sinol.VGK 5806.33）

清文接字，DN-BD（1：NS 1991 1）

清文虚字，VKLUK-LR（1：SBM32）

清文虚字歌，VKLUK-LR（1：SBM33），DN-BD（4：Hs.or.8383、Hs.or.8392、Hs.or.8398、Hs.or.8415）

清文虚字类，VKLUK-LR(1:SBM31)

清文字汇，LUC-UK(1:FS.99.283/MS)

清文字头，UO-KN(1:Sign Østas I 34)

清文总汇，VKLUK-LR(1:SBM29)、BL-UK(1:19951.a.23)、DN-BD(1:35004)

清语摘抄，VKLUK-LR(1:SBM1)、UO-KN(1:Sign Østas I 19)、DKB-KD(1:MANJU No.10)、BUO-UK(1:Backhouse 287)

清语摘抄，MTAKIK-M(1:Man.3)、DN-BD(1:NS 1912)、BL-UK(4:19951.c.37、19951.c.38、19951.c.39、19951.c.40)、SOAS-UK(1:II.1.Man.64)

三合便览，UO-KN(1:Sign.UB36 3885)、SIUL-KN(1:26-388/Sinol.VGK 5806.38)、MTAKIK-M(1:Man.28)、BNC-R-RI(1:72.C.567)、DKB-KD(1:MANJU No.13)、DN-BD(3:NS 1909、35007、4°39099)、JBK-RP(2:Möll.1 K、Slg.Müller 64 K)、LUC-UK(1:FC.99.104-186)、BL-UK(5:19951.b.1、19951.b.2、19951.b.3、19951.b.4、19951.b.5)、SOAS-UK(1:II.1.Man.114)、BUO-UK(2:Backhouse 87、Sinica 2587)、IHÉC-RF(1:E IV 6-4)、BN-RF(1:Mandchou 95)、BAMÉ-RF(1:Z 2346)

三合成语摘抄，BAMÉ-RF(1:Z 2441)

三合类编，DN-BD(1:NS 1549)

三合切音清文鉴，MTAKIK-M(1:Mong.47)、DKB-KD(1:MANJU No.73/MONG No.462a)、DN-BD(1:NS 1565)、BUO-UK(1:Backhouse 52)、SOAS-UK(1:II.1.Man.107)、LUC-UK(1:FC.99.34-37)、BAMÉ-RF(1:Z 2432)、SIUL-KN(1:exrta no.39-1131/Sinol.VGK 5806.51)

三体合璧文鉴，KULB-B(1:M 36)

十二字头，SIUL-KN(1:HW no.15-9/Sinol.VGK 5806.27)、BN-RF(2:Mandchou 2、Mandchou 108)

实录内摘出旧清语，VKLUK-LR(1:SBM7)、UO-KN(1:Sign Østas I 59)、SOAS-UK(1:DY.237212)、BN-RF(1:Mandchou 184)、BL-UK(1:16234.c.6/3)

四体合璧文鉴，FEICU-ČR(1:j283-282/91)、BL-UK(3:19951.a.34、19951.a.35、19951.a.36)、SOAS-UK(2:II.1.Man.85、II.1.Man.11)、BN-RF(1:Mandchou 128)、DN-BD(1:35003)

四字成语,BUO-UK(1:MS.Backhouse 4)

同文广汇全书,SIUL-KN(1:HW no.16-382/Sinol.VGK 5806.28),JBK-RP(1:Möll.23 K),BL-UK(1:19951.a.40)

同文广汇全书,BN-RF(1:Mandchou 41)

同文汇集,VKLUK-LR(1:SMB6),BFLF-F-RI(1:senza collocazione/inventario 4369),BN-RF(1:Mandchou 27)

同文杂字,DKB-KD(2:MONG No.57b、MONG No.57b)

问答语,BL-UK(2:19951.c.30、19951.c.31)

无圈点字书,BN-RF(1:Mandchou 89),SOAS-UK(1:L.II.1.Mon.144),BL-UK(1:Mon.251/1)

五译合璧集要,SOAS-UK(1:EF.II.1.Man.133),BN-RF(1:Mandchou 1757)

新刻清书全集,SIUL-KN(1:HW no.13-176/Sinol.VGK 5806.25)

学书,MTAKIK-M(1:—)

一学三贯清文鉴,MTAKIK-M(1:Man.4),JBK-RP(2:Möll.56 K、Slg. Müller 48 K),LUC-UK(1:FC.99.102),BUO-UK(1:Backhouse 371),BL-UK(1:19951.c.43),BN-RF(1:Mandchou 105)

伊犁类篇,BL-UK(1:Or.6975)

译字,LUC-UK(1:FC.471.33)

音汉清文鉴,VKLUK-LR(1:SMB26),BFLF-F-RI(1:senza collocazione/inventario 4378),DKB-KD(1:MANJU No.67),LUC-UK(1:FC.99.251-252)

音汉清文鉴,SIUL-KN(1:20-394/Sinol.VGK 5806.32),BL-UK(1:19951.a.5),BAMÉ-RF(1:Z 2439)

音汉清文鉴,DKB-KD(1:MANJU No.1),SOAS-UK(3:II.1.Man.110、II.1.Man.127、II.1.Man.55),BL-UK(2:19951.a.7、19951.a.8)

音汉清文鉴,DN-BD(1:LS 96 vh),SOAS-UK(1:II.1.Man.125)

音汉清文鉴,BL-UK(1:19951.a.6),BILO-RF(1:CHI II 1576/1-10)

音韵逢源,BL-UK(1:19951.c.33),DN-BD(1:NS 1553)

御制满蒙文鉴,MTAKIK-M(1:Man.31),DKB-KD(2:MANJU No.193、MANJU No.61),LUC-UK(1:FC.99.30-33),BL-UK(1:19951.1.39),

BN-RF（2：Mandchou 22、Provient de la mission P.Pelliot 85），KULB-B（1：M 25）

御制满蒙文鉴，BL-UK（1：19951.a.38）

御制清文鉴，MTAKIK-M（1：Man.33），JBK-RP（1：Möll.26 K），DN-BD（1：34907），BL-UK（1：Or.11261/19951.a.4），SIUL-KN（2：HW no.18-1135/Sinol.VGK 5806.30、19-1147/Sinol.VGK 5806.31），BN-RF（3：Mandchou 56、Mandchou 20、Mandchou 22），DKB-KD（1：MANJU No.59），LUC-UK（2：FC.99.257、FC.99.259）

御制四体清文鉴，JBK-RP（1：Slg.Müller 71 K），BL-UK（1：19951.a.33），BN-RF（1：Mandchou 66），BUO-UK（1：Backhouse 200），MTAKIK-M（1：Mo.20）

御制四体清文鉴，IHÉC-RF（1：E IV 6-5），BN-RF（1：Mandchou 66），DN-BD（1：35003），MTAKIK-M（1：Man.31）

御制五体清文鉴，SOAS-UK（3：DBA 410.67195、L.I.7.119、DBC 471），BL-UK（1：Or.8147），BN-RF（2：chinois 14581、—）

御制增订清文鉴，UO-KN（1：Sign Østas I 6），ÖNW-RÖ（1：Endlicher 67/Sin.61），MTAKIK-M（1：Man.11），BNC-R-RI（1：72.C.558），DKB-KD（4：MANJU No.62、MANJU No.5、MANJU No.68、MANJU No.76、MANJU No.6），JBK-RP（1：Slg.Müller 40 K），DN-BD（3：LS 135-142 vh、35001、39096），BL-UK（9：19951.a.24、19951.a.25、19951.a.26、19951.a.27、19951.a.28、19951.a.29、19951.a.30、19951.a.31、19951.a.32），SOAS-UK（1：II.1.Man.126），IOLR-UK（1：Manchu.F.7-11），LUC-UK（3：F.S.99.91-94、F.S.99.95-99、FC.99.105-110），BUO-UK（2：Backhouse 251、Backhouse 611），IHÉC-RF（2：E IV 6-10、E IV 6-1），BILO-RF（1：CHI II182/6-10），BIF-RF（1：4°018*），CFFH-RF（1：A 50），BN-RF（3：Mandchou 181、Mandchou 62、Mandchou 62/88）

御制增订清文鉴补编，BILO-RF（1：CHI II 184），ÖNW-RÖ（1：Endlicher 67），MTAKIK-M（Man 11）

御制增订清文鉴总纲，KULB-B（1：Chinese Library LSIN-22/0100 Han s.d.1/1-8），JBK-RP（1：Slg.Müller 61 K），BILO-RF（1：CHI II 183），DN-BD（1：35002），LUC-UK（1：FC.99.284）

增补悬金子汇,ÖNW-RÖ(1:Endlicher 55/Sin 200),DN-BD(1:—),SOAS-UK(1:II.1.Man 138)

二、史部

(一)正史类

大辽史,BN-RF(1:Mandchou 96),BL-UK(1:19955.a.1)

大元史,SIUL-KN(1:HW no.12-1010/Sinol.VGK 5806.24),DN-BD(1:NS 1880)

大元史,DN-BD(1:LS 30 vh),BN-RF(1:Mandchou 98),SOAS-UK(1:MS 63993)

金史,BN-RF(1:Mandchou 97)

辽金元三史国语解,KB-KS(1:Ma.5),DN-BD(2:NS 280 Kriegsverlust、35005 nicht am Standort),BL-UK(2:19955.a.7、19955.a.2),BUO-UK(1:Backhouse 48),LUC-UK(1:FC.99.83-86),BNC-R-RI(1:72.C.562、72.C.171),SOAS-UK(1:II.1.Man.66),IHÉC-RF(1:E IV 3-3),CFFH-RF(1:A 46)

(二)编年类

纲鉴会纂,DKB-KD(1:MANJU No.30),JBK-RP(1:LS 113 K),LUC-UK(3:FC.99.119、FC.99.121-155、FC.99.120)

通鉴辑要,BN-RF(1:Mandchou 79)

资治通鉴纲目,LUC-UK(1:FC.99.1-21)

资治通鉴纲目,BFLF-F-RI(1:senza collocazione/inventario 4339),DN-BD(2:Möll.73、34944),DKB-KD(2:MANJU No.64、MANJU No.65b),SOAS-UK(1:II.1.Man.31),BL-UK(1:19955.a.3),BN-RF(3:Mandchou 54、Provient de la mission P.Pelliot 137、Provient de la mission P.Pelliot 138),JBK-RP(1:Slg.Müller 59 K)

(三)纪事本末类

皇清开国方略,MTAKIK-M(1:Man.20)

皇清开国方略,BN-RF(1:Provient de la mission P.Pelliot 143)

满洲实录,IV-V-RI(1:Scatola.16),BL-UK(6:15420.a.1、15529.a.1、

19965.a.6、19929.a.1、19965.a.2、11101.d.14)，CFFH-RF(1:A 14)，KULB-B(1:Chinese Library LSIN-22/0500 Manj 1948)

满洲实录，SOAS-UK(2:c.270.c.6、c.274.m.8)，DN-BD(1:NS 2035)

平定两金川方略，DN-BD(1:34991)，BN-RF(2:Provient de la mission P.Pelliot 148、Mandchou 21)，HAB-W-BD(1:180C)

平定准噶尔方略，BN-RF(2:Mandchou 91、Provient de la mission P.Pelliot 145、Provient de la mission P.Pelliot 146)，JBK-RP(1:PS 8 K)，SOAS-UK(1:II.1.Man.106)，DN-BD(1:4°34987)，BL-UK(1:19965.a.1)

亲征平定朔漠方略，DN-BD(1:34980)，BMG-RF(1:61 621)，BL-UK(2:OR.6788、19965.a.1)

使事纪略，SOAS-UK(1:I.1.206.3)，BL-UK(1:Ac.713/6/ Heft 60)

御制亲征平定朔漠方略序，BL-UK(2:OR.6788、Ac.8815/2)

(四)杂史类

安远庙瞻礼书事，SOAS-UK(1:Pam.China AK 76715)，BL-UK(1:Ac.706/1)

道尔吉雍隆牛录学子巴特尔桑学，MTAKIK-M(1:Mong.60)

太宗皇帝大破明师于松山之战书事文，BN-RF(2:Mandchou 37、Provient de la mission P.Pelliot 142)，BL-UK(1:19955.a.5)，SOAS-UK(1:II.1.Man.72)

养正图，LUC-UK(1:FC.99.206)

征逆将军请旨文，SOAS-UK(1:II.1.Man.49)，BL-UK(1:19956.a.3)

(五)诏令奏议类

八旗箴书，MTAKIK-M(1:Mong.45)

大清高宗纯皇帝圣训，SIUL-KN(1: HW no. 9-3352/Sinol. VGK 5806.21/Original Number 5794)，DN-BD(2:NS 1905 VI)，JBK-RP(1:Möll.90 K)，BN-RF(4:Mandchou 92、Provient de la mission P.Pelliot 35、Provient de la mission P.Pelliot 37、Provient de la mission P.Pelliot 36)

大清穆宗毅皇帝圣训，JBK-RP(1:PS 6 K)，HMV-BD(1:—)

大清仁宗睿皇帝圣训，SIUL-KN(1: HW no. 10-1008/Sinol. VGK

5806.22）,DN-BD（1:NS1905 VII）,LUC-UK（1:FS.99.260-281）,BN-RF（2:Provient de la mission P.Pelliot 38、Provient de la mission P.Pelliot 39）

大清圣祖仁皇帝圣训,DN-BD（1:NS 1905 IV）,BN-RF（1:Mandchou 107）

大清世宗宪皇帝圣训,DN-BD（1:NS 1905 V）,BN-RF（1:Mandchou 107）

大清世祖章皇帝圣训,JBK-RP（1:Slg.Müller 60 K）,DN-BD（1:NS 1905 III）,BN-RF（1:Mandchou 107）

大清太宗文皇帝圣训,JBK-RP（1:Slg.Müller 60 K）,DN-BD（1:NS 1905 II）,BN-RF（1:Mandchou 107）

大清太祖高皇帝圣训,DN-BD（2:NS 1905 I、220230）,JBK-RP（1:Slg.Müller 60 K）,BN-RF（1:Mandchou 107）

洪武要训,BN-RF（1:Mandchou 87）

洪武要训,LUC-UK（1:FC.99.117-118）

满汉合璧四十头,DN-BD（1:NS 1991.4）

满汉合璧训旨,BN-RF（1:Mandchou 48）

日知荟说,DN-BD（1:NS 1552）,IHÉC-RF（3:E IV 4-9、E IV 4-10、E IV 5-7）

上谕,DKB-KD（1:MANJU No.74）,BL-UK（1:19956.a.3）

上谕八旗,JBK-RP（1:Möll.81 K）,DN-BD（1:LS 118 vh）,SOAS-UK（1:II.1.Man.40）,BL-UK（2:19956.a.4、19956.a.5）,BN-RF（2:Mandchou 31、—）,IHÉC-RF（1:E III 5-5）,LUC-UK（1:FC.99.40-42/1）

上谕旗务议覆,JBK-RP（1:Möll.82 K）,DN-BD（1:Möll.83）,BL-UK（2:19956.a.6、19956.a.8）,SOAS-UK（1:II.1.Man.40）,BN-RF（1:Mandchou 31）,IHÉC-RF（1:E III 5-6）,LUC-UK（1:FC.99.43）

圣训十六条导义志书,MTAKIK-M（1:Man.15）

圣谕广训,BFLF-F-RI（1:H.13.54）,BL-UK（1:19956.b.1）,BUO-UK（2:Backhouse 122、Backhouse 156）,DKB-KD（2:MONG No.40、MONG No.202）,CFFH-RF（1:A 43）,JBK-RP（2:Slg.Müller 70

K),DN-BD(4:Möll.55、Hs.or.269、Hs.or.719、Hs.or.8393),KULB-B(1:M 24)

圣谕广训,BAV-SCV(1:Borg.Cinese 463-464),DN-BD(1:LS 114 vh),BL-UK(1:19956.b.2),LUC-UK(1:FC.99.82),SOAS-UK(1:II.1.Man.63),DKB-KD(1:MANJU No.42),BN-RF(2:Mandchou 90、Mandchou 3429)

圣谕广训,DKB-KD(1:MANJU No.44),BL-UK(1:19956.b.3),BN-RF(1:Provient de la mission P.Pelliot 29),BU-G-RI(1:H.13.54),SIUL-KN(1:exrta no.38-1012/Sinol.VGK 5806.50)

圣谕广训,DKB-KD(3:MANJU No.41、MANJU No.42、MANJU No.43)

圣谕广训,BN-RF(1:Mandchou 19)

圣谕广训,BUO-UK(1:—),BL-UK(1:19956.b.4),SUH-BD(1:—),LUC-UK(1:FC.99.193)

圣祖仁皇帝庭训格言,UO-KN(1:Sign Østas I 5),JBK-RP(1:Slg. Müller 69 K),BN-RF(1:Mandchou 13)

训旨,BUO-UK(1:MS Backhouse 3)

谕行旗务奏议,DN-BD(2:LS 78 vh、45234),SOAS-UK(1:II.1.Man.32),BL-UK(1:19956.a.7),BN-RF(1:Mandchou 31),IHÉC-RF(1:E III 5-7),BILO-RF(1:CHI I 15/1、2),LUC-UK(1:FC.99.42/2)

制诰之宝,ÖNW-RÖ(1:Endlicher 119)

　(六)传记类

八旗满洲氏族通谱,JBK-RP(2:NS 1541 K、Möll.76 K),DN-BD(1:34990),IHÉC-RF(1:E IV 3-5),BN-RF(1:Mandchou 81)

钦定国史大臣列传,BL-UK(1:Or.6789)

钦定国史忠义传,BL-UK(1:Or.6790)

钦定续纂外藩蒙古回部王公表传,MTAKIK-M(1:Man.23),DKB-KD(2:MANJU No.32、MANJU No.33),DN-BD(1:34986),JBK-RP(1:Slg. Müller 63 K),LUC-UK(3:FC.99.156、FC.99.157、FC.99.158),BN-RF(4:Mandchou 186、Mandchou 187、Mandchou

185、Pelliot B 199)

钦定宗室清文王公功绩表传,MTAKIK-M(1:Man.22),DN-BD(3:NS 1899 vh、NS 1907、Möll.77),SOAS-UK(1:S.II.L.63244),BN-RF(1:Mandchou 171)

(七)地理类

地图,BL-UK(1:Or.5308)

皇舆方格全图,IOLR-UK(1:Chinese Roll Map X-XI),RGS(1:RGS. VI-VII)

皇舆斜格全图,BL-UK(1:Add.11706)

回疆通志,BL-UK(1:ADD.24140,24141),BN-RF(1:Mandchou 36)

清凉山新志,IHÉC-RF(1:E IV 4-8)

异域录,DN-BD(2:Möll.74a、Möll.74b),LUC-UK(1:FC.99.23),BL-UK(1:16234.g.2),BN-RF(1:Mandchou 35)

(八)职官类

吏治辑要,ÖNW-RÖ(1:Sin.277),JBK-RP(1:Möll.8),LUC-UK(1:FC.99.226),BN-RF(1:—),BILO-RF(1:CHI III 1574)

钦定八旗中枢政考,BN-RF(2:Mandchou 82、Provient de la mission P. Pelliot 187)

钦定绿营中枢政考,BN-RF(2:Mandchou 100、—)

钦定续纂绿营中枢政考,BN-RF(2:Provient de la mission P.Pelliot 187),LUC-UK(1:FC.99.64)

钦定中枢政考,IOLR-UK(1:Manchu F.3-4),LUC-UK(1:FC.99.56-63)

钦定中枢政考,BL-UK(2:19956.d.1、19956.d.2),LUC-UK(1:FC.99.44-49)

三合吏治辑要,DN-BD(1:Möll.93),LUC-UK(1:FC.99.227),BUO-UK(1:Backhouse 302)

三合吏治辑要,DN-BD(1:Hs.or.713),BAMÉ-RF(1:Z 2437)

文职官,BL-UK(1:Or.12752/39)

御制吏治辑要,MTAKIK-M(1:Man.17),JBK-RP(1:Slg. Müller 50 K),BL-UK(1:19956.c.5)

御制人臣儆心录,DN-BD(1:NS 1910),BL-UK(1:19956.a.1),SOAS-UK(1:II.1.Man.51)

御制人臣儆心录,DKB-KD(1:MANJU No.61),BN-RF(1:Mandchou 18)

(九)政书类

1.通制

督捕则例,JBK-RP(1:Möll.87 K),BN-RF(1:Mandchou 93)

理藩院则例,DKB-KD(1:MANJU No.63),DN-BD(1:NS 1898),BL-UK(2:19956.c.3、19956.c.4),IHÉC-RF(1:E IV 4-7),BN-RF(2:Mandchou 80、一)

吏部处分则例,LUC-UK(1:FC.99.50-55)

蒙古律例,BN-RF(1:Mandchou 80)

钦定兵部处分则例,BL-UK(1:19956.d.3)

钦定大清会典,JBK-RP(1:P.S.3 K),DN-BD(1:NS 1902),BN-RF(2:Mandchou 67、Mandchou 158)

钦定大清会典事例,JBK-RP(1:P.S.3 a K),DN-BD(1:P.S.3 a),SOAS-UK(1:S.II.L.82069),BMG-RF(1:61 623),BN-RF(2:Mandchou 68、Mandchou 159),HMV-BD(1:一)

钦定回部则例,BMG-RF(3:61625、61626、61624)

钦定回疆则例,DN-BD(1:Möll.91)

钦定吏部则例,BFLF-F-RI(1:senza collocazione/inventario 4320),BN-RF(1:Mandchou 99)

刑部新定现行例,BL-UK(1:19956.c.2)

2.典礼

满洲祭神祭天礼器图,IHÉC-RF(1:E III 4-8)

钦定满洲祭神祭天典礼,MTAKIK-M(1:Man.26),DKB-KD(1:MANJU.No.60),DN-BD(1:Möll.71),JBK-RP(1:Slg.Müller 68 K),SOAS-UK(1:MS.65631),BL-UK(1:19954.d.1),IHÉC-RF(1:E IV 1-2),BN-RF(3:Mandchou 72、Mandchou 14、Provient de la mission P.Pelliot 233)

3.军政

八旗,LUC-UK(1:1 FC.99.40-42/1)

八旗则例,LUC-UK(1:FS.997.9-19)

绿营事物则例,LUC-UK(1:FS.997.9-19)

行军例,BMG-RF(1:61 622)

御制八旗通志,DN-BD(2:NS 1916、Möll.75),IHÉC-RF(1:E IV-1)

4.法令

大清律例,MTAKIK-M(1:Man.21),DN-BD(1:NS 1535),BN-RF(1:Mandchou 93)

大清律纂修条例,BN-RF(1:Mandchou 93)

御制大清律集解附例,BN-RF(1:Mandchou 88),BL-UK(1:19956.c.1)

（十）史评类

读史论略,VKLUK-LR(1:SBM28),KB-KS(1:Ma.19),DN-BD(1:Möll.53.3),LUC-UK(1:FC.99.116),SOAS-UK(1:II.1.Man.67),BL-UK(1:19955.a.6)

争臣论,BL-UK(1:Ac.8815/2)

三、子部

（一）儒家类

八岁儿·小儿论,BL-UK(1:19957.b.1),BN-RF(1:coréen 21)

弟子规,SOAS-UK(1:II.1.Man.81),DN-BD(1:Hs.or.8389)

翻译六事箴言,BL-UK(2:19951.c.34、19951.c.35),IHÉC-RF(1:E IV 4-15),BUO-UK(1:Backhouse 145),SOAS-UK(1:II.1.Man.81)

翻译小学,SIUL-KN(1:HW no.5-377/Sinol.VGK 5806.17),BL-UK(2:19953.a.3、19953.a.4)

翻译醒世要言,SOAS-UK(1:II.1.Man.65)、IHÉC-RF(1:E IV 4-13)

翻译忠经,BILO-RF(1:Mél.4-157/18),BN-RF(1:Mandchou 122)

合璧性理,JBK-RP(1:Möll.52 K),BUO-UK(1:Backhouse 11),SOAS-UK(1:II.1.Man 70),BL-UK(1:111000.b.3、12018.d.1、753.f.9/22)

戒赌十则，LUC-UK(1:FC.99.221)，DN-BD(1:NS 1911.8)
孔子家语，BN-RF(1:Mandchou 151)
六事箴言，UO-KN(1:Sign Østas I 17)，DN-BD(1:Möll.53.2)
满汉合璧名贤集，BN-RF(1:Mandchou 25)
满汉合璧三字经注解，SOAS-UK(1:II.1.Man.76)，SIUL-KN(1:31b-338/Sinol.VGK 5806.43b)
满汉合璧三字经注解，BN-RF(1:Mandchou 30)，DN-BD(1:Hs.or.8394)，UO-KN(1:Sign Østas I 35)，DKB-KD(1:MANJU No.55)
满汉合璧三字经注解，BL-UK(2:19957.a.2、19957.a.3)
满汉合璧三字经注解，BNM-V-RI(1:senza collocazione.36)，BL-UK(1:19957.a.1)，DN-BD(1:Möll.49)，LUC-UK(1:FC.99.250)
满汉合璧小学，DN-BD(2:NS 1544、39101)，BUO-UK(1:Backhouse 187)
满汉合璧性理，KB-KS(1:Ma.13)，DKB-KD(1:MANJU No.51)
满汉蒙古合璧名贤集，DN-BD(1:Hs.or.8407)
满蒙汉合璧思孝歌，DKB-KD(1:MONG.Nr.203)
朋党论，DN-BD(1:Möll.54)，SOAS-UK(2:II.1.Man.53、II.1.Man.71)
七训书，DKB-KD(1:MANJU No.65a)，BN-RF(1:Mandchou 42)，JBK-RP(1:Slg.Müller 51 K)
七训须读，BILO-RF(1:P VIII 10)
三合名贤集，SIUL-KN(1:HW no. 7-384/Sinol. VGK 5806.19)，MTAKIK-M(1:Man.13)，DN-BD(2:Möll.64、Hs.or.728)，SOAS-UK(2:II.1.Man.62、II.1.Man.115)，BUO-UK(1:Backhouse 286)，IHÉC-RF(1:E IV 8-2)，BAMÉ-RF(1:Z 2150)，KULB-B(1:M 38)
三译总解，BL-UK(1:19957.d.9)
三字经，KULB-B(1:M 27)，DKB-KD(1:MANJU No.40)，BN-RF(1:Mandchou 52)，BGCF-RF(1:E VII 4°4)，BL-UK(1:19957.a.4)，SOAS-UK(1:CCWM/Q.22)，IOLR-UK(1:Manchu D.5)，BUO-UK(2:Sinica 3016、Backhouse 123)，BAMÉ-RF(1:Z 2433)，JBK-RP(1:Möll. 50 K)，VKLUK-LR(1:SBM30)，MTAKIK-M(1:

Mong.23),SIUL-KN(1:31a-338/Sinol.VGK 5806.43a)

四本简要,DN-BD(1:Möll.57),BL-UK(1:Or.13210),LUC-UK(1:FC.99.224)

小儿语,KB-KS(1:Ma.17),DN-BD(1:Möll.59),BL-UK(1:19957.b.2),SOAS-UK(1:II.1.Man.82)

小学,IOLR-UK(1:FC.99.253-254),DN-BD(1:NS 1915),IHÉC-RF(1:E III 5-4)

小学合解,UO-KN(Sign Østas I 26),KB-KS(1:Ma.11),DN-BD(1:LS 31 vh),BL-UK(1:19953.a.2)

醒世要言,UO-KN(1:Sign Østas I 28),KB-KS(1:Ma.18),DN-BD(1:NS 1903),JBK-RP(1:Slg.Müller 42 K),BUO-UK(1:Backhouse 194),BL-UK(1:19957.b.3),SOAS-UK(1:II.1.Man.65)

醒世要言,DKB-KD(1:MANJU No.29 Vol 3),DN-BD(1:Möll.66),IHÉC-RF(1:E IV 4-12),BN-RF(1:Mandchou 126)

性理一则,DKB-KD(1:MANJU No.29 Vol 4.pt.2),DN-BD(1:NS 1903)

性理真诠,BN-RF(1:Mandchou 45),ATSI-VU-LR(1:—)

薛文清公先生要语,JBK-RP(1:Möll.48 K),BL-UK(1:19953.c.3),LUC-UK(1:FC.99.218)

幼学须知,DN-BD(1:Möll.65),CFFH-RF(1:A 45)

御制性理精义,DKB-KD(1:MANJU No.58),JBK-RP(1:Möll.51 K),LUC-UK(1:FC.99.80-81),BL-UK(2:19953.c.1、19953.c.2),IHÉC-RF(1:E IV 5-8),BN-RF(2:Mandchou 65、Provient de la mission P.Pelliot 22)

御制性理精义,SOAS-UK(1:II.1.Man.70),DN-BD(1:4°31931)

御纂性理精义,IHÉC-RF(1:E IV 5-8)

忠经,DN-BD(1:Möll.53.4)

忠孝二经,UO-KN(1:Sign Østas I 29),SOAS-UK(2:II.1.Man.68、II.1.Man.79),JBK-RP(1:Möll.8),DN-BD(1:Slg.Müller 53)

朱子节要,UO-KN(1:Sign Østas I 27),DN-BD(1:LS 63 vh),BL-UK(1:19951.a.1),SOAS-UK(1:II.1.Man.84),IOLR-UK(1:Chinese

F.505），LUC-UK（1：FC.99.78）

资政要览，SOAS-UK（1：CCWM/Q.22）

（二）道家类

道德经，SOAS-UK（1：Per.24.14544），BL-UK（1：P.P.3803.bb）

关老爷祭净经，MTAKIK-M（1：Mong.144）

关圣帝君觉世宝训经，DN-BD（1：Möll.67.1/ Möll.67.2/ Möll. 67.3），BN-RF（1：Mandchou 121 et 124）

太上感应篇，BN-RF（1：Mandchou 47），BUO-UK（1：Backhouse 265/2），BL-UK（2：19954.b.1、19954.b.2）

（三）兵家类

白塔信炮章程，BN-RF（1：Mandchou 176），DN-BD（1：NS 842），JBK-RP（2：Möll.95 K、Slg.Müller 46 K）

黄石公素书，DKB-KD（1：MANJU No.29 Vol 5），DN-BD（1：NS 1903），IHÉC-RF（1：E IV 4-14）

六韬，BN-RF（1：Mandchou 44）

满汉合璧孙吴子兵法，JBK-RP（1：Slg.Müller 56 K）

三略，BN-RF（1：Mandchou 44）

孙子兵法，DN-BD（1：Möll.96），SOAS-UK（1：II.1.Man.69）

孙子十三篇，SOAS-UK（1：II.1.Man.73）

议军事，BN-RF（1：Mandchou 12）

（四）医家类

痘疹药书，BN-RF（1：Mandchou 116）

格体全录，DKB-KD（1：MANJU.No.49），BCMNHN-RF（1：2009），BIF-RF（1：一）

论谈诸病药书，BN-RF（1：Mandchou 63）

普济杂方，BL-UK（1：Mon.110）

西医人身骨脉图说，DKB-KD（1：MANJU.No.49），BN-RF（1：Mandchou 191），BL-UK（1：19955.a.8）

吸毒石原由用法，BN-RF（1：Provient de la mission P.Pelliot 288）

（五）天文算法类

大清道光二十六年岁次丙午时宪书，BN-RF（1：Provient de la mission

P.Pelliot 195）

大清道光二十五年岁次乙巳时宪书，BN-RF（1：Mandchou 59）

大清道光三年岁次癸未时宪书，BN-RF（1：Mandchou 58）

大清光绪二年岁次丙子时宪书，BN-RF（1：Provient de la mission P. Pelliot 204）

大清光绪三年岁次丁丑时宪书，BN-RF（3：Provient de la mission P. Pelliot 205、Provient de la mission P. Pelliot 206、Provient de la mission P.Pelliot 207）

大清光绪十八年岁次壬辰七政经纬宿度五星伏见目录，BN-RF（1：Provient de la mission P.Pelliot 216）

大清光绪十八年岁次壬辰时宪书，BN-RF（1：Provient de la mission P. Pelliot 209）

大清光绪十八年岁次壬辰时宪书，BN-RF（3：Provient de la mission P. Pelliot 210、Provient de la mission P. Pelliot 211、Provient de la mission P.Pelliot 212）

大清光绪十六年岁次庚寅时宪书，BN-RF（1：Provient de la mission P. Pelliot 208）

大清光绪元年岁次乙亥时宪书，BN-RF（1：Provient de la mission P. Pelliot 203）

大清康熙二十一年时宪书，DN-BD（1：1：Phillip 1986.6）

大清康熙十九年时宪书，DN-BD（1：Phillip 1986.5）

大清康熙十九年岁次庚申七政经纬宿度五星伏见目录，BN-RF（1：Mandchou 74）

大清乾隆二年时宪书，DN-BD（1：5 C 7316 ROA）

大清乾隆三十四年岁次己丑七政经纬宿度五星伏见目录，BN-RF（1：Mandchou 75）

大清乾隆三十四年岁次己丑时宪书，BN-RF（1：Mandchou 111）

大清乾隆十一年时宪书，BAV-SCV（1：Borg.Cinese 521）

大清同治八年己巳时宪书，JBK-RP（1：Möll.88 K）

大清同治二年岁次癸亥时宪书，BN-RF（1：Provient de la mission P. Pelliot 197）

大清同治六年岁次丁卯时宪书,BN-RF(1:Provient de la mission P. Pelliot 202)

大清同治四年岁次乙丑时宪书,BN-RF(1:Provient de la mission P. Pelliot 198)

大清同治五年岁次丙寅时宪书,BN-RF(3:Provient de la mission P. Pelliot 199、Provient de la mission P. Pelliot 200、Provient de la mission P.Pelliot 201)

大清咸丰六年岁次丙辰时宪书,BN-RF(1:mongol 165)

大清宣统二年时宪书,DN-BD(1:34985 Nicht am Standort)

道光二十年时宪书,LUC-UK(1:—)

道光二十五年时宪书,BL-UK(1:19955.b.2)

光绪二十二年壬子望月食图,KB-KS(1:Ma.21)

光绪四年时宪书,BL-UK(1:19955.b.3)

嘉庆二十二年十月初一日辛未朔日食图,DN-BD(1:LS 244vh)

康熙八年四月初一日癸亥朔日食图,ÖNW-RÖ(1:Endlicher 86),JBK-RP(1:LS 22 .2)

康熙三十七年时宪书,BL-UK(1:19955.b.1)

康熙十年二月十五日丁酉夜望月图,BL-UK(2:Or.74.b.6/Reg.16.B.IX、Or.70.bbb.3),BO-RF(1:B.1.11/4),AFCJ-RF(1:Br.151)

康熙五十八年正月初一日甲午朔日食图,BAV-SCV(1:Borg.Cinese 439.H.b)

康熙五十九年七月初一日丙寅朔日食图,BAV-SCV(1:Borg.Cinese 439.H.c),HAB-W-BD(1:—)

康熙五十七年二月十五日甲午望月食图,BAV-SCV(1:Borg.Cinese 439.H.a)

时宪书,BN-RF(1:Mandchou 147)

雍正十年壬申望月食图,BL-UK(1:19955.b.4)

雍正十三年三月十五日乙酉望月食图,BN-RF(1:chinois 4931)

(六)术数类

算法纂要总纲,BN-RF(1:Mandchou 104)

玉匣记,BN-RF(2:Mandchou 69、Mandchou 127)

御制三角形推算法论，DKB-KD（1：MANJU No.29 Vol.4 pt.1）

（七）杂家类

菜根谭，DKB-KD（1：MANJU No.29 Vol 6-7），DN-BD（1：NS 1903），SOAS-UK（1：II.1.Man.61），BN-RF（1：Mandchou 179）

联珠集，SIUL-KN（1：HW no.17-382/Sinol.VGK 5806.29），BL-UK（1：19951.a.40）

联珠集，BN-RF（1：Mandchou 29）

潘氏总论，DKB-KD（1：MANJU No.29 Vol 1），DN-BD（1：NS 1903）

庸行篇，BN-RF（1：Mandchou 43）

御制劝善要言，UO-KN（1：Sign Østas I 33），DN-BD（1：2°34999），KB-KS（1：Ma.8 A-B），BL-UK（1：19956.a.2），IOLR-UK（1：Chinese H.17），SOAS-UK（1：II.1.Man.136），BUO-UK（2：Backhouse 42、Sinica 2574），IHÉC-RF（1：E IV 5-11），BN-RF（1：Pelliot B 1738）

（八）释家类

般若波罗蜜多心经，DN-BD（2：NS 846、Mik I 4811），BL-UK（1：19954.a.6），BN-RF（2：Mandchou 123、Mandchou 1759）

大般若波罗蜜多经成语，BL-UK（1：19954.a.7）

大悲心忏法仪轨经，JBK-RP（1：Pander 1061/C 40 K）

大方光菩萨藏吗组哩伊根本仪轨经，JBK-RP（1：Pander 1034/C 13 K）

大圣文殊师利菩萨赞佛法身礼，BL-UK（1：19954.a.4）

丹朱尔经总目，JBK-RP（1：Pander 1053/C 32 K），BL-UK（1：19999.k.1），IOLR-UK（1：Tib.H.30），SOAS-UK（1：C.1000）

地藏菩萨本愿经，BL-UK（1：19954.a.8），KB-KS（1：Ma.6）

佛说持明藏岳噶大教租纳达菩萨大明成就仪轨经，JBK-RP（1：Pander 1035/C 14 K）

佛说大悲空智金刚大教王仪轨经，JBK-RP（1：Pander 1036/C 15 K）

佛说大成观想嘛（那）楂拉净诸恶趣经，JBK-RP（1：Pander 1033/C 12 K）

佛说大方广吗鸦尼组沙哩伊经观自在答喇菩萨仪轨经，JBK-RP（1：Pander 1029/C 8 K）

佛说金刚香菩萨大明成就仪轨经，JBK-RP（1：Pander 1032/C 11 K）

佛说圣宝藏神仪轨经，JBK-RP（1：Pander 1037/C 16 K）

佛说四十二章经，DN-BD（1：Libri.mong.76）、BL-UK（1：19954.a.3）、SOAS-UK（1：M.B.P.23）、BN-RF（1：Mandchou 465）

噶那之梵赞，JBK-RP（1：Pander 1029/C 10 K）

金刚顶一切如来真实摄大乘现证大教王经，JBK-RP（1：Pander 1028/C 7 K）

绿救度佛母二十一种礼赞经，JBK-RP（1：Pander 1029/C 9 K）

绿像救度佛母赞，DN-BD（2：LS 1588 Verlust、Hs.or.2280）

师子峰如如颜丙劝修净业文，SOAS-UK（1：II.1.Man.57）

首楞严经，IHÉC-RF（1：E IV 5-8a）

贤劫千佛号，ÖNW-RÖ（1：Sin.400）、DN-BD（2：NS 485 Kriegverlust、Hs. or. 732）、BL-UK（2：19954.a.5、14013.dd.8）、SOAS-UK（1：A.294.303）

贤劫千佛号，DKB-KD（1：MONG No.194）

心经，BUO-UK（1：The Blockbooks e.3）、BL-UK（1：19954.a.6）、SOAS-UK（2：Pam.Tibet A 34742、M.B.P.36/81178）

学修十八个要项，MTAKIK-M（1：Mong.93）、BUO-UK（1：Tib.d.170）、BN-RF（1：Mandchou 774）

御翻清净经，FEICU-ČR（1：j298/91 A）

御翻三十五佛经，FEICU-ČR（1：j298/91 B）

御翻水供经，FEICU-ČR（1：j298/91 C）

御制大云轮请雨经，DN-BD（1：1：Slg.Müller 53）、JBK-RP（1：Slg.Müller 72 K）

御制满汉蒙古西番合璧大藏全咒，BL-UK（1：19954.a.2）、DB-BD（1：NS 791）

御制满汉蒙古西番合璧大藏全咒，JBK-RP（1：P.T.Pekinger Tripitaka 785 K）、BL-UK（1：19954.a.1）、IHÉC-RF（1：E IV 7-1）

御制满汉蒙古西番合璧大藏全咒目录总纲，BL-UK（1：14405.aaa.4/71）、SOAS-UK（1：L.III.3.d.106）

（九）基督教类

涤罪正规略，BN-RF（1：Mandchou 130 A et B）

集腋录,BN-RF(1:Mandchou 161)

辟释氏诸妄,BANL-R-RI(1:Fondo Corsini 44.A.XII),BNM-V-RI(1:senza collocazione.37),ARSJ-SCV(1:Jap.Sin.I.130),BN-RF(3:Mandchou 143、n.f.chinois 2905、n.f.chinois 4931)

圣年广益,BN-RF(1:Mandchou 141)

圣体答疑,BN-RF(1:Mandchou 142)

圣体要理,BN-RF(1:Mandchou 142)

盛世刍荛,BN-RF(1:Mandchou 118)

天神会课,BN-RF(1:Mandchou 117)

天主教要,IOLR-UK(1:Manchu F.5)

天主圣教约言,ÖNW-RÖ(1:Endlicher 114),BAV-SCV(1:Borg.Cinese 439.G),ARSJ-SCV(2:Jap.Sin.I.129),ACGFM-SCV(1:Raccolta Gen.Or.III.222.13),BL-UK(1:11101.d.14),BN-RF(4:Mandchou 139、Mandchou 146、n.f.chinois 4968、n.f.chinois 4760/)

天主实义,KB-KS(1:Ma.2),ARSJ-SCV(1:Jap.Sin.I.48/1-2),BN-RF(5:Mandchou 138、n.f.chinois 3236、n.f.chinois 2748-2749、n.f.chinois 2746、n.f.chinois 4873)

天主正教约征,ARSJ-SCV(1:Jap.Sin.I.125),BN-RF(2:Mandchou 150、一)

同善说,BN-RF(3:Mandchou 144、n.f.chinois 3301、n.f.chinois 3074)

同善说,ARSJ-SCV(1:Jap.Sin.I.128)

万物真原,KRSVNK-ČR(1:XII B 170),KB-KS(1:Ma.3),ARSJ-SCV(1:Jap.Sin.I.72),BUO-UK(1:Sinica 2578),BN-RF(4:Mandchou 145、n.f.chinois 3357、n.f.chinois 3358、Mandchou 190)

吾主耶稣基督新约圣书,BUO-UK(4:Sinica 1968、Sinica 3017、Sinica 1969、N.T.Manchu c.1),BL-UK(2:19954.c.8、19954.c.9),BFBS-UK(4:Darlow and Moule 6626/1、Darlow and Moule 6626/2、Darlow and Moule 6626/3、Darlow and Moule 6626/4),SOAS-UK(1:II.1.Man.12)

吾主耶稣基督新约圣书,ÖNW-RÖ(1:Endlicher 104),DN-BD(1:LS850 Verlust),LUC-UK(1:FC.99.22),BUO-UK(5:N.T.Manchu

3、Misc.Asiat.d.374、N.T.Manchu 2、Misc.Asiat.d.305、Misc.Asiat.d.375），BFBS-UK（3：Darlow and Moule 6623/1、Darlow and Moule 6623/2、Darlow and Moule 6626 a-d），BILO-RF（1：CHI II180）

吾主耶稣基督新约圣书，SIUL-KN（1：HW no.11-149/Sinol.VGK 5806.23），DKB-KD（1：MANJU.No.81），DN-BD（1：LS 892 Verlust），BUO-UK（1：N.T.Manchu d.1），BFBS-UK（3：Darlow and Moule 6624/1、Darlow and Moule 6624/2、Darlow and Moule 6624/3），BL-UK（5：19954.c.1、19954.c.2、19954.c.3、19954.c.10、19954.c.11），BAMÉ-RF（1：Z2531）

新约全书，IOLR-UK（1：Manchu F.1-2），BL-UK（5：19954.c.4、19954.c.5、19954.c.6、19954.c.7、19954.c.8），KULB-B（1：Chinese Library 13 B/0435-MUSEE 1911）

四、集部

（一）总集类

翻译古文，VKLUK-LR（1：SBM14），UO-KN（1：Sign Østas I 8），DKB-KD（1：MANJU No.31），DN-BD（1：39098），JBK-RP（2：Möll.46 K、Slg. Müller 62 K），BL-UK（1：19957.c.3），SOAS-UK（1：II.1.Man.83），BUO-UK（2：Backhouse 344、Sinica 345），IHÉC-RF（1：E IV 5-10），BN-RF（1：Mandchou 157）

古文，DN-BD（3：NS 1900、Hs.or.2281、34981）

精选古文，BL-UK（1：Or.13212）

清文古文渊鉴，BN-RF（1：Mandchou 157），JBK-RP（1：Slg.Müller 58 K）

文选，SOAS-UK（1：II.1.Man.98），BL-UK（1：15000.m.1）

御制古文渊鉴，VKLUK-LR（1：SBM10），UO-KN（1：Sign Østas I 7），DN-BD（2：NS 875、34988），JBK-RP（1：Möll. 44 K），BL-UK（2：19957.c.1、19957.c.2），SOAS-UK（1：S.II.L.82081），LUC-UK（1：FC.99.194-205），BN-RF（2：Mandchou 156、Provient de la mission P.Pelliot 114）

(二)别集类

钦定四库全书呻吟语,IHÉC-RF(1:E IV 5-5),DN-BD(1:NS 815)

苏轼·策略,BUO-UK(1:Backhouse 5)

御制避暑山庄诗,KB-KS(1:Ma.7),DN-BD(3:LS 1584、NS 1897、30090-30-33),JBK-RP(2:Möll.99 K、30090-30-33),SOAS-UK(1:II.1.Man.33),BN-RF(2:Mandchou 5、chinois 965),BL-UK(3:19957.c.4、19957.c.5、19957.c.6)

御制盛京赋,DN-BD(1:Möll.53.1),LUC-UK(1:FC.99.25),SOAS-UK(1:II.1.Man.52),BN-RF(1:Mandchou 192),BL-UK(1:19957.c.7)

忠贞范公文集,BN-RF(1:Mandchou 112),JBK-RP(1:LS 32 K)

(三)词曲类

翻译词聊诗赋,SOAS-UK(1:II.1.Man.74)

合璧西厢记,JBK-RP(1:Möll.101 K),BL-UK(3:19957.d.6、19957.d.7、19957.8),SOAS-UK(1:II.1.Man.139),ATSI-VU-LR(1:—)

满汉合璧西厢记,VKLUK-LR(1:SBM21),SIUL-KN(1:35-375/Sinol.VGK 5806.47),DKB-KD(1:MANJU No.66),DN-BD(1:LS 1389 Verlust),JBK-RP(1:Slg. Müller 66 K),LUC-UK(1:FC.99.214),BL-UK(2:19957.d.4、19957.d.5),IHÉC-RF(1:E IV 3-2),BN-RF(1:Mandchou 113),UO-KN(1:Sign Østas I 22)

(四)小说类

金瓶梅,KB-KS(1:Ma.4),DN-BD(1:34989),JBK-RP(1:Möll.98 K),SIUL-KN(1:33-190/Sinol.VGK 5806.45),MTAKIK-M(1:Man.30),BNC-R-RI(1:72.B.378),LUC-UK(1:FC.99.187-192),SOAS-UK(1:II.1.Man.50),BL-UK(1:19957.d.1),IHÉC-RF(1:E IV 3-1),BN-RF(1:rovient de la mission P.Pelliot 127)

金瓶梅,JBK-RP(1:Slg.Müller 41 K),BN-RF(2:Mandchou 73、rovient de la mission P.Pelliot 129),LUC-UK(1:FC.99.228-237)

锦香亭,UO-KN(1:Sign Østas I 22)

列国志传,DN-BD(1:NS 1540)

满汉聊斋志异,MTAKIK-M(1:Man.29),SIUL-KN(1:34-341/Sinol.

VGK 5806.46）,DN-BD（2：34828、35095）,JBK-RP（1：Möll.102 K）,BL-UK（2：19957.d.2、19957.d.4）,SOAS-UK（1：II.1.Man.89）,CFFH-RF（1：A 49）

巧连珠,BN-RF（1：Mandchou 114）

肉蒲团,JBK-RP（1：LS 92 K）

三国演义,DN-BD（2：NS 1894、Möll.97）,LUC-UK（1：FC.99.164-183）,IHÉC-RF（1：E IV 2-1）,BN-RF（7：Mandchou 94、Mandchou 931、Provient de la mission P.Pelliot 119、Provient de la mission P.Pelliot 121、Provient de la mission P.Pelliot 122、Mandchou 182、Mandchou 180）

水浒传,BN-RF（1：Mandchou 189）

水浒传,DKB-KD（1：MANJU No.77）

西游记,UO-KN（1：Sign Østas I 86）

择翻聊斋志异,VKLUK-LR（2：SBM8、SBM9）,DN-BD（1：41322）,LUC-UK（1：FC.99.207-209）,BUO-UK（1：Backhouse 324）

文献汉文题名索引

A
安远庙瞻礼书事,十五、57、101。

B
八旗,十五、59、101。
八旗满洲氏族通谱,十二、17、52。
八旗则例,十五、41、98。
八旗箴书,八、15、33。
八岁儿·小儿论,十五、70、103。
白塔信炮章程,十四、81、86。
百家姓,一、5、2。
般若波罗蜜多心经,十三、45、68。
宝训图注,十四、98、89。

C
菜根谭,十一、28、47。
重刊十二字头读本,一、7、2。
重刻清文虚字指南编,四、13、13。
初学必读,四、15、13。
初学指南,四、8、12。
春秋,十四、20、75。

D
大般若波罗蜜多经成语,十五、86、106。
大悲心忏法仪轨经,十二、36、56。
大方光菩萨藏吗(鸦尼)组(沙)哩伊根本仪轨经,十二、31、55。

大辽史,十四、25、76。
大清道光二十六年岁次丙午时宪书,十四、72、85。
大清道光二十五年岁次乙巳时宪书,十四、55、82。
大清道光三年岁次癸未时宪书,十四、54、82。
大清高宗纯皇帝圣训,七、13、28。
大清光绪二年岁次丙子时宪书,十四、62、83。
大清光绪三年岁次丁丑时宪书,十四、63、83。
大清光绪十八年岁次壬辰七政经纬宿度五星伏见目录,十四、70、85。
大清光绪十八年岁次壬辰时宪书,十四、65、84;十四、66、84。
大清光绪十六年岁次庚寅时宪书,十四、64、83。
大清光绪元年岁次乙亥时宪书,十四、61、83。
大清康熙二十一年时宪书,十三、41、67。
大清康熙十九年时宪书,十三、46、68。
大清康熙十九年岁次庚申七政经纬宿度五星伏见目录,十四、68、84。
大清律例,八、11、32。
大清律纂修条例,十四、35、78。
大清满洲字母,五、8、18。
大清穆宗毅皇帝圣训,十二、15、52。
大清乾隆二年时宪书,十三、42、67。
大清乾隆三十四年岁次己丑七政经纬宿度五星伏见目录,十四、69、84。
大清乾隆三十四年岁次己丑时宪书,十四、53、82。
大清乾隆十一年时宪书,十、10、40。
大清全书,四、1、10。
大清仁宗睿皇帝圣训,七、14、28。
大清圣祖仁皇帝圣训,十三、30、65。
大清世宗宪皇帝圣训,十三、29、65。
大清世祖章皇帝圣训,十二、14、52。
大清太宗文皇帝圣训,十二、13、51。
大清太祖高皇帝圣训,十三、28、64。
大清同治八年己巳时宪书,十二、37、56。
大清同治二年岁次癸亥时宪书,十四、57、82。

大清同治六年岁次丁卯时宪书,十四、60、83。
大清同治四年岁次乙丑时宪书,十四、58、83。
大清同治五年岁次丙寅时宪书,十四、59、83。
大清咸丰六年岁次丙辰时宪书,十四、56、82。
大清宣统二年时宪书,十三、47、68。
大圣文殊师利菩萨赞佛法身礼,十五、71、103。
大学,十一、4、42。
大学衍义,六、6、22;十五、77、104。
大元史,七、12、28;十三、14、61。
单清语,十五、11、92。
丹朱尔经总目,十二、35、56。
道德经,十五、92、107。
道尔吉雍隆牛录学子巴特尔桑学,八、16、33。
道光二十年时宪书,十五、82、105。
道光二十五年时宪书,十五、88、106。
涤罪正规略,十四、73、85。
地图,十五、64、102。
地藏菩萨本愿经,十五、85、105。
弟子规,十五、78、104。
痘疹药书,十四、85、87。
督捕则例,十二、16、52。
读史论略,四、23、15。

F

翻译词聊诗赋,十五、102、108。
翻译古文,四、25、15。
翻译类编,八、4、31。
翻译六事箴言,十五、76、104。
翻译小学,七、16、28。
翻译孝经,七、4、26。
翻译醒世要言,十五、79、104。

翻译忠经，十四、50、81。
佛说持明藏岳噶大教租纳达菩萨大明成就仪轨经，十二、32、56。
佛说大悲空智金刚大教王仪轨经，十二、33、56。
佛说大成观想嘛（那）楂拉净诸恶趣经，十二、30、55。
佛说大方广吗鸦尼组沙哩伊经观自在答喇菩萨仪轨经，十二、25、54。
佛说金刚香菩萨大明成就仪轨经，十二、29、55。
佛说圣宝藏神仪轨经，十二、34、56。
佛说四十二章经，十三、44、68。

G

噶那之梵赞，十二、28、55。
纲鉴会纂，十一、14、43。
格体全录，十一、32、47。
古文，十三、51、69。
关老爷祭净经，八、19、34。
关圣帝君觉世宝训经，十三、39、67。
光绪二十二年壬子望月食图，六、11、23。
光绪四年时宪书，十五、89、106。

H

合璧西厢记，十二、40、57。
合璧性理，十二、22、54。
和礼十一类，十五、97、107。
洪武要训，十四、23、75；十五、50、100。
皇清开国方略，八、12、33；十四、33、78。
皇舆方格全图，十五、51、100。
皇舆斜格全图，十五、52、100。
黄石公素书，十一、27、46。
回疆通志，十五、61、101。

J

集腋录，十四、95、89。
嘉庆二十二年十月初一日辛未朔日食图，十三、40、67。
兼写三合汉字十二字头，十四、16、74。
笺注十二字头，十、1、38。
戒赌十则，十五、43、98。
金刚顶一切如来真实摄大乘现证大教王经，十二、24、54。
金瓶梅，六、13、24；十二、39、57。
金史，十四、24、76。
锦香亭，五、17、20。
精选古文，十五、99、108。

K

康熙八年四月初一日癸亥朔日食图，三、11、8。
康熙三十七年时宪书，十五、87、106。
康熙十年二月十五日丁酉夜望月图，十五、90、106。
康熙五十八年正月初一日甲午朔日食图，十、8、39。
康熙五十九年七月初一日丙寅朔日食图，十、9、39。
康熙五十七年二月十五日甲午望月食图，十、7、39。
孔子家语，十四、79、86。

L

理藩院则例，十一、17、44。
吏部处分则例，十五、40、97。
吏治辑要，三、9、8。
联珠集，七、15、28；十四、43、80。
辽金元三史国语解，六、4、22。
列国志传，十三、52、69。
六部成语，十五、9、92；十五、22、95。
六事箴言，五、13、19。
六韬，十四、82、87。

论谈诸病药书,十四、84、87。
论语,十一、3、41。
绿像救度佛母赞,十三、32、65。
绿营事物则例,十五、47、99。

M

满汉百家姓,十、5、39。
满汉成语对待,四、18、14;十三、1、59。
满汉词语,十五、12、93。
满汉对音同声类集,三、8、8。
满汉合璧初学须知,十四、8、72。
满汉合璧名贤集,十四、52、81。
满汉合璧三字经注解,九、10、37;十四、46、80;十五、66、102;十五、67、102。
满汉合璧四十条,十四、7、72。
满汉合璧四十头,十三、34、66。
满汉合璧孙武子兵法,十二、38、57。
满汉合璧西厢记,四、26、15。
满汉合璧小学,十三、36、66。
满汉合璧孝经,十三、25、64。
满汉合璧性理,六、8、23。
满汉合璧训旨,十四、45、80。
满汉经文成语,六、3、22;十三、3、59;十三、4、59。
满汉类书全集,二、1、3;三、2、6。
满汉聊斋志异,八、21、34。
满汉六部成语,四、12、13;九、6、36;十二、7、50;十五、35、97。
满汉蒙古合璧名贤集,十三、48、68。
满汉千字文,十、6、39;十五、73、103;十五、81、105。
满汉事类备考目录,八、8、32。
满汉同文杂字,十、2、38。
满汉注文成语,十五、30、96。

满汉字清文启蒙,十一、6、42。
满蒙汉合璧思孝歌,十一、26、46。
满蒙汉合璧总纲,十五、24、95。
满蒙汉三文合璧教科书,二、4、4。
满蒙合璧三字经注解,十一、23、45。
满蒙维三合语,十五、27、95。
满蒙文鉴,十三、12、61。
满洲祭神祭天礼器图,十四、51、81。
满洲清文鉴前言,十五、31、96。
满洲清文鉴索引,十五、33、96。
满洲实录,九、9、37;十五、54、100。
蒙古律例,十四、34、78。
蒙汉满三合,二、3、3。
蒙文阿拉篇,十四、19、75。
蒙文法程,十五、14、93。
蒙文全书,十二、11、51。
蒙文晰义,四、17、14。
蒙文指要,七、8、27。
孟子·卷上,十一、2、41。
孟子·卷下,七、9、27。

P

潘氏总论,十一、29、47。
朋党论,十三、26、64。
辟释氏诸妄,九、12、37。
平定两金川方略,十三、20、63。
平定准噶尔方略,十四、30、77。
普济杂方,十五、80、105。

Q

七训书,十一、24、46。

七训须读,十四、49、81。

千字文,七、11、27;十三、37、66。

巧连珠,十四、97、89。

钦定八旗中枢政考,十四、32、77。

钦定兵部处分则例,十五、42、98。

钦定大清会典,十二、18、52。

钦定大清会典事例,十二、19、53。

钦定国史大臣列传,十五、49、99。

钦定国史忠义传,十五、53、100。

钦定回部则例,十四、36、78。

钦定回疆则例,十三、21、63。

钦定吏部则例,九、8、36。

钦定绿营中枢政考,十四、31、77。

钦定满洲祭神祭天典礼,八、17、34。

钦定清汉对音字式,三、6、7;十一、10、43;十五、6、92。

钦定清语,十二、10、51;十四、18、75。

钦定诗经,十一、1、49。

钦定四库全书呻吟语,十四、78、86。

钦定同文韵统,三、7、7。

钦定西域同文志,十四、29、77;十四、41、79;十五、26、95。

钦定续纂绿营中枢政考,十四、38、79。

钦定续纂外藩蒙古回部王公表传,八、13、33。

钦定中枢政考,十五、44、98;十五、45、99。

钦定宗室清文王公功绩表传,十三、19、62。

亲征平定朔漠方略,十三、15、61。

清汉文海,四、11、12。

清汉言语,五、6、18。

清凉山新志,十四、26、76。

清书对音,十、3、38。

清书对音协字,十四、15、74。

清书指南,四、2、10;九、5、36。

清文备考,十一、5、42。
清文补汇,一、2、1;十二、9、51;十五、29、96。
清文典要,四、6、11;五、9、18;十一、8、42;十四、37、78。
清文典要大全,十四、21、75。
清文古文渊鉴,十四、93、88。
清文汇书,一、3、2;八、9、32;九、4、36;十一、9、43;十一、12、43;十三、5、59;十四、5、72;十四、6、72。
清文接字,五、4、18;十三、11、61;十四、13、73;十五、15、93。
清文启蒙,三、4、7;四、4、11;四、19、14;十四、4、72;十五、16、93。
清文虚字,四、21、14。
清文虚字歌,四、22、15。
清文虚字类,四、20、14。
清文指要,四、9、12;七、7、26;十四、12、73;十五、7、92。
清文字汇,十五、32、96。
清文字头,五、7、18。
清文总汇,四、16、13。
清语老乞大,十五、36、97。
清语摘抄,四、14、13;八、7、32。

R

日讲春秋解义,十五、2、91。
日讲书经解义,十二、3、49。
日讲四书解义,十二、2、49。
日讲易经解义,十二、4、50。
日知荟说,十三、27、64。
肉蒲团,十二、41、57。

S

三国演义,十三、49、68。
三合便览,七、6、26。
三合成语摘抄,十四、11、73。

三合类编，十三、13、61。
三合吏治辑要，十三、22、63；十三、23、63。
三合名贤集，七、10、27。
三合切音清文鉴，八、5、31。
三合语录，八、6、31。
三略，十四、83、87。
三体合璧文鉴，一、6、2。
三译总解，十五、69、102。
三字经，一、4、2。
上谕，十一、15、44。
上谕八旗，十二、20、53。
上谕旗务议覆，十三、17、62。
圣救度佛母二十一种礼赞经，十二、27、55。
圣年广益，十四、76、86。
圣体答疑，十四、75、86。
圣体要理，十四、74、85。
圣训十六条导义志书，八、20、34。
圣谕广训，九、11、37；十、4、38；十一、22、45；十一、25、46；十四、44、80；十五、46、99。
圣祖仁皇帝庭训格言，五、12、19。
盛世刍荛，十四、89、88。
师子峰如如颜丙劝修净业文，十五、93、107。
诗经，三、3、6。
十二字头，七、1、25。
时宪书，十四、67、84。
实录内摘出旧清语，四、7、12。
使事纪略，十五、58、101。
首楞严经，十四、48、81。
书经，五、1、17。
水浒传，十一、34、48；十四、96、89。
四本简要，十三、31、65。

四书集注,六、5、22;十二、6、50;十五、21、94。
四书要览,十四、1、71。
四体合璧文鉴,二、5、4。
四字成语,十五、25、95。
苏轼·策略,十五、100、108。
算法纂要总纲,十四、80、86。
孙子兵法,十三、35、66。
孙子十三篇,十五、94、107。

T

太上感应篇,十四、42、80。
太宗皇帝大破明师于松山之战书事文,十四、40、79。
天神会课,十四、88、88。
天主教要,十五、83、105。
天主圣教约言,三、12、8。
天主实义,六、10、23。
天主正教约征,十、11、40。
通鉴辑要,十四、27、76。
同善说,十、12、40;十四、90、88。
同文广汇全书,七、3、26;十四、3、71。
同文汇集,四、3、11。
同文韵统,十五、4、91。
同文杂字,十一、11、43。

W

万物真原,二、6、4。
文选,十五、101、108。
文职官,十五、62、101。
问答语,十五、10、92。
无圈点字书,十四、22、75。
吾主耶稣基督新约圣书,三、13、9;七、17、29;十五、98、108。

五经,十五、37、97。
五译合璧集要,十五、19、94。

X

西医人身骨脉图说,十一、33、48。
西游记,五、16、20。
吸毒石原由用法,十四、86、87。
贤劫千佛号,三、10、8;十一、31、47。
小儿语,六、9、23。
小学,十五、75、104。
小学合解,六、7、22。
孝经,十一、21、45;十二、26、55。
孝经合解,六、2、21。
心经,十五、72、103。
新刊清文指要,十五、20、94。
新刻满汉字四书,二、2、3;三、1、6;十四、2、71。
新刻清书全集,七、2、25。
新约全书,十五、74、103。
刑部新定现行例,十五、39、97。
行军例,十四、39、79。
醒世要言,五、15、20;十一、18、44。
性理一则,十一、19、45。
性理真诠,十四、47、81。
续编兼汉清文指要,四、10、12;十三、7、60;十五、8、92。
薛文清公先生要语,十二、21、53。
学书,八、10、32。
学修十八个要项,八、18、34。
训旨,十五、55、100。

Y

养正图,十五、96、107。

一百条,五、5、18。

一百条语,十一、13、43。

一学三贯清文鉴,八、3、31。

伊犁类篇,十五、34、96。

议军事,十四、77、86。

异域录,十三、16、62。

译字,十五、23、95。

音汉清文鉴,四、5、11;七、5、26;十一、7、42;十三、2、59;十五、1、91。

音韵逢源,十五、13、93。

庸行篇,十四、87、88。

雍正十年壬申望月食图,十五、91、106。

雍正十三年三月十五日乙酉望月食图,十四、71、85。

幼学须知,十三、33、65。

玉堂字汇,十四、17、74。

玉匣记,十四、91、88。

谕行旗务奏议,十二、12、51。

御翻清净经,二、7、4。

御翻三十五佛经,二、8、5。

御翻水供经,二、9、5。

御制八旗通志,十三、18、62。

御制避暑山庄诗,六、12、23。

御制大清律集解附例,十四、28、76。

御制大云轮请雨经,十三、43、67。

御制翻译春秋,九、3、35。

御制翻译礼记,十二、5、50。

御制翻译书经,十三、10、60。

御制翻译四书,九、1、35;九、2、35;十一、1、41;十三、6、60;十三、8、60;十四、14、73;十五、5、91;十五、18、94。

御制翻译易经,五、1、21。

御制古文渊鉴,四、24、15。

御制吏治辑要,八、14、33。

御制满汉蒙古西番合璧大藏全咒,十二、23、54;十五、84、105。
御制满汉蒙古西番合璧大藏全咒目录总纲,十五、68、102。
御制满蒙文鉴,八、2、30;十五、3、91。
御制亲征平定朔漠方略序,十五、60、101。
御制清文鉴,八、1、30。
御制劝善要言,五、10、19。
御制人臣儆心录,十一、16、44;十三、24、64。
御制三角形推算法论,十一、30、47。
御制盛京赋,十三、50、69。
御制四体清文鉴,十二、8、50;十四、9、73。
御制五体清文鉴,十五、28、96。
御制增订清文鉴,五、2、17。
御制增订清文鉴总纲,一、1、1。
御纂性理精义,十一、20、45;十四、92、88;十五、65、102。
圆音正考,十四、10、73。

Z

择翻聊斋志异,四、27、16。
增补悬金子汇,三、5、7。
争臣论,十五、63、101。
征逆将军请旨文,十五、56、100。
正音切韵指掌,五、3、17。
字法举一歌,十三、9、60。
中庸,十五、17、94。
忠经,十三、38、66。
忠孝二经,五、14、20。
忠贞范公文集,十四、94、89。
周身血脉图,十五、95、107。
朱子节要,五、11、19。
资政要览,十五、38、97。
资治通鉴纲目,九、7、36;十五、48、99。

文献满文题名索引

A

abka ejen i unenggi jurgan, 六、10、23。
abkai ejen i enduringge tacihiyan oyonggo gisun, 三、12、8。
abkai ejen i tacihiyan i hešen i bithe, 十五、83、105。
abkai ejen i tob tacihiyan i temgetu i šošohon, 十、11、40。
abkai enduri i acafi tacibure hacin i bithe, 十四、88、88。
aisin gurun i suduri bithe, 十四、24、76。
ajigan tacin bithe, 十五、75、104。
ajige juse i gisuren i bithe, 六、9、23。
ajige tacikū be acabufi suhe bithe, 六、7、22。
akdun yabungga sere gebungge amba kulge i nomun, 十四、48、81。
alambi sere hergen i fiyelen, 十四、19、75。
amba enduringge nesuken horonggo fusa fucihi i nomun i beye de dorolon maktacun, 十五、71、103。
amba jilangga dorolome jalbarire kooli durun i nomun, 十二、36、56。
amba sure i cargi dalin de akūnaha nomun i šošohon gisun toktoho, 十五、86、106。
amba tacin i bithe, 十一、4、42。
ambarame badaraka fusa i aiman tetun nesuken horonggo fucihi i da fulehe kooli, 十二、31、55。
an dulimba bithe, 十五、17、94。

B

badarangga doro i orin juwe aniya de sahaliyan singgeri wangga inenggi biya be jetere nirugan, 六、11、23。
bai giya sing, 一、5、2。

beye dailame wargi amargi babe necihiyeme toktobuha bodogon bithe, 十三、15、61。

beye gubci senggi sudala i nirugan, 十五、95、107。

bodoro arga i oyonggo i araha uheri hešen i bithe, 十四、80、86。

boobai tacihiyan be niruha suhen i bithe, 十四、98、89。

C

cing han wen hai bithe, 四、11、12。

cing liyang šan alin i ice jy bithe, 十四、26、76。

cing wen jiye dzi bithe, 五、4、18；十三、11、61；十四、13、73；十五、15、93。

cing wen ki meng bithe, 三、4、7；四、4、11；四、19、14；十四、4、72；十五、16、93。

ciyoo liyan ju i bithe, 十四、97、89。

coohai baita be gisurennge, 十四、77、86。

coohai jurgan i baitai kooli bithe niowanggiyan turun i kūwaran, 十五、47、99。

cooha yabure kooli, 十四、39、79。

cūn cio bithe, 十四、20、75。

D

dai hiyo i jurgan be badarambuha bithe, 六、6、22；十五、77、104。

dai liyoo gurun i suduri bithe, 十四、25、76。

dai yuwan i suduri bithe, 七、12、28；十三、14、61。

daicing gurun i abkai wehiyehe i gūsin duici aniya sohon ihan erin forgon i ton i bithe, 十四、53、82。

dai- cing gurun i abkai wehiyehe i gūsin duici aniya sohon ihan nadan dasan i hetu undu tokdon i usihai dulefun sunja usihai somire sabure ton, 十四、69、84。

daicing gurun i abkai wehiyehe i jai aniya i forgon i yargiyan ton, 十三、42、67。

daicing gurun i abkai wehiyehe i juwan emuci aniya erin forgon i ton i bithe, 十、10、40。

daicing gurun i badarangga doro i ilaci aniya fulahūn ihan erin forgon i ton i bithe, 十四、63、83。

daicing gurun i badarangga doro i jai aniya fulgiyan singgeri erin forgon i ton i bithe, 十四、62、83。

daicing gurun i badarangga doro i juwan jakūci aniya sahaliyan muduri erin forgon i ton i bithe, 十四、65、84；十四、66、84。

daicing gurun i badarangga doro i juwan jakūci aniya sahaliyan mudiri nadan dasan i hetu undu tokdon i usihai somire sabure ton, 十四、70、85。

daicing gurun i badarangga doro i juwan ningguci aniya šanyan tasha erin forgon i ton i bithe, 十四、64、83。

daicing gurun i badarangga doro i orin sunjaci aniya suwayan tasha erin forgon i ton i bithe, 十五、89、106。

daicing gurun i badarangga doro i sucungga aniya nihon ulgiyan erin forgon i ton i bithe, 十四、61、83。

daicing gurun i doro eldengge i ilaci aniya sahahūn honin erin forgon i ton i bithe, 十四、54、82。

daicing gurun i doro eldengge i orici aniya i erin forgon i ton i bithe, 十五、82、105。

daicing gurun i doro eldengge i orin sunjaci aniya fulgiyan morin erin forgon i ton i bithe, 十四、72、85。

daicing gurun i doro eldengge i orin sunjaci aniya niohon meihe erin forgon i ton i bithe, 十四、55、82。

daicing gurun i doro eldengge i orin sunjaci aniya erin forgon i ton i bithe, 十五、88、106。

daicing gurun i elhe i taifin i juwan uyun aniya i forgon i yargiyan ton, 十三、46、68。

daicing gurun i elhe i taifin i orin emu aniya i forgon i yargiyan ton, 十三、41、67。

daicing gurun i elhe taifin i gūsin nadaci aniya suwayan tasha forgon i yargiyan ton,十五、87、106。

daicing gurun i elhe taifin i juwan uyuci aniya šanggiyan bonio nadan dasan i hetu undu siyeo usihai dulefun sunja usihai somire sabure ton,十四、68、84。

daicing gurun i fafun i bithe banjibume araha kooli hacin,十四、35、78。

daicing gurun i fafun i bithe kooli,八、11、32。

daicing gurun i fafun i bithe suhe hergen kooli be kamcihabi,十四、28、76。

daicing gurun i fukjin doro neihe bodogon i bithe,八、12、33;十四、33、78。

daicing gurun i gehungge yoso i juweci aniya i forgon i ton i bithe,十三、47、68。

daicing gurun i gubci elgiyengge i ningguci aniya fulgiyan muduri erin forgon i ton i bithe,十四、56、82。

daicing gurun i g'aodzung yongkiyangga hūwangdi i enduringge tacihiyan,七、13、28。

daicing gurun i manju hergen i bithe,五、8、18。

daicing gurun i mudzung filingga šu hūwangdi i enduringge tacihiyan,十二、15、52。

daicing gurun i taidzu dergi hūwangdi i enduringge tacihiyan,十三、28、64。

daicing gurun i taizung gengiyen šu hūwangdi i da hergin i bithe,十二、13、51。

daicing gurun i yooni bithe,三、1、10。

daicing gurun i yooningga dasan i duici aniya nihon ihan erin forgon i ton i bithe,十四、58、83。

daicing gurun i yooningga dasan i jai aniya sahahūn ulgiyan erin forgon i ton i bithe,十四、57、82。

daicing gurun i yooningga dasan i ningguci aniya fulahūn gūlmahūn erin forgon i ton i bithe,十四、60、83。

daicing gurun i yooningga dasan i sunjaci aniya fulgiyan tasha erin forgon i ton i bithe,十四、59、83。

daicing gurun i yooningga dasan jakūci aniya sohon meihe erin forgon i ton bithe,十二、37、56。

daicing gurun i šengdzu gosin hū-wangdi i enduringge tacihiyan,十三、30、65。

daicing gurun i ši dzu erdembuhe hūwangdi i enduringge tacihiyan,十二、14、52。

daicing gurun i šidzung temgutulehe hūwangdi i enduringge tacihiyan,十三、29、65。

daicing gurun i žindzung sunggiyen hūwangdi i enduringge tacihiyan,七、14、28。

dailiyoo aisin dai yuwan ere ilan gurun i suduri de bisire gisun be suhe bithe,六、4、22。

danjur ging ni uheri ton,十二、35、56。

dasame foloho juwan juwe uju i hūlara bithe,一、7、2。

dasame foloho manju gisun i untuhun hergen i temgetu jorin bithe,四、13、13。

dasan de tusangga oyonggo tuwakū bithe,十五、38、97。

dasan i nomun i bithe,五、1、17。

deote juse i durun,十五、78、104。

dergi hese,十一、15、44。

dergi hese jakūn gūsa de wasimbuhangge,十二、20、53。

dergi hesei wasimbuha gūsai baita be dahūme gisurefi wesimbuhangge,十三、17、62。

dergici toktobuha ge ti ciowan lu bithe,十一、32、47。

dorgiyungrung nirui tacikūi juse batursang ni tacire,八、16、33。

doro erdemu i nomun,十五、92、107。

duin fulehe oyonggo šošohon i bithe,十三、31、65。

duin hacin i hergen kamciha buleku bithe,二、5、4。

duin hergen toktoho gisun,十五、25、95。

DZ

dzanla cucin i babe necihiyeme toktobuha bodogon i bithe,十三、20、63。

dzi fa gioi i i bithe,十三、9、60。

dzi jy tung giyan g'ang mu bithe,九、7、36;十五、48、99。

E

eiten isabuha ejetun i bithe,十四、95、89。

elhe taifin i jakūci aniya duin biya i ice de šun be jetere nirugan,三、11、8。

elhe taifin i juwanci aniya juwe biyai tofohon de fulahūn coko inenggi dobori biya be jetere nirugan,十五、90、106。

elhe taifin i susai jakūn aniya i biya ice inenggi niowanggiyan morin šongge inenggi šun be jetere nirugan,十、8、39。

elhe taifin i susai nadan aniya i juwe biya tofohon inenggi niowanggiyan morin wangga inenggi biya be jetere nirugan,十、7、39。

elhe taifin i susai uyun aniya i nadan biya ice inenggi fulgiyan tasha šongge inenggi šun be jetere nirugan,十、9、39。

emu be tacifi ilan be hafukiyara manju gisun i buleku bithe,八、3、31。

enduringge beye be kenehunjehengge de jabuha bithe,十四、75、86。

enduringge beyei oyonggo gisun,十四、74、85。

enduringge di giyūn guwan mafa i jalan de ulhibure boobai tacihiyan i nomun bithe,十三、39、67。

enduringge fucihi nomulaha ulin i isan enduri i kooli durun i nomun,十二、34、56。

enduringge orin aitubure eme fucihi de maktame hengkilere nomun,十二、27、55。

enduringge tacihiyan be neileme badarambuha bithe,九、11、37;十、4、

38;十一、22、45;十一、25、46;十四、44、80;十五、46、99。

enduringge tacihiyan i juwan ninggun hacin i jurgan be yarume ejehe bithe, 八、20、34。

erin forgon i ton i bithe, 十四、67、84。

F

fan i lei biyan bithe, 八、4、31。

fonjin jabun leolen bithe, 十五、10、92。

fucihi i nomulaha dehi juwe fiyelen nomun, 十三、44、68。

fucihi nomulaha amba jilgan hafu sure urgungge wacir sere amba fulehe han i kooli durun i nomun, 十二、33、56。

fucihi nomulaha amba kulge i mandal be urebume gūnire doro eiten ehe banjin be bolgomire nomun, 十二、30、55。

fucihi nomulaha ambalame umesi badaraka nesuken horonggo fusa i nomun jalan i toosangge doobure aitubure fusa i kooli durun i nomun, 十二、25、54。

fucihi nomulaha ulhicun be jafaha aiman tetun amba yog'a i fulehe junda fusa be mutebure amba ulhicun tarni i kooli durun i nomun, 十二、32、56。

fucihi nomulaha wacir hiyan fusa amba ulhicun tarni be mutebure kooli durun i nomun, 十二、29、55。

fudaraka be geterembure jiyanggiyūn hese be baire jalin, 十五、56、100。

G

gan j' i imaktacun tarni, 十二、28、55。

gargata manju gisun i bithe, 十五、11、92。

geren gurun i bithe, 十三、52、69。

gin ping mei bithe, 六、13、24。

giyan ju ši el dzi teo, 十、1、38。

gorokingge be elhe be obure juktehen de hargašame doroloho baita be ejeme arahangge,十五、57、101。

gucu hoki i leolen,十三、26、64。

guwan looye i jukten be bolgomire nomun toktoho,八、19、34。

H

hafan i dasan i oyonggo isabuha bithe,三、9、8；八、14、33。

hafan i jurgan i weile arara kooli,十五、40、97。

hafu buleku bithe,十一、14、43。

hafu buleku bitheci oyonggo be šošoho bithe,十四、27、76。

han i araha alin i tokso de halhūn be jailaha ši,六、12、23。

han i araha ambasai mujilen be targabure bithe,十一、16、44；十三、24、64。

han i araha duin hacin i hergen kamciha manju gisun i buleku bithe,十二、8、50；十四、9、73。

han i araha gu wen yuwan giyan bithe,四、24、15。

han i araha hiyoošungga nomun,七、4、26。

han i araha ilan hošonggo arbun i leolen,十一、30、47。

han i araha jakūn gūsai tung jy i bithe,十三、18、62。

han i araha julgei šu fiyelen šumin buleku bithe,十四、93、88。

han i araha manju gisun i buleku bithe,八、1、30。

han i araha manju monggo gisun i buleku bithe,八、2、30；十五、3、91。

han i araha manju nikan momggo tanggūt hergen i kamciha amba g'anjur nomun i uheri tarni,十二、23、54。

han i araha manju nikan momggo tanggūt hergen i kamciha amba g'anjur nomun i uheri tarni i šošohon i ton i uheri hešen,十五、68、102。

han i araha mukden i fujurun bithe,十三、50、69。

han i araha nonggime toktobuha manju gisun i buleku bithe uheri hešen,一、1、1。

han i araha nonggime toktobuha manju gisun buleku bithe,五、2、17。

han i araha sain be huwekiyebure oyonggo gisun,五、10、19。

han i araha sunja hacin i hergen kamciha manju gisun i buleku bithe，十五、28、96。

han i araha ubaliyambuha dasan i nomun i bithe，十三、10、60。

han i araha ubaliyambuha dorolon i nomun，十二、5、50。

han i araha ubaliyambuha duin bithe，九、1、35；九、2、35；十一、1、41；十三、6、60；十三、8、60；十四、14、73；十五、5、91；十五、18、94。

han i araha ubaliyambuha jijungge nomun，六、1、21。

han i araha ubaliyambuha šajingga nomun，九、3、35。

han i araha wargi amargi ba be necihiyeme toktobuha bodogon i bithe i sioi，十五、60、101。

han i banjibuha sing li jing i bithe，十一、20、45；十四、92、88；十五、65、102。

han i ubaliyambuha amba tugi mandal aga agabure nomun toktoho，十三、43、67。

han i ubaliyambuha tanggū baling sindara kooli，二、9、5。

han i ubaliyambuhangge bodisado yabun i entebuku calabun be sume aliyara jalbarin toktoho，二、8、5。

han i ubaliyambuhangge bolgomire juktehen i kooli durun ini cisui mutebuhe amba elhengge toktoho，二、7、4。

hese i yabubuha hacilame wesimbuhe gūsa i baita，十二、12、51。

hesei toktobuha cing han dui in dzi ši bithe，三、6、7；十一、10、43；十五、6、92。

hesei toktobuha coohai jurgan i baitai kooli bithe i šošohon，十五、44、98；十五、45、99。

hesei toktobuha coohai jurgan i baitai kooli bithe i šošohon jakūn gūsa，十四、32、77。

hesei toktobuha coohai jurgan i baitai kooli bithe i šošohon niowanggiyan turun i kūwaran，十四、31、77。

hesei toktobuha coohai jurgan i sirame banjibuha baitai kooli bithe i šošohon niowanggiyan turun i kūwaran，十四、38、79。

hesei toktobuha coohai jurgan i weile gisurere kooli hacin i bithe，十

五、42、98。

hesei toktobuha daicing gurun i uheri kooli bithe, 十二、18、52。

hesei toktobuha daicing guruni uheri kooli hacin i bithe, 十二、19、53。

hesei toktobuha duin namun i yooni bithe mujime nidume araha gisuren, 十四、78、86。

hesei toktobuha gurun i suduri i ambasai liyei juwan, 十五、49、99。

hesei toktobuha gurun i suduri i tondo jurgangga i faidangga ulabun, 十五、53、100。

hesei toktobuha hafan i jurgan i kooli bithe, 九、8、36。

hesei toktobuha hoise jecen i kooli hacin i bithe, 十三、21、63；十四、36、78。

hesei toktobuha manju gisun, 十二、10、51；十四、18、75。

hesei toktobuha manjusai wecere metere kooli bithe, 八、17、34。

hesei toktobuha sirame acabuha tulergi monggo hoise aiman i wang gung sei iletun ulabun, 八、13、33。

hesei toktobuha ši ging ni bithe, 十二、1、49。

hesei toktobuha tung wen yūn tung bithe, 三、7、7。

hesei toktobuha uksun i wang gung sai gungge faššan be iletulere ulabun, 十三、19、62。

hesei toktobuha wargi ba i hergen be emu obuha ejetun, 十四、29、77；十四、41、79；十五、26、95。

hi du ši wehe i turgun be fetehe baitalara be tucibuhe bithe, 十四、86、87。

hiyoo ging be acabufi suhe bithe, 六、2、21。

hiyoo ging bithe, 十一、21、45。

hiyoošunngga nomun, 十二、26、54。

hūwašan i holo be milarabuha bithe, 九、12、37。

hung u i oyonggo tacihiyan, 十四、23、75；十五、50、100。

hūise i jecen i jy, 十五、61、101。

hūlara suduri šošohon be leolehe bithe, 四、23、15。

hūwaliyasun i doro bithei juwan emu hacin, 十五、97、107。

hūwaliyasun tob i juwan ilaci aniya ilan biya i tofohon de niohon coko wangga inenggi biya be jetere nirugan, 十四、71、85。

hūwaliyasun tob i juwanci aniya sahaliyan bonio wangga inenggi biya be jetere nirugan, 十五、91、106。

hūwang ši gung ni su šu bithe, 十一、27、46。

I

i ioi hiya gi bithe, 十四、91、88。

i li lei piyen, 十五、34、96。

ice foloho manju gisun i oyonggo jorin i bithe, 十五、20、94。

ice foloho manju i geren bithe, 七、2、25。

ice foloho manju nikan hergen i sy šu, 二、2、3；三、1、6；十四、2、71。

ice hese, 十五、74、103。

ilan bodon, 十四、83、87。

ilan gurun i bithe, 十三、49、68。

ilan hacin gisun i kamcibuha gebungge saisa isabuha bithe, 七、10、27。

ilan hacin i gisun be kamcibume hacin banjibuha bithe, 十三、13、61。

ilan hacin i gisun kamcibuha hafan i dasan i oyonggo be isabuha bithe, 十三、22、63；十三、23、63。

ilan hacin i gisun kamcibuha tuwara de ja obuha bithe, 七、6、26。

ilan hacin i hergen kamciha buleku bithe, 一、6、2。

ilan hacin i hergen kamcibuha gisun ibithe, 八、6、31。

ilan hacin i mudan acaha buleku bithe, 八、5、31。

ilan hacin kamcifi toktoho gisun sarkiyaha bithe, 十四、11、73。

ilan icangga nikan hergen kamcime araha juwan juwe ujui bithe, 十四、16、74。

inenggidari giyangnaha cūn cio i jurgan be suhe bithe, 十五、2、91。

inenggidari giyangnaha dasan i nomun i jurgan be suhe bithe, 十二、3、49。

inenggidari giyangnaha i ging ni jurgan be suhe bithe，十二、4、50。
inenggidari giyangnaha sy šu i jurgan be suhe bithe，十二、2、49。
inenggidari sahangge be acamjiha gisuren，十三、27、64。
irgebun i nomun，三、3、6。

J

jakūn gūsa，十五、59、101。
jakūn gūsai kooli hacin，十五、41、98。
jakūn gūsai manjusai mukun hala be uheri ejehe bithe，十二、17、52。
jakūn gūsai targabun i bithe，八、15、33。
jakūn se jui·ajige jui i leolen，十五、70、103。
jalan de ulhibure oyonggo gisun i bithe，五、15、20；十一、18、44。
jiha efire be targabure juwan hacin，十五、43、98。
ju dzi jiyei yoo bithe，五、11、19。
jung ging ni bithe，十三、38、66。
jungar i babe necihiyeme toktobuha bodogon i bithe，十四、30、77。
juwan jakūn acangga sere tacihiyan，八、18、34。
juwan juwe ujui bithe，七、1、25。

K

kamciha sing li bithe，十二、22、54。
kin siyang ting ni bithe，五、17、20。
kungdzi boo i tacihiyan，十四、79、86。

L

lakcaha jecen de takūraha bade ejehe bithe，十三、16、62。
leolen gisuren bithe，十一、3、41。
liyan ju ji，七、15、28；十四、43、80。

M

man han bai giya sing，十、5、39。

man han lei šu ciowan ji, 二、1、3；三、2、6。
man han tung wen dza dzai, 十、2、38。
manju bithe i jy nan, 四、2、10；九、5、36。
manju bithe i sula hergen i hacin, 四、20、14。
manju bithe i uju i bithe, 五、7、18。
manju bithe kooli oyonggo šošohon i yooni bithe, 十四、21、75。
manju bithei kooli šošohon i bithe, 四、6、11；五、9、18；十一、8、42；十四、37、78。
manju gisun be niyeceme isabuha bithe, 一、2、1；十二、9、51；十五、29、96。
manju gisun i oyonggo jorin i bithe, 四、9、12；七、7、26；十四、12、73；十五、7、92。
manju gisun i sonjofi sarkiyaha bithe, 四、14、13；八、7、32。
manju gisun i uheri isabuha bithe, 四、16、13。
manju gisun i untuhun hergen, 四、21、14。
manju gisun i untuhun hergen be tacibure bithe, 四、22、15。
manju gisun i yongkiyame toktobuha bithe, 十一、5、42。
manju i acanaha bithe, 十四、15、74。
manju i yargiyan kooli, 九、9、37；十五、54、100。
manju isabuha bithe, 一、3、2；八、9、32；九、4、36；十一、9、43；十一、12、43；十三、5、59；十四、5、72；十四、6、72。
manju monggo gisun i buleku bithe, 十三、12、61。
manju monggo hergen i kamcime suhe san dzi ging ni bithe, 十一、23、45。
manju monggo hoise ilan haicin i gisun, 十五、27、95。
manju monggo nikan acangga šu i tacibure hacin i bithe, 二、4、4。
manju monggo nikan hergen i kamcime araha hiyoošun be gūnire ucun, 十一、26、46。
manju monggo nikan hergen i kamcime araha uheri hešen, 十五、24、95。
manju monggo nikan kamcibuha gebungge saisa isabuha bithe, 十三、

48、68。

manju nikan acanara adali jilgan lei ji,三、8、8。

manju nikan fe gisun be jofoho acabuha bithe,四、18、14;十三、1、59。

manju nikan ging bithei toktobuha gisun,六、3、22;十三、3、59;十三、4、59。

manju nikan gisun mudan,五、6、18。

manju nikan gisun,十五、12、93。

manju nikan hergen be kamcime araha dehi meyen i bithe,十四、7、72。

manju nikan hergen be kamcime araha minggan hergen i bithe,十、6、39;十五、73、103;十五、81、105。

manju nikan hergen i cing wen ki meng bithe,十一、6、42。

manju nikan hergen i kamciha tacibure hese i bithe,十四、45、80。

manju nikan hergen i kamciha tuktan tacire urse i urunakū ulhire bithe,十四、8、72。

manju nikan hergen i kamcime araha dehi uju i bithe,十三、34、66。

manju nikan hergen i kamcime suhe san dzi ging ni bithe,九、10、37;十四、46、80;十五、66、102;十五、67、102。

manju nikan hergen i ninggun jurgan i toktoho bithe,四、12、13;十二、7、50;十五、35、97。

manju nikan hergen i ninggun jurgan šanggaha gisun i bithe,九、6、36。

manju nikan hergen kamciha sing li bithe,六、8、23。

manju nikan hergen kamciha sun wu dzi bing fa,十二、38、57。

manju nikan hergen kamcime hiyoo ging bithe,十三、25、64。

manju nikan i baita hacin icabuha oyonggo bithe i šošohon,八、8、32。

manju nikan kamcibuha gebungge saisa isabuha bithe,十四、52、81。

manju nikan kamciha ajigan tacin i bithe,十三、36、66。

manju nikan kamciha si siyang gi bithe,四、26、15;十二、40、57。

manju nikan liyoo jai jy i bithe,八、21、34。

manjusai wecere metere kooli bithe i dorolon tetun i nirugan,十四、

51、81。
mengdzi bithe·dergi debtelin,十一、2、41。
mengdzi bithe·fejergi debtelin,七、9、27。
minggan hergen i banjibume araha bithe,七、11、27;十三、37、66。
monggo bithei koolingga durun bithe,十五、14、93。
monggo bithei oyonggo be joriha bithe,七、8、27。
monggo fafun i bithe,十四、34、78。
monggo gisun i yooni bithe,十二、11、51。
monggo hergen i jurgan be faksalaha bithe,四、17、14。
monggo nikan manju ilan acangga,二、3、3。
musei ejen isus heristos i tutabuha ice hese,三、13、9;七、17、29;十五、98、108。

N

nadan tacihiyan be urunakū hūlabure bithe,十四、49、81。
nadan tacihiyan i bithe,十一、24、46。
na i niyamangga fusa i da forobun i nomun,十五、85、105。
narhūšame sonjoho julgei šu fiyelen,十五、99、108。
nikan hergen i ubaliyambuha manju gisun i buleku bithe,四、5、11;七、5、26;十一、7、42;十三、2、59;十五、1、91。
ninggun baitai targabun gisun,五、13、19。
ninggun jurgan i toktoho gisun i bithe,十五、9、92;十五、22、95。
ninggun too,十四、82、87。
niowanggiyan doobume aitubure eme i maktacun,十三、32、65。
niyaman i nomun,十五、72、103。

O

olhoro baita i dasara hacin be hafumbure bithe,十四、85、87。

P

pan ši i šošohon i leolen,十一、29、47。

S

saicungga fengšen i orin juweci aniya juwan biya i ice de šahūn honin šongge inenggi šun be jetere nirugan，十三、40、67。

sain be uhelere leolen，十、12、40；十四、90、88。

sain g'alba i minggan fucihi i colo，三、10、8；十一、31、47。

san dzi ging ni bithe，一、4、2。

si io gi bithe，五、16、20。

sing li bithe i dorgi emu meyen，十一、19、45。

sing li jen ciowan bithei hešen，十四、47、81。

siowei wen cing gung siyan šeng ni oyonggo gisun，十二、21、53。

sirame banjibuha nikan hergen i kamcibuha manju gisun i oyonggo jorin bithe，四、10、12；十三、7、60；十五、8、92。

sonjofi ubaliyambuha liyoo jai jy i bithe，四、27、16。

su ši·bodogon bithe，十五、100、108。

sun dzi i cooha i doro bithe，十三、35、66。

sun dzi i juwan ilan fiyelen，十五、94、107。

sunja ging，十五、37、97。

sunja hacin gisun kamcime araha oyonggo baitalan toktoho，十五、19、94。

sure ulhisu cargi dalin de akūnaha niyaman nomun，十三、45、68。

sy šu ji ju，六、5、22；十二、6、50；十五、21、94。

sy šu oyonggo tuwara bithe，十四、1、71。

Š

šanyan subargan i temgetu boo i kooli hacin，十四、81、86。

šeng niyan guwang i，十四、76、86。

šeng ši cu noo，十四、89、88。

šengdzu gosin hūwangdi i booi tacihiyan i ten i gisun，五、12、19。

ši dzi fung ba i žu žu yan bing ni araha bolgo weilen be dasara be hacihiyara bithe，十五、93、107。

šu fiyelen，十三、51、69。

šui hū bithe,十一、34、48。

T

tacibure hese i bithe,十五、55、100。
tacire bithe,八、10、32。
tafulara amban be leolehengge,十五、63、101。
tai šang ni acabume karulara bithe,十四、42、80。
taidzung hūwangdi i ming gurun i cooha be sung šan de ambarame efuleme afaha baita be ejeme arahangge,十四、40、79。
takūran baitai oyonggo babe ejehe bithe,十五、58、101。
tanggū meyen,五、5、18。
tanggū meyen i gisun,十一、13、43。
tob be hūwašabure nirokan,十五、96、107。
tondo hiyoošungga juwe nomun,五、14、20。
tondo unenggi fan gung ni wen ji bithe,十四、94、89。
tongki fuka akū hergen i bithe,十四、22、75。
tuktan majige urse i urunakū ulhire bithe,十三、33、65。
tuktan tacire urse urunakū hūlaci acara bithe,四、15、13。
tuktan tacire ursei temgetu jorin bithe,四、8、12。
tulergi golo be dasara jurgan i kooli hacin i bithe,十一、17、44。
tumen jakai unenggi sekiyen i bithe,二、6、4。
tung wen dza dzai,十一、11、43。
tung wen gūwang hoi ciowan šu bithe,七、3、26;十四、3、71。
tung wen hoi ji bithe,四、3、11。
tung wen yūn tung bithe,十五、4、91。

TS

ts'ai gen tan bithe,十一、28、47。

U

ubaliyambuha ajigan tacin i bithe,七、16、28。

ubaliyambuha jalan de ulhibure oyonggo gisun i bithe, 十五、79、104。
ubaliyambuha julgei šu fiyelen, 四、25、15。
ubaliyambuha jung ging ni bithe, 十四、50、81。
ubaliyambuha ninggun baitai targabun gisun, 十五、76、104。
ubaliyambuha uculen juru gisun irgebun fujurun, 十五、102、108。
ukanju be kadalame jafara kooli, 十二、16、52。

W

wacir giyolonggo geren ineku fucihi unenggileme adislaha amba kulge iletu mutebure amba fulehe han i nomun, 十二、24、54。
wargi namu oktosilame niyalma beye giranggi sudala nirugan i gisun, 十一、33、48。
weile be geterembure jingkini kooli, 十四、73、85。
weilere jurgan ice yabure kooli, 十五、39、97。
wen jy guwan, 十五、62、101。
wen siyuan bithe, 十五、101、108。

Y

yargiyan kooli ci tukiyeme tucibuhe fe manju gisun i bithe, 四、7、12。
yin yūn feng yuwan bithe, 十五、13、93。
yu tang dzi hui bithe, 十四、17、74。
yung hing biyan i bithe, 十四、87、88。
yuwan in jeng kao bithe, 十四、10、73。

Ž

žeo pu tuwan i bithe, 十二、41、57。
han i araha manju nikan monggo tanggūt hergen i kamciha amba g'anjur nomun i uheri tarni, 十五、84、105。

文献相关人名索引

A

阿敦,四、3、11;七、3、26;十四、3、71。
阿桂,八、5、31;八、12、33;十三、20、63;十四、33、78;十四、38、79。
阿什坛,十一、29、47。
埃尼希·海尼士,十三、58。
艾儒略,二、6、4;十四、70;十四、73、85。
安德列斯·米勒,十三、58。
安东尼奥·蒙图齐,九、35;十、38;十四、70;十四、15、74。
奥古斯特·斯特林堡,六、21。

B

巴多明,十一、32、47;十一、33、48;十四、70;十五、95、107。
巴恪斯,十五、90。
巴列娃,十三、58。
巴特尔桑,八、16、33。
白晋,导言、2;十一、32、47;十一、33、48;十四、70;十五、95、107。
柏海蒙,十四、70。
柏应理,导言、2。
贝尔坦,十四、70。
彼得·施米特,四、10。
宾雍,十四、70。
伯希和,三、12、8;十、38;十四、70。
伯彦毕勒格图,十四、11、73。
博赫,十一、24、46;十四、49、81。

C

策妄阿拉布坦,十三、15、61。
查赫,六、21。
查郎阿,十四、45、80;十五、55、100。
常钧,十四、7、72。
陈飞,七、15、28;十四、43、80。
陈名夏,十一、16、44。
陈廷敬,十二、2、49。
陈选,六、7、22。
程大位,十四、80、86。
程登吉,十三、33、65。
程明远,三、4、7;四、4、11;四、19、14;十一、6、42;十四、4、72;十五、16、93。
程颐,六、1、21。
池上次郎,十五、90。
崇德,二、4、4。

D

达海,七、4、26;十一、21、45;十一、27、46;十二、26、55;十三、25、64;十四、83、87。
戴毅,十一、5、42;十五、22、95。
戴圣,十二、5、50。
党崇雅,五、10、19。
道尔吉雍隆,八、16、33。
德通,十五、24、95。
丁云鹏,十五、96、107。
董佳·明铎,十三、4、59。
杜昭,四、23、15。

E

鄂尔泰,九、1、35;九、2、35;十一、1、41;十二、17、52;十三、6、60;十三、

8、60；十三、18、62；十四、14、73；十四、22、75；十五、5、91；十五、17、94；十五、18、94；十五、41、98；十五、42、98；十五、45、99。

F

法克精额，十二、9、51。

范承谟，十四、94、89。

范文程，十四、94、89。

斐洛·锡耶纳，十四、15、74。

费之迈，三、6。

冯秉正，十四、70；十四、76、86；十四、89、88。

冯普，十四、28、76。

佛休斯，七、25。

弗里德里希·威廉·卡尔·缪勒，十三、58。

弗洛里斯·格哈德·克兰普，七、25。

福华德，十一、41。

福勒洪阿，二、3、3。

福隆安，十四、31、77；十四、32、77；十五、45、99；十五、47、99。

傅达礼，六、6、22；八、1、30；十五、31、96；十五、33、96；十五、77、104。

傅尔汗，一、4、2；九、10、37；十一、23、45；十四、46、80；十五、66、102；十五、67、102。

傅恒，一、1、1；五、2、17；十三、50、69；十四、29、77；十四、30、77；十四、41、79；十五、26、95。

傅圣泽，十四、70。

傅作林，十五、52、100。

富俊，一、4、2；四、8、12；四、9、12；四、10、12；七、6、26；七、7、27；八、6、31；十三、7、60；十四、12、73；十五、7、92；十五、8、92；十五、12、93；十五、20、94。

富鲁公，十三、31、65。

富明安，十三、31、65。

富南，五、17。

G

噶尔丹，十三、15、61。
噶勒桑，十一、26、46。
盖伯·巴林，八、30。
刚林，十四、23、75；十四、28、76；十五、50、100。
高伯，七、25。
高诞，七、25。
高鹗，三、9、8；八、14、33；十三、23、63；十三、23、63。
高攀龙，五、11、19。
高慎思，十五、52、100。
高世格，十五、80、105。
高田时雄，十、38。
葛林德，十四、70。
古巴岱，六、7、22。
瓜尔佳·巴尼辉，四、11、12。
冠景，八、4、31。

H

海西希，一、1；十一、41。
韩百诗，十四、70。
韩霖，二、3。
韩愈，十五、63、101。
豪尔，十三、58。
何大伟，十五、90。
和宁，十五、61、101。
和素，五、15、20；九、7、36；十一、18、45；十一、19、45；十一、27、46；十一、28、47；十一、29、47；十五、48、99；十五、79、104。
贺歌南，一、1。
贺清太，十四、71。
洪若翰，十四、70。
洪应明，十一、28、47。

厚安,四、20、14;四、21、15。
厚田万福,四、13、13。
胡广,六、8、23。
黄机,十五、39、97。
黄石公,十一、27、46;十四、77、86;十四、83、87。
霍扶迈,七、25。

J

稽穆,四、10;五、17;十一、41;十五、90。
济体斋,十五、83、105。
蒋维乔,二、4、4。
蒋友仁,十五、51、100。
焦竑,十五、96、107。
敬斋,四、23、15;七、6、26。
九鼎,十五、43、98。

K

卡拉·乔治,八、30。
康和子,一、2。
柯恒儒,十、38;十三、58;十四、70;十四、15、74。
克雷芒十一世,导言、2。
孔子,七、4、26;九、3、35;十一、21、45;十一、24、46;十二、26、55;十三、25、64;十四、20、75;十四、79、86。
库勒纳,十二、3、49;十二、3、49;十二、3、49;十五、2、91。
奎麟,十四、16、74;十四、98、89。
揆叙,六、12、24;六、12、24。

L

拉格,一、1;二、3。
拉锡,八、2、30;十三、12、61;十五、3、91。
喇萨里,十二、2、49。

文献相关人名索引

来保，十二、19、53；十五、44、98。
兰陵笑笑生，六、13、24；十二、39、57。
蓝歌赖，十四、70。
劳德·塔尔佩，一、1。
老子，十五、92、107。
雷慕莎，十四、70。
雷孝思，十四、70。
李杕，导言、3。
李福清，四、10。
李盖提，十四、71。
李光地，六、8、23；十一、20、45；十二、22、54；十四、92、88；十五、65、102。
李铉，二、3、3。
李鉴，十一、5、42。
李靖，十四、77、86。
李连漪，十四、85、87。
李明，十四、70。
李仙根，十五、58、101。
李延基，一、3、2；四、16、14；八、9、32；九、4、36；十一、9、43；十一、12、43；十三、5、59；十四、5、72；十四、6、72。
李渔，十二、41、57。
李子潜，十五、78、104。
李祖白，导言、3；十、12、40；十四、90、88。
利波夫措夫，导言、2；三、13、9；七、17、29；十五、74、103；十五、98、108。
利类思，导言、3；十、11、40；十四、70。
利玛窦，三、12、9；六、10、23；十四、70。
栗毓美，五、15、20。
梁次楠，五、3、18。
廖恩贝赫，十一、41。
廖纶几，七、1、25。
刘凤山，四、13、13。

刘顺,四、3、11;七、15、28;十四、43、80。

刘统勋,十四、35、78。

罗卜藏丹巴,十四、26、76。

罗道舍尔,三、6。

罗贯中,十三、49、68。

洛约什·拜谢,八、30。

吕德胜,六、9、23。

吕坤,五、15、20;十一、18、45;十四、78、86;十五、79、104。

吕望,十四、77、86;十四、82、87。

M

马礼逊,导言、3。

马齐,八、1、30;十三、18、62;十五、31、96;十五、33、96。

马融,十三、38、66;十四、50、81。

马若瑟,十四、70。

玛尔塔·基里波尔斯卡,二、3。

梅膺祚,三、5、7;十四、17、74。

门采尔,十三、58。

孟保,四、25、15;五、13、19;五、14、20;五、15、20;七、16、28;十一、18、45;十三、22、63;十三、23、63;十三、36、66;十三、38、66;十三、51、69;十四、50、81;十五、75、104;十五、76、104;十五、79、104。

闵明我,导言、3。

闵宣化,一、1。

明昌,十四、21、75。

明铎,四、5、11;六、3、22;七、5、26;十一、7、42;十三、2、59;十三、3、59;十三、4、59;十五、1、91。

牟允中,十四、87、88。

穆林德夫,十三、58。

穆彰阿,八、13、33。

N

纳尔逊,十五、90。
南怀仁,十四、70;十四、75、86;十四、86、88。
南轩,九、7、36;十五、48、99。
牛钮,十二、4、50。

P

潘国光,十四、70;十四、88、88。
潘荣,十一、29、47。
庞晓梅,十四、71。
培宽,四、16、13。
佩和,三、4、7;四、4、11;四、19、14;十一、6、42;十四、4、72;十五、16、93。
皮尔·迪奥尼斯,十一、32、47;十一、33、48;十五、95、107。
蒲松龄,四、27、16;八、21、34。
朴山,五、4、18;十三、11、61;十四、13、73;十五、15、93。

Q

祁充格,十三、49、68。
耆英,十二、38、57;十三、35、66;十五、94、107。
钱德明,十四、71。
乔玛,八、30。
秋芳堂主人,四、6、11;五、9、18;十一、8、42;十四、37、78。
屈奈特,三、6。

R

冉默德,七、25。
儒莲,七、25;十四、70。

S

塞尚阿,二、3、4。
桑额,二、1、3;三、2、6;四、3、11;七、3、26;十四、3、71。

僧格桑,十三、20、63。
莎罗奔,十三、20、63。
莎彝尊,五、3、17。
神田信夫,十五、90。
沈启亮,四、1、10;四、2、10;九、5、36;十、1、38;十四、1、71。
沈潜,十一、5、42。
沈嵛,六、12、24。
盛冠宝,一、4、2;九、10、37;十一、23、45;十四、46、80;十五、66、102;十五、67、102。
施耐庵,十一、34、48;十四、96、89。
石汉,十一、16、44。
史蒂芬·拉迪斯劳斯·恩德利希,三、6。
史莲娜,四、10。
斯达理,九、35;十、38。
斯坦因,八、30。
松森,二、3、4。
嵩洛峰,五、4、18;十三、11、61;十四、13、73;十五、15、93。
宋濂,七、12、28;十三、14、61。
苏勒芳阿,十五、46、99。
苏如望,三、12、8;十四、70。
苏轼,十五、100、108。
素岸主人,五、17、20。
孙武,十二、38、57;十三、35、66;十四、77、86;十五、94、107。
孙璋,十四、70;十四、47、81。
索诺木,十三、20、63。

T

泰彭苏格,十四、11、73。
谭泰,十一、16、44。
汤若望,导言、3。
唐维尔,十四、70。

田清波,一、1。
通瑞,三、9、8;八、14、33;十三、22、63;十三、23、63。
图里琛,十三、16、62。
图纳,八、11、32。
屯图,八、3、31。
托津,十一、17、44。
托马斯·巴托林,十一、32、47;十一、33、48;十五、95、107。
托庸,十四、31、77。
脱脱,十四、24、76;十四、25、76。

W

瓦尔拉文斯,三、6;七、25;十二、49;十三、58;十四、71。
王实甫,四、26、16;十二、40、57。
王世贞,十一、14、43;十四、27、76。
王炜,七、12、28;十三、14、61。
王应麟,一、4、2;九、10、37;十一、23、45;十四、46、80;十五、66、102;十五、67、102。
王中书,十一、26、46。
威利·巴璐,十四、71。
威廉·硕特,十三、58。
威妥玛,十五、90。
微席叶,十四、70。
惟德陶格,一、4、2;九、10、37;十一、23、45;十四、46、80;十五、66、102;十五、67、102。
伟烈·亚力,十五、90。
尉缭,十四、77、86。
温达,十三、15、61;十五、60、101。
吴承恩,五、16、20。
吴起,十四、77、86。
伍尔夫,十一、41。
伍尔泰,十四、21、75。

舞格,三、4、7;四、4、11;四、19、14;十一、6、42;十四、4、72;十五、16、93。

X

西博尔德,七、25。
西门·华德,十三、58;十四、71;十五、90。
希福,七、12、28;十四、24、76;十四、25、76。
禧恩,六、9、23;十五、13、93。
夏礼辅,七、25。
显廷顿,五、3、17。
祥亨,四、16、14。
萧统,十五、101、108。
辛太敬,十一、28、47。
徐本,八、11、32;十二、16、52。
徐光启,导言、3;九、12、37。
徐龙泰,五、4、18;十三、9、60。
徐乾学,四、24、15;十四、93、89;十五、99、108。
徐桐,十五、78、104。
许宫允,十四、42、80。
许逊,十四、91、88。
薛利赫,七、25。
薛瑄,十二、21、53。

Y

雅洪托夫,四、10。
烟霞逸士,十四、97、89。
杨兆杰,十五、58、101。
叶方蔼,十二、3、50。
叶玉屏,五、13、19;十五、76、104。
伊大仁,导言、2。
宜兴,一、2、1;十二、9、51;十五、29、96。
英俊,一、4、2。

永福，十四、77、86。

永璘，十三、21、63；十四、36、78。

永瑢，二、7、4；二、8、5；二、9、5；八、5、31；十三、43、67；十五、72、103。

于道泉，十四、71。

余德，五、17。

余邵鱼，十三、52、69。

裕恩，十五、13、93。

裕彰，二、3、3；七、11、27；十、6、39；十三、37、66；十五、73、103；十五、81、105。

约翰·罗恩斯特伦，六、21。

约翰·米什，三、12、9。

约瑟夫·哈盖尔，九、35。

约瑟夫·夏士，三、6。

允禄，三、7、7；八、17、34；十二、12、51；十二、20、53；十三、17、62；十四、51、81；十五、4、91。

允秘，十三、19、62。

允陶，十二、18、53；十二、19、53。

Z

扎克丹，四、27、16；八、21、34。

翟里斯，十五、90。

翟林耐，六、21。

张诚，十四、70。

张赓，导言、3。

张商英，十一、27、46。

张天祁，七、15、28；十四、43、80。

张廷玉，九、8、37；十二、19、53。

章嘉呼图克图，三、10、8；十一、31、47；十二、23、54；十五、68、102；十五、84、105。

长寿，十四、45、80；十五、55、100。

赵师渊，九、7、36；十五、48、99。

真德秀,六、6、22;十五、77、104。

志宽,四、16、13。

智信,五、5、18;八、6、31。

周兴嗣,七、11、27;十、6、39;十三、37、66;十五、73、103;十五、81、105。

周祖荣,八、4、31。

朱潮远,十三、31、65。

朱熹,二、2、3;三、1、6;三、3、6;五、11、19;六、1、21;六、5、22;六、7、22;七、16、28;九、1、35;九、2、35;九、7、36;十一、1、41;十二、1、49;十二、6、50;十三、6、60;十三、8、60;十三、36、66;十四、2、71;十四、14、73;十五、5、91;十五、17、94;十五、18、94;十五、21、94;十五、48、99;十五、75、104。

朱之弼,五、11、19。

庄俞,二、4、4。

邹生脉,十三、33、65。

文献出版机构索引

B

白鹿书院,七、1、25。
宝明堂,十一、1、41。
炳蔚堂,十五、21、94。

C

成都驻防八旗官学,十三、8、60。
崇礼堂,十四、1、71。
存之堂,十四、10、73。

D

大酉堂,十五、7、92;十五、8、92。

E

二酉堂,四、9、12;四、10、12;十一、6、42;十一、7、42。
二酉斋,四、27、16。

F

翻译书坊,十四、13、73。
风神庙东毓德堂,十四、46、80。

G

广城正贤堂,十五、81、105。

H

宏文阁,四、19、14;七、5、26。

鸿远堂,二、2、3。
护国寺,七、10、27;十三、48、68。
槐荫山坊,四、25、15;九、6、36。

J

寄畅斋,四、3、11。
江南驻防衙门,四、11、12。
京都博古圣经堂,十二、6、50;十五、18、94。
京都博古堂,十四、44、80。
京都二槐堂,九、10、37。
京都二南堂,十一、23、45。
京都复魁斋,十、1、38。
京都京兆堂,十一、24、46;十四、49、81。
京都聚珍堂,四、13、13;十一、25、46;十五、13、93。
京都奎壁斋,七、11、27。
京都三槐堂,一、4、2;四、4、11;四、23、15;五、4、18;八、14、33;十五、5、91。
京都宛羽斋,四、1、10;四、2、10。
京都文英堂,五、13、19。
京都英华堂,十一、9、43。
京都永魁斋,四、6、11。
京都中和堂,十四、6、72。
京西蔚文阁,一、7、2。
荆州驻防翻译总学,四、16、14;十三、10、60;十三、23、64。
敬修堂,十四、45、80;十四、52、81;十五、55、100。
九耐堂,十三、16、62。
聚星堂,十五、76、104。
聚珍堂,三、9、8;四、15、13;六、9、23;八、7、32;九、1、35;十三、35、66;十三、37、66;十五、15、93。

L

藜照阁,十四、5、72;十五、66、102。

理藩院,三、7、7。

琉璃厂,十二、6、50。

六经堂,十五、1、91。

M

墨华堂,十二、22、54;十四、4、72。

N

内府,二、7、5;二、8、5;四、24、15;六、2、21;六、6、22;六、12、24;七、12、28;八、1、30;十一、22、45;十二、1、49;十二、2、49;十二、3、49;十二、4、50;十二、23、54;十三、14、61;十三、24、64;十三、43、67;十三、49、68;十三、50、69;十四、14、73;十四、24、76;十四、25、76;十四、93、89;十四、94、89;十五、63、101;十五、68、102;十五、99、108。

Q

骑河楼,四、5、11。

岂敢堂,十五、73、103。

钦天监,三、11、8;六、11、23;十、8、39;十、9、39;十、10、40;十二、37、57;十三、40、67;十三、41、67;十三、42、67;十三、46、68;十三、47、68;十四、53、82;十四、54、82;十四、55、82;十四、56、82;十四、57、82;十四、58、83;十四、59、83;十四、60、83;十四、61、83;十四、62、83;十四、63、83;十四、64、84;十四、65、84;十四、66、84;十四、67、84;十四、68、84;十四、69、85;十四、70、85;十四、71、85;十四、72、85;十五、82、105;十五、87、106;十五、88、106;十五、89、106;十五、90、106;十五、91、106。

庆敬斋,七、6、26。

秋芳堂,十四、37、78。

S

三槐堂，四、14、13；七、7、27；七、16、28；十、4、39；十一、12、43；十三、7、60；十三、36、66；十五、75、104。

三益堂，九、2、35；十五、16、93。

邵衣堂，四、8、12；七、6、26。

圣德堂，三、5、7。

双峰阁，一、3、2；十三、5、59；十四、12、73。

四合堂，九、4、36。

T

天绘阁，三、1、6；三、2、6；九、5、36；十四、3、71。

听松楼，七、2、25；七、3、26；七、15、28；十三、1、59；十四、43、80。

W

文宝堂，十三、9、60。

文光堂，六、5、22。

文锦二酉堂，十一、8、42。

文瑞堂，六、3、22；十三、2、59。

文盛堂，八、9、32；十二、40、57；十五、9、92。

文英堂，四、12、13；十五、102、108。

文渊堂，五、9、18；八、4、31。

五云堂，八、6、31。

武英殿，二、3、4；三、3、7；五、1、17；五、2、17；五、15、20；六、1、21；六、7、23；七、13、28；七、14、28；八、2、30；八、5、31；八、11、32；八、12、33；八、13、33；八、17、34；九、3、35；九、7、36；九、8、37；十一、4、42；十一、10、43；十一、20、45；十二、5、50；十二、8、50；十二、14、52；十二、15、52；十二、16、52；十二、17、52；十二、18、53；十二、19、53；十二、21、54；十二、26、55；十三、15、62；十三、18、62；十三、20、63；十三、28、64；十三、29、65；十三、30、65；十四、9、73；十四、20、75；十四、28、76；十四、29、77；十四、30、77；十四、33、78；十四、38、79；十五、2、91；十五、3、91；十五、4、91；十五、6、92；十五、39、97；十五、40、97；十五、41、

98；十五、42、98；十五、45、98；十五、77、104；十五、79、104。

X

西二酉堂，十三、33、66。

Y

英华堂，八、3、31；十三、4、59；十三、22、63；十三、33、65；十五、67、102。
永魁斋，六、8、23；十、6、39；十一、6、42。
玉树堂，十四、2、71。
云林堂，四、18、14。

Z

中和堂，三、4、7；十三、3、59。
主善斋，十三、26、64。

珍稀文献题名索引

A
安远庙瞻礼书事，十五、57、101。

B
八旗，十五、59、101。
八旗箴书，八、15、33。
八岁儿·小儿论，十五、70、103。
白塔信炮章程，十四、80、87。
宝训图注，十四、98、89。

C
重刊十二字头读本，一、7、2。

D
大般若波罗蜜多经成语，十五、86、106。
大悲心忏法仪轨经，十二、36、56。
大方光菩萨藏吗（鸦尼）组（沙）哩伊根本仪轨经，十二、31、55。
大清光绪十八年岁次壬辰时宪书，十四、65、84；十四、66、84。
大清满洲字母，五、8、18。
大清同治二年岁次癸亥时宪书，十四、57、82。
大清同治六年岁次丁卯时宪书，十四、60、83。
大清同治四年岁次乙丑时宪书，十四、58、83。
大清同治五年岁次丙寅时宪书，十四、59、83。
大学，十一、4、42。
丹朱尔经总目，十二、35、56。
道德经，十五、92、107。

道尔吉雍隆牛录学子巴特尔桑学,八、16、33。
道光二十五年时宪书,十五、88、106。
涤罪正规略,十四、73、85。
地图,十五、64、102。
痘疹药书,十四、85、87。

F
翻译词聊诗赋,十五、102、108。
佛说持明藏岳噶大教租纳达菩萨大明成就仪轨经,十二、32、56。
佛说大悲空智金刚大教王仪轨经,十二、33、56。
佛说大成观想嘛(那)楂拉净诸恶趣经,十二、30、55。
佛说大方广吗鸦尼组沙哩伊经观自在答喇菩萨仪轨经,十二、25、54。
佛说金刚香菩萨大明成就仪轨经,十二、29、55。
佛说圣宝藏神仪轨经,十二、34、56。

G
噶那之梵赞,十二、28、55。
格体全录,十一、32、47。
古文,十三、51、69。
关老爷祭净经,八、19、34。
光绪二十二年壬子望月食图,六、11、23。
光绪四年时宪书,十五、89、106。

H
和礼十一类,十五、97、107。
皇舆方格全图,十五、51、100。
皇舆斜格全图,十五、52、100。
回疆通志,十五、61、101。

J
集脓录,十四、95、89。

嘉庆二十二年十月初一日辛未朔日食图,十三、40、67。
兼写三合汉字十二字头,十四、16、74。
笺注十二字头,十、1、38。
戒赌十则,十五、43、98。
金刚顶一切如来真实摄大乘现证大教王经,十二、24、54。
金瓶梅,六、13、24;十二、39、57。
锦香亭,五、17、20。

K

康熙八年四月初一日癸亥朔日食图,三、11、8。
康熙十年二月十五日丁酉夜望月图,十五、90、106。
康熙五十八年正月初一日甲午朔日食图,十、8、39。
康熙五十九年七月初一日丙寅朔日食图,十、9、39。
康熙五十七年二月十五日甲午望月食图,十、7、39。

L

列国志传,十三、52、69。
六部成语,十五、9、92;十五、22、95。
六韬,十四、82、87。
绿营事物则例,十五、47、99。
论语,十一、3、41。

M

满汉百家姓,十、5、39。
满汉词语,十五、12、93。
满汉对音同声类集,三、8、8。
满汉合璧初学须知,十四、8、72。
满汉合璧三字经注解,九、10、37;十四、46、80;十五、66、102;十五、67、102。
满汉合璧孙武子兵法,十二、38、57。
满汉合璧性理,六、8、23。

满汉经文成语,六、3、22;十三、3、59;十三、4、59。
满汉六部成语,四、12、13;九、6、36;十二、7、50;十五、35、97。
满汉蒙古合璧名贤集,十三、48、68。
满汉千字文,十、6、39;十五、73、103;十五、81、105。
满汉事类备考目录,八、8、32。
满汉同文杂字,十、2、38。
满汉注文成语,十五、30、96。
满蒙汉合璧总纲,十五、24、95。
满蒙维三合语,十五、27、95。
满蒙文鉴,十三、12、61。
满洲清文鉴前言,十五、31、96。
满洲清文鉴索引,十五、33、96。
蒙文全书,十二、11、51。
孟子·卷上,十一、2、41。
孟子·卷下,七、9、27。

P

辟释氏诸妄,九、12、37。
普济杂方,十五、80、105。

Q

千字文,七、11、27;十三、37、66。
巧连珠,十四、97、89。
钦定回部则例,十四、36、78。
钦定清汉对音字式,三、6、7;十一、10、43;十五、6、92。
钦定清语,十二、10、51;十四、18、75。
钦定四库全书呻吟语,十四、78、86。
钦定续纂绿营中枢政考,十四、38、79。
清汉言语,五、6、18。
清书对音,十、3、38。
清书对音协字,十四、15、74。

清书指南,四、2、10;九、5、36。
清文补汇,一、2、1;十二、9、51;十五、29、96。
清文汇书,一、3、2;八、9、32;九、4、36;十一、9、43;十一、12、43;十三、5、59;十四、5、72;十四、6、72。
清文接字,五、4、18;十三、11、61;十四、13、73;十五、15、93。
清文启蒙,三、4、7;四、4、11;四、19、14;十四、4、72;十五、16、93。
清文虚字,四、21、14。
清文虚字歌,四、22、15。
清文虚字类,四、20、14。
清文指要,四、9、12;七、7、26;十四、12、73;十五、7、92。
清文字汇,十五、32、96。
清文字头,五、7、18。

R

日知荟说,十三、27、64。
肉蒲团,十二、41、57。

S

三合成语摘抄,十四、11、73。
三略,十四、83、87。
三译总解,十五、69、102。
圣救度佛母二十一种礼赞经,十二、27、55。
圣年广益,十四、76、86。
圣体答疑,十四、75、86。
圣体要理,十四、74、85。
圣训十六条导义志书,八、20、34。
圣谕广训,九、11、37;十、4、38;十一、22、45;十一、25、46;十四、44、80;十五、46、99。
盛世刍荛,十四、89、88。
十二字头,七、1、25。
时宪书,十四、67、84。

使事纪略,十五、58、101。
四书要览,十四、1、71。
四字成语,十五、25、95。
苏轼·策略,十五、100、108。
算法纂要总纲,十四、80、86。
孙子十三篇,十五、94、107。

T

天神会课,十四、88、88。
天主教要,十五、83、105。
天主圣教约言,三、12、8。
天主实义,六、10、23。
天主正教约征,十、11、40。
同善说,十、12、40;十四、90、88。
同文杂字,十一、11、43。

W

万物真原,二、6、4。
文选,十五、101、108。
文职官,十五、62、101。
问答语,十五、10、92。
吾主耶稣基督新约圣书,三、13、9;七、17、29;十五、98、108。
五经,十五、37、97。

X

西医人身骨脉图说,十一、33、48。
西游记,五、16、20。
吸毒石原由用法,十四、86、87。
新刊清文指要,十五、20、94。
新刻满汉字四书,二、2、3;三、1、6;十四、2、71。
新刻清书全集,七、2、25。

新约全书，十五、74、103。
行军例，十四、39、79。
性理真诠，十四、47、81。
续编兼汉清文指要，四、10、12；十三、7、60；十五、8、92。
学书，八、10、32。
学修十八个要项，八、18、34。
训旨，十五、55、100。

Y

养正图，十五、96、107。
一百条语，十一、13、43。
伊犁类篇，十五、34、96。
议军事，十四、77、86。
译字，十五、23、95。
音汉清文鉴，四、5、11；七、5、26；十一、7、42；十三、2、59；十五、1、91。
庸行篇，十四、87、88。
雍正十年壬申望月食图，十五、91、106。
雍正十三年三月十五日乙酉望月食图，十四、71、85。
玉堂字汇，十四、17、74。
玉匣记，十四、91、88。
御制翻译四书，九、1、35；九、2、35；十、1、41；十三、6、60；十三、8、60；十四、14、73；十五、5、91；十五、18、94。
御制吏治辑要，八、14、33。
御制满汉蒙古西番合璧大藏全咒，十二、23、54；十五、84、105。
御制满汉蒙古西番合璧大藏全咒目录总纲，十五、68、102。
御制亲征平定朔漠方略序，十五、60、101。
御制三角形推算法论，十一、30、47。
御纂性理精义，十一、20、45；十四、92、88；十五、65、102。

Z

增补悬金子汇，三、5、7。

争臣论,十五、63、101。
征逆将军请旨文,十五、56、100。
正音切韵指掌,五、3、17。
忠经,十三、38、66。
周身血脉图,十五、95、107。

后　记

本书为国家社科基金后期资助项目"欧洲满文文献总目提要"（18FMZ008）最终成果。书稿付梓之际，特向著名西夏学家聂鸿音先生致以诚挚的感谢。2015年幸得先生推荐，远赴俄罗斯科学院东方文献研究所从事满文文献研究，使我开阔了视野，增长了见识，亦逐步确定了海外文献整理与研究选题。著名古典文献学家杜泽逊先生，虽仅有一面之缘，但时常鼓励我完成好这项有意义的工作。两位先生待人谦和，治学严谨，在学术研究领域的敏感与慧眼独具使我受益终生。在欣然作序的同时仍不忘嘱咐书稿中文献著录规范的问题尚有待提高。

尽管年近不惑，但修行尚浅，承蒙李先耕、吴元丰、孙伯君、关辛秋、李雄飞和吴雪娟等先生悉心指导，使我获益良多。在辗转欧洲各国图书馆期间，幸蒙伦敦大学学院教育研究中心李嵬教授指点迷津，提供帮助。

衷心感谢中华书局学术著作编辑室主任罗华彤先生与责任编辑余瑾老师不弃谫陋，在小书出版过程中给予指点与帮助。

本人才疏学浅，虽参考大量前贤论著，但仍时感杯水车薪，且书稿涉及面广，一定会有许多舛误，祈请诸位师友批评指正。

2020年9月29日
于黑龙江大学